基础会计实务·实训

主　编　李良霄　陈旭明
副主编　温世杰　张雪怡　林燕梅　曾向明
参　编　康　莉　赖　程　黄晓欢　黄　桢
　　　　何　林　王欣慧　王建义

北京理工大学出版社
BEIJING INSTITUTE OF TECHNOLOGY PRESS

内 容 简 介

本教材是会计专业技术初级资格证书证融通教材，是财经商贸大类专业校企合作开发新形态教材，也是大数据与会计专业入门教材。

本教材基于财政部最新《企业会计准则》和《会计专业技术初级资格考试大纲》等相关法规和制度的要求，依托最新修订的《高等职业教育大数据与会计专业简介和专业教学标准》，依据《高等职业院校大数据与会计专业人才培养方案和课程标准》修订而成。

本教材以企业真实业务为内容，遵循会计核算基本程序，分为七个项目，项目一到项目五为理实一体化内容，项目六为分任务单项实训，项目七为综合实训。

本教材内容全面，案例为企业"脱敏化"处理真实案例，适用于高职院校和应用型本科大数据与会计专业及财经商贸大类其他专业学生使用，也适合社会财务工作者以及各级管理者使用。

版权专有　侵权必究

图书在版编目（ＣＩＰ）数据

基础会计实务:实训／李良霄,陈旭明主编．－－
北京:北京理工大学出版社,2024.4
ISBN 978－7－5763－3856－0

Ⅰ.①基… Ⅱ.①李…②陈… Ⅲ.①会计实务-教材　Ⅳ.①F233

中国国家版本馆 CIP 数据核字（2024）第 082742 号

责任编辑：王俊洁	文案编辑：王俊洁
责任校对：刘亚男	责任印制：施胜娟

出版发行 ╱ 北京理工大学出版社有限责任公司

社　　址 ╱ 北京市丰台区四合庄路 6 号

邮　　编 ╱ 100070

电　　话 ╱ （010）68914026（教材售后服务热线）

　　　　　　（010）68944437（课件资源服务热线）

网　　址 ╱ http：//www.bitpress.com.cn

版 印 次 ╱ 2024 年 4 月第 1 版第 1 次印刷

印　　刷 ╱ 唐山富达印务有限公司

开　　本 ╱ 787 mm×1092 mm　1/16

印　　张 ╱ 18

字　　数 ╱ 420 千字

定　　价 ╱ 92.00 元

前言 Preface

国务院《国家职业教育改革实施方案》（国发〔2019〕4号）中明确指出，遴选认定一大批职业教育在线精品课程，建设一大批校企"双元"合作开发的国家规划教材，倡导使用新型活页式、工作手册式教材，并配套开发信息化资源。随着《职业教育专业目录（2021年版）》于2021年正式发布执行及课程思政的持续全面深入，作为财经商贸类专业基础课程的"基础会计"迫切需要在内容和体例上革新。本教材以党的二十大报告精神为指导，以培养德技并修的复合型、管理型、高素质技术技能型会计人才为目标，着力于德育培养和数据化、智能化背景下会计行业的现代化发展而修订。

《基础会计实务·实训》是一本介绍会计基础知识的教材，旨在帮助学生建立坚实的会计基础，掌握基础的会计理论和实践。基础会计是会计专业技术初级资格考试的核心内容，是财务会计类专业的入门基础课程，也是财经商贸类专业的基础课程。

在编写本书的过程中，我们将党的二十大提出的"育人的根本在于立德。全面贯彻党的教育方针，落实立德树人根本任务，培养德智体美劳全面发展的社会主义建设者和接班人。"等精神融入理实一体化教学内容、教学案例和仿真实操中，根据岗位内容精心萃取思政元素，将任务技能点与思政教育无缝衔接，以实现立德树人根本任务。

在编写本书的过程中，我们参考了众多相关文献和资料，包括《中华人民共和国会计法》《企业会计准则》《会计基础工作规范》等，力求使本书内容丰富、实用性强。结合会计实务工作的需要，以会计理论知识够用为原则，以单项技能训练和综合模拟实训为手段，对会计的基本理论和基本技能进行阐述，以帮助学生对会计基本工作过程有一个明晰的认识，为参加会计专业技术初级资格考试和进一步学习其他后续课程打下扎实的基础。

本书不仅适用于高校会计专业的学生，而且适用于各类企事业单位会计人员、社会组织者及个人等读者。本书内容简洁明了，重点突出，既适合初学者入门，也适用于进阶学习。此外，本书还提供了丰富的案例分析，有助于读者更好地理解会计理论在实践中的应用。

　　本书共分为三个部分，主要介绍了会计基础理论知识、会计实务操作技能等内容。第一部分（项目一到项目五）为会计基础理论知识，包括会计基础知识、经济业务的载体、编制会计分录、汇总经济业务、编制会计报表等。第二部分（项目六）为会计实务分任务操作技能，包括建账、填写与审核原始凭证、编制记账凭证、记账、凭证管理、账务处理等分项目实操内容。第三部分（项目七）为会计实务综合操作技能，包括了解小规模企业相关情况、初始建账、处理原始凭证、填制记账凭证、登记账簿、对账、结账、编写财务报表、会计档案管理、实操总结等。

　　本书由江西应用技术职业学院李良霄和陈旭明担任主编，由江西应用技术职业学院温世杰和张雪怡、福州软件职业技术学院林燕梅、江西威特科技有限公司曾向明担任副主编，江西应用技术职业学院的康莉、赖程、黄晓欢、黄桢、何林，新疆工业职业技术学院的王欣慧和王建义参与编写。本教材第三部分（项目七）使用案例及配套账套资料由江西威特科技有限公司提供。

　　本书在编写过程中我们参考了大量文献和资料，在此向相关作者表示衷心的感谢！在编写过程中，我们力求表述准确，结构严谨。但限于水平，谬误之处在所难免，恳请专家学者不吝指正，诚表谢意。

编　者

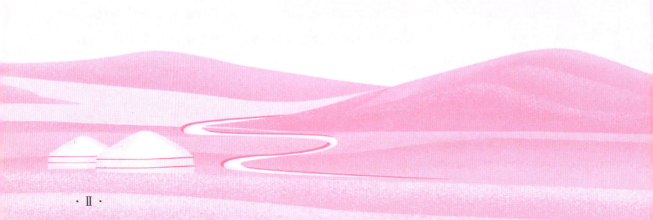

目录 Contents

第一部分 会计基础理论知识

第二部分　会计实务分任务操作技能

第三部分　会计实务综合操作技能

第一部分

会计基础理论知识

项目一 掌握会计基础知识，做好会计职业规划工作

【知识目标】

1. 了解会计岗位、会计人员与会计职业道德。
2. 了解会计概念、会计职能、会计对象，明确会计是什么、做什么，工作对象是什么。
3. 熟悉会计工作流程及会计核算方法。
4. 理解会计信息质量要求，明确达到哪些要求的会计信息才能实现会计目标。

【能力目标】

1. 能够合理设置会计工作岗位。
2. 能够解释会计核算方法。

【素养目标】

1. 具备良好的职业素养，如责任心、细心、耐心等。
2. 具备较强的团队协作能力和沟通能力。
3. 具备较强的自我学习和提升能力。
4. 具备较强的抗压能力和适应能力。

【德技并修】

1. 具备爱岗敬业、诚实守信的会计职业道德。
2. 具备较强的责任心和风险意识。
3. 具备良好的沟通能力和团队合作精神。
4. 具备较强的自我约束能力和自我管理能力。

【项目说明】

本项目涉及财会各岗位。

本项目要求财会人员了解会计岗位、会计概念、会计职能、会计对象，明确会计是什么、做什么，工作对象是什么；熟悉会计工作流程及会计核算方法；理解会计信息质量要求，明确达到哪些要求的会计信息才能实现会计目标。能够合理设置会计工作岗位；能够解释会计核算方法。

❧【项目分解】

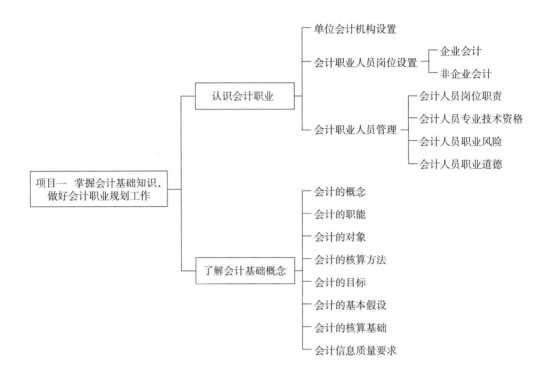

❧【任务导入】

工作多年的小刘想利用积蓄做点股票投资。经朋友推荐，小刘打算购买赣州强丰稀土科技股份有限公司的股票。通过网络，小刘仅了解到赣州强丰稀土科技股份有限公司是一家聚焦稀土的科技研发、勘探开发、分离冶炼、进出口及贸易业务的企业。于是，他向从事会计工作的朋友小李咨询。小李根据该公司的财务报告，将企业的资产状况、经营成果、资金周转和生产情况，结合企业经营战略、市场前景分析得头头是道，并给了小刘一个可行的投资建议，使小刘的投资初战告捷。事后，小刘感叹：大家都能看到的企业公开财务报告包含了这么多丰富的信息，可以用于投资选择，但我却读不懂！看来，我们真的有必要掌握一些会计基础知识。

❧【任务分析】

1. 了解会计岗位、会计概念、会计职能、会计对象，明确会计是什么、做什么，工作对象是什么。

2. 熟悉会计工作流程及会计核算方法。

3. 理解会计信息质量要求，明确达到哪些要求的会计信息才能实现会计目标。

4. 能够合理设置会计工作岗位。

5. 能够解释会计核算方法。

工作任务1　认识会计职业

一、单位会计机构设置

会计机构是指各单位专门办理会计事项的职能部门，也可以称为财务部、财务处、会计处或会计科等。

按照《中华人民共和国会计法》（简称《会计法》）的规定，各单位应根据会计业务的需要，设置会计机构，或者在有关机构中设置会计人员并指定会计主管人员；不具备设置条件的，应当委托经批准设立从事会计代理记账业务的中介机构代理记账。因此，企业可以根据自身规模的大小以及会计工作的繁简程度来设置会计机构。对于规模大、财务收支数额较大以及会计业务较多的大中型企业和其他组织，需设置由本单位领导人负责的会计机构。而规模较小、财务收支数额少、会计业务简单的小微型企业和其他组织，可以设置一个由专业会计人员组成的简单会计机构，并指定会计主管人员。不具备设置会计机构条件的企业，应当委托具备代理记账资质的代理记账机构代理记账（《代理记账管理办法》）。

二、会计职业人员岗位设置

会计工作岗位，是指单位内部会计机构根据业务分工而设置的职能岗位。会计岗位的分布由企业、事业单位根据自身管理需要以及业务内容决定，可以一人一岗、一人多岗以及一岗多人。但是，根据《会计法》规定，出纳人员不得兼管稽核、会计档案保管和收入、费用、债权债务账目的登记工作。

（一）企业会计

企业是综合运用生产资料和劳动力，从事生产、流通或者服务等活动，以生产或服务满足社会需求，实现自主经营、独立核算、自负盈亏的经济组织。企业会计主要包括工业会计、农业会计、商品流通业会计和金融企业会计等，这些企业会计在会计岗位设置上具有很多相似之处，主要的会计岗位包括财务会计、成本和管理会计、财务管理、内部审计以及其他会计工作。

1. 财务会计

负责登记凭证账簿，编制对外公布的财务报表等工作。

2. 成本和管理会计

负责成本、费用的计算，预算的制定和执行，部门业绩的考核等工作。

3. 财务管理

负责企业经营资金的筹措，资金运用分析和决策，企业并购和资本运作等工作。

4. 内部审计

负责监督企业资金运用状况，制定和监督内部控制系统，评估企业资本等工作。

5. 其他会计工作

除了以上内容外的会计相关工作，例如会计信息系统维护、仓储和债款催讨等工作。

（二）非企业会计

非企业会计主要有事业单位会计和行政单位会计。行政事业单位的会计主要是在政府各部门以及各种不以营利为目的的事业单位，如学校、医院和慈善机构等，从事会计工作和内部审计工作，一般对应公务员行政级别。

想一想

请列举日常生活中你所见过的会计岗位，并描述该岗位会计工作内容。

知识拓展

会计人员回避制度

会计人员回避制度指的是会计人员的任用应当符合亲属回避等一系列规定。根据财政部印发的《会计基础工作规范》第16条规定，国家机关、国有企业、事业单位任用会计人员应当实行回避制度。单位领导人的直系亲属不得担任本单位会计机构负责人、会计主管人员；会计机构负责人、会计主管人员的直系亲属不得在本单位会计机构中担任出纳工作。需要回避的直系亲属为：夫妻关系、直系血亲关系、三代以内旁系血亲以及配偶关系。

三、会计职业人员管理

根据《会计法》规定，会计人员应具备必要的专业知识。设置会计机构，应当配备会计机构负责人和一定数量的专职会计人员，须设置总会计师的大中型企业，总会计师由具有会计师以上专业技术资格的人员担任。

（一）会计人员岗位职责

会计人员的岗位职责在于及时提供真实可靠的会计信息，认真贯彻执行和维护财经制度和纪律，积极参与经营管理，提高经济效益。根据《会计法》规定，会计人员的主要职责如下：

（1）进行会计核算。按照会计制度，以实际发生的经济业务为依据，登记审核记账凭证，及时记账算账，按时结账，如期报账，做到手续完备、内容真实、数字准确、账目健全。进行会计核算，保证所提供的会计信息合法、真实、准确、完整是会计人员最基本的职责。

（2）实行会计监督。遵守《会计法》，坚决维护财经纪律，严格执行财务制度，实行会计监督。对审计、财政和税务等部门依照法律的有关规定进行的监督，不得拒绝、藏匿和谎报会计信息。

（3）拟订本单位办理会计事务的具体事项。

（4）参与拟订经济计划，考核、分析预算、财务计划执行情况。

（5）办理其他会计事务。

（二）会计人员专业技术资格

根据《会计法》和《会计专业职务试行条例》的有关规定，我国会计人员专业技术资格分为初级资格、中级资格和高级资格三个等级。通过全国统一考试，取得相应会计专业技术资格的会计人员，表明其已具备担任相应级别会计专业技术职务的任职资格。用人单位可根据工作需要和德才兼备的原则，从获得会计专业技术资格的会计人员中择优聘任。

为取得初级会计师专业技术资格的会计人员，必须在一个考试会计年度内通过"初级会计实务"及"经济法基础"两个科目。

为取得中级会计师专业技术资格的会计人员，必须在连续两个考试年度内通过"中级会计实务""经济法"和"财务管理"三个科目。

为取得高级会计师专业技术资格的会计人员，须参加"高级会计实务"科目考试。主要考核应试者运用会计、财务、税收等相关的理论知识、政策法规，分析、判断、处理会计业务的能力和解决会计工作实际问题的综合能力。

（三）会计人员职业风险

会计人员职业风险，是指会计人员职业行为产生差错或不良后果应由会计行为人承担责任的可能性。企业会计风险主要产生于会计人员在履行会计资料收集、会计凭证审核、发票开具、债权债务结算、会计报表编制和纳税申报等会计职务时，因会计差错或舞弊可能造成的道德和法律责任。因此，会计人员职业风险也是会计责任风险或会计行为风险。会计人员职业风险产生的原因如图1-1-1所示。

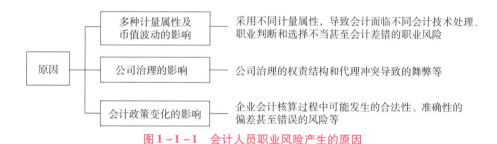

图1-1-1 会计人员职业风险产生的原因

（四）会计人员职业道德

会计职业道德规范是指会计人员在特定的社会生产关系和经济社会发展水平条件下，应当遵循的、体现会计职业特征的职业行为准则和规范。

在现代市场经济和现代企业制度环境条件下，尤其是伴随着区块链、云计算、大数据、人工智能等现代信息技术在会计工作中的广泛运用，真实反映受托责任履行情况的诚实性和可靠性成为会计的基本职责。因此，诚信是会计职业道德的核心。另外，根据我国会计工作的实际情况，我国会计人员职业道德的主要内容可概括为以下八个方面：

1. 爱岗敬业

要求会计人员正确认知会计职业，热爱会计工作，敬重会计职业，树立职业荣誉感；严肃认真，一丝不苟，发扬任劳任怨的劳动精神；忠于职守，尽职尽责，全心全意为社会服务。

2. 诚实守信

要求会计人员忠诚为人，执业谨慎，不做假账；保守商业秘密，不为利益所诱惑，信誉至上。

3. 廉洁自律

要求会计人员树立正确的人生观和价值观；遵纪守法，公私分明，清正廉洁，不贪不占，一身正气，自觉抵制不良欲望的侵袭和干扰。

4. 客观公正

要求会计人员依规办事，实事求是，不偏不倚，客观公正，保持应有的独立性。

5. 坚持准则

要求会计人员熟悉国家法律、法规和国家统一会计制度，始终按国家法律、法规和国家统一会计制度的要求进行会计核算，坚持会计准则，发生道德冲突时，以法律、法规及国家统一的会计准则的要求，作出合理公正的职业判断，以维护国家、社会公众利益和正常的经济秩序。

6. 提高技能

要求会计人员要有不断提高会计技能的意识和愿望，要有勤学苦练的钻研精神和科学合理的学习方法，不断进取，努力提升会计专业技能。

7. 参与管理

要求会计人员积极参与公司的管理，提出合理的意见和建议，为公司的决策提供财务数据支持。

8. 强化服务

要求会计人员树立为人民、为企业服务的根本思想，提高服务质量，努力维护和提升会计职业的良好社会形象。

▲ 想一想

你认为企业最喜欢什么样的会计？

工作任务2　了解会计基础概念

一、会计的概念

会计，产生于社会生产活动的需要，但它本身并不是一项生产活动，而是人们对于生产过程进行经济管理的一种活动。千年以来，会计伴随着社会经济和科学技术的进步，伴随着经营管理方式和经济效益目标的变化，伴随着经济管理理论和实践的发展，经历了从简单到复杂、由低级到高级的发展过程。从我国古代以绳结，古巴比伦以泥板记录、记数的行为，到近代作为生产的一项"附带工作"，再到现代演变为以大数据、云计算和区块链等新一代信息技术为手段的经济管理活动，会计的发展充分证明了"经济越发展，会计越重要"这一点。

随着社会经济的高速发展，现代会计的工作内容、范围和方法等发生了巨大的变化。但直至今日，人们仍尚未对"会计"概念的认识达成共识。有学者认为，会计是为提高企业和各单位的经济效益，加强经济管理而建立的一个以提供财务管理信息为主的经济信息系统，即信息系统论；而另一种观点则认为，会计这一社会现象属于管理范畴，是人的一种管理活动。会计的功能总是通过会计工作者从事的多种形式的管理活动实现的，即管理活动论。目前，我国会计界比较趋向于后一种说法。因此，可以把会计的概念表述为：企业财务会计是会计人员以货币为主要计量单位，对企业的交易和事项进行连续、系统、全面的核算和监督，以便向财务会计报告使用者提供企业相关会计信息，并有助于其作出经济决策的一种管理活动。

二、会计的职能

会计的职能，指会计在经济管理过程中所具备的功能。根据我国《会计法》的规定，会计具有核算和监督两大基本职能。

（一）会计核算职能

会计核算职能，又称为会计反映职能，是指会计通过确认、计量、记录、报告，对经济活动的全过程进行连续、系统、全面、综合的反映。具体来讲，就是会计从事记账、算账和报账的工作。

首先，会计运用一定的会计方法，确认经济业务是否发生，并同时以文字和金额记录这一交易或事项。例如销售人员销售商品后，会计人员可根据发票、出库单等凭证判断这一交易是否实际发生以及确定销售收入的入账金额。之后，会计人员应根据确认的金额编制记账凭证、登记会计账簿，将这笔销售业务纳入会计核算系统中来，最终形成财务会计报表，以反映企业资产、利润以及现金流量的增减变动情况。会计核算的流程如图 1-2-1 所示。

图 1-2-1 会计核算的流程

（二）会计监督职能

会计监督职能，又称会计控制职能，是指会计人员利用会计核算所取得的会计信息，对会计主体的经济活动进行真实性、合法性和合理性审查，使之达到预期目标的功能。真实性审查，是指检查会计核算是否与客观经济事实相符，不得提供虚假的会计信息；合法性审查，是指检查经济业务是否与国家相关的法律法规相符，遵守财经纪律，严格执行国家的各项方针政策；合理性审查，是指检查财务收支是否与企业内部有关规定和经营管理要求相符，杜绝出现奢侈浪费、违背内部控制制度要求的现象。

会计监督是对经济活动的全过程进行的监督，包括事前、事中和事后监督。为加强经营管理的预见性，对未来的经济活动可行性等进行审查，进行事前监督；为了对正在发生的经济活动进行控制，促使经济活动按照预定的目标进行，进行事中监督；为对已经发生的经济活动进行审查和分析，以保证提供真实可靠的会计信息，进行事后监督。随着会计监督内容的不断拓展，会计监督的中心由原注重事后监督，转向侧重于事前参与和决策中的监督、事中核算和控制中的监督。

会计核算与会计监督是会计的两大基本职能，两者相辅相成、辩证统一。核算是监督的基础，没有通过会计核算提供的会计信息，会计监督就没有了依据；而监督又是核算质量的保证，失去会计监督对经济活动进行控制审查，就难以保证会计核算信息的真实性、合法性和合理性。

（三）会计延伸职能

随着生产力水平的不断提高以及经济管理理论的不断进步，会计的职能也在上述两大基本职能的基础之上延伸出预测经济前景、参与经济决策、评价经营业绩等管理职能。会计的职能如图1-2-2所示。

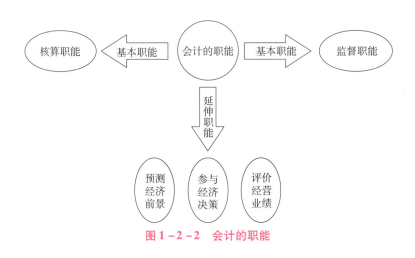

图1-2-2　会计的职能

想一想

会计还有什么其他职能？

三、会计的对象

会计的对象，是指会计核算和监督的具体内容。具体是指特定会计主体的资金运动或价值运动过程，包括资金的投入、资金的使用（循环与周转）、资金的退出三个阶段，如图1-2-3所示。

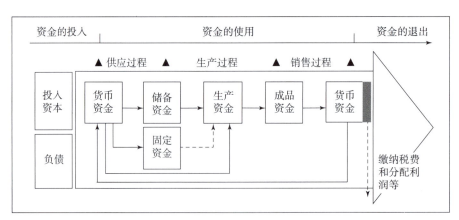

图1-2-3　资金运动

四、会计的核算方法

会计的核算方法是指会计人员对会计主体所发生的经济业务，进行确认、计量、记录、分类、汇总，从而加工会计信息、完成会计任务所采用的一系列具体手段，也是会计的重要组成内容。会计的核算方法如图1-2-4所示。

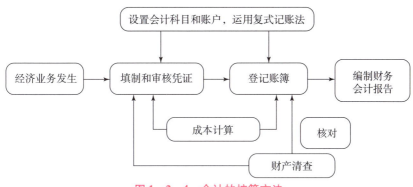

图1-2-4　会计的核算方法

图1-2-4所示的七种会计核算方法之间相互联系、紧密配合，形成一个完整的会计核算体系。在工作中，会计人员在经济业务发生后，按规定填制和审核记账凭证，根据设置好的会计账户，运用复式记账法登记相应的账户。同时，计算供、产、销过程中发生的各项成本费用，并定期盘点财产物资、核对账目，加强财产物资管理。最后，在账实相符的基础之上，根据会计账簿编制财务会计报告，向财务报告使用者提供与企业财务状况、经营成果和现金流量等有关的会计信息。

五、会计的目标

会计的目标，也称财务会计报告的目标，是指在一定的历史条件下，人们意欲通过会计实现的目的或达到的最终成果。在古代，会计作为一种记数方法，目的是为王朝、贵族的财产进行核算；近代，随着产业经济的发展和资本借贷的兴起，会计服务于商人、企业的经营管理。现如今，根据我国《企业会计准则》的阐述，财务会计报告的基本目标是向财务会计报告使用者提供与企业财务状况、经营成果和现金流量等有关的会计信息，反映企业管理层受托责任履行情况，有助于财务会计报告使用者作出经济决策，如图1-2-5所示。财务会计报告使用者包括投资者、债权人、政府及其有关部门和社会公众等。

图1-2-5　会计的目标

六、会计的基本假设

会计的基本假设即会计核算的前提，是指为了履行会计职能、实现会计目标要求，对会计核算的空间、时间范围及所采用的主要计量单位所作的合理假设。会计的基本假设包括会计主体、持续经营、会计分期和货币计量。

（一）会计主体

会计主体也称会计实体，是指会计核算和监督的特定对象。会计主体假设是指对会计确认、计量、记录和报告的空间范围的假设。在会计主体假设下，会计核算和财务报告的编制应当集中反映企业本身所从事的各项经营活动。明确会计主体，才能划定会计所要处理的各项交易或事项的范围，并将其与其他经济实体区分开来。

会计主体不同于法律主体。一般来说，法律主体必然是会计主体，而会计主体不一定是法律主体。例如，一家企业作为一个法律主体，应当建立会计核算体系，独立地反映其财务状况、经营成果和现金流量。但是，在企业集团的情况下，母公司拥有若干子公司，母、子公司虽然是不同的法律主体，但为了全面反映企业集团的财务状况、经营成果和现金流量，就有必要将整个企业集团作为一个会计主体。在这种情况下，企业集团是会计主体，但通常不是法律主体。

（二）持续经营

持续经营是指在可以预见的未来，会计主体会按当期的规模和状态继续经营下去，不会停业，也不会大规模削减业务。

企业能否持续经营，在会计程序、会计方法的选择上有很大的区别。明确持续经营这一假设，就意味着会计主体按照既定用途使用资产，按照既定的合约条件清偿债务，会计人员就可以在此基础上选择会计程序和方法。例如，企业的固定资产在一般情况下可以在一个较长的时间内发挥作用，如果可以判断企业能够持续经营下去，可以假定企业的固定资产会在持续经营的生产经营过程中发挥作用，固定资产就可以根据历史成本进行记录，并按期计提折旧。

持续经营假设为会计核算划定了时间范围，同时也是会计分期假设的前提。

（三）会计分期

会计分期是指将一个企业持续经营的生产经营活动划分为一个个连续的、长短相同的期间，分期结算账目和编制财务会计报告，从而及时地提供与会计主体有关的会计信息。

根据持续经营的基本前提，按照《企业会计准则——基本准则》的规定，会计期间通常可以划分为会计年度和会计中期。在我国，会计年度即每年公历的1月1日至12月31日。会计中期分为月度、季度和半年度。

明确会计分期这一基本假设，才产生了当期与以前期间、以后期间的差别，才产生了权责发生制和收付实现制，才使不同类型的会计主体有了记账的基准。会计期间的划分，对于确定会计核算程序和方法具有极为重要的意义。

（四）货币计量

货币计量是指会计主体在会计确认、计量、记录和报告时主要以货币作为计量单位，来反映会计主体的生产经营过程和经营成果。

选择以货币作为会计核算的计量单位，是由货币本身的属性决定的。货币是商品的一般等价物，是衡量一般商品价值的共同尺度。而其他计量单位，如重量、长度和数量等，只能反映企业经营活动的一个侧面，无法在量上进行汇总和比较，不便于会计计量和经营管理。但对于一些难以以货币来表示的会计信息，例如企业经营战略、管理水平、市场竞争力等，也对企业的经营管理起着至关重要的作用，企业可以在财务报告中披露有关非财务信息作为补充。

在货币计量的前提下，企业的会计核算以人民币作为记账本位币。业务收支以人民币以外的外币为主的企业，也可以选择其中一种货币作为记账本位币，但其编制的财务会计报告，应当折算为人民币。

七、会计的核算基础

会计的核算基础是指会计确认、计量、记录和报告的基础，具体包括权责发生制和收付实现制。企业在进行交易的过程中，与收入和费用有关的款项，收支期间与其归属期间往往出现不一致。为保证相关的收入与其相关的费用合理配比，应确定按照什么方法（基础）确认收入和费用问题。《企业会计准则——基本准则》规定，企业应当以权责发生制进行会计的确认、计量和报告。

（一）权责发生制

权责发生制又称应计制或应收应付制。它是以收入、费用的实际发生为标准，合理确定当期损益的处理方法。即凡是当期已实现的收入和已经发生或应当负担的费用，无论款项是否收付，都应当作为当期的收入或费用处理；凡是不属于当期的收入和费用，即使款项已经在当期收付，都不作为当期的收入和费用处理。

在实际工作当中，企业发生交易或事项的时间与相关款项的收付时间并不完全一致。例如，企业在本期已销售出去但尚未收到的货款；或者款项已经支付，但不属于本期生产经营活动。

权责发生制的核心是明确权利和责任实际发生的时间，来确认收入和费用。根据权责发生制，能够更加真实、公允地反映特定会计期间的财务状况和经营成果。

（二）收付实现制

收付实现制又称现金制或实收实付制。它是以实际收到或者支付现金为标准来确认收入和费用。即凡是在本期收到的收入和付出的费用，无论是否属于本期，都应确认为本期的收入和费用。目前，我国的行政单位会计采用收付实现制作为会计核算的基础。

赣州新悦有限公司3月份发生的经济业务如下：
（1）本月销售商品一批，售价56 000元，按合同规定于下月收回货款；
（2）根据销售合同规定，收到南康佳瑞有限公司支付的购货定金10 000元；
（3）以银行存款支付第一季度水电费6 000元；
（4）收回赣州祥康实业有限公司上月所欠货款60 000元；
（5）以银行存款支付本月职工工资40 000元；

（6）以银行存款支付第二季度财产保险费 30 000 元。

请分别按照权责发生制和收付实现制确认并计算本期的收入、费用，将其结果填入表 1-2-1 中。

表 1-2-1　本期的收入、费用　　　　　　　　　　　　元

经济业务序号	权责发生制		收付实现制	
	本月收入	本月费用	本月收入	本月费用
（1）				
（2）				
（3）				
（4）				
（5）				
（6）				
合计				

八、会计信息质量要求

会计信息质量要求是指对企业财务报告所提供的会计信息质量的基本要求，是使财务报告提供的会计信息对投资者等信息使用者决策有用应具备的基本特征，其本质就是衡量会计信息质量的指标。《企业会计准则——基本准则》对会计信息质量要求的规定主要包括可靠性、相关性、可理解性、可比性、实质重于形式、重要性、谨慎性和及时性等。

（一）可靠性

可靠性要求企业应当以实际发生的交易或事项作为依据进行确认、计量和报告，如实反映确认和计量要求的各项会计要素及其他相关信息，保证会计信息真实可靠、内容完整。为贯彻可靠性要求，企业应当始终以客观事实为依据，科学运用会计核算方法，不随意遗漏或者减少应于财务报告披露的会计信息，保证会计信息真实完整，可验证。

（二）相关性

相关性要求企业提供的会计信息应当与财务报告使用者的经济决策需要相关，有助于投资者等信息使用者对企业过去、现在或未来的情况作出评价或预测。会计信息质量的相关性要求是以可靠性为基础的，会计信息是否有用是会计信息质量的重要标志和基本特征之一。

（三）可理解性

可理解性要求企业提供的会计信息应当清晰明了，便于投资者等财务报告使用者理解和使用。会计人员在会计核算时应当准确、清晰地提供会计信息，以便信息使用者理解使用。

（四）可比性

可比性包括同一企业不同时期可比（纵向可比）和不同企业相同会计期间可比（横向

可比）两层含义。同一企业不同时期发生的相同或者相似的交易或者事项，应当采用一致的会计政策，不得随意变更；不同企业同一会计期间发生的相同或者类似的交易或者事项，应当采用同一会计政策，确保会计信息口径一致、相互可比，以使不同企业按照一致的确认、计量、记录和报告要求提供有关会计信息。

由于经济业务的多样性，《企业会计准则——基本准则》中对于某些交易或者事项提供了多种会计核算方法。例如，固定资产折旧的方法有年限平均法、工作量法、个别计价法、双倍余额递减法和年数总和法等。如果不同的企业或者同一企业采用了不同的方法，将不利于会计信息可比。

（五）实质重于形式

实质重于形式要求企业按照交易或者事项的经济实质进行会计确认、计量、记录和报告，不仅仅以交易或者事项的法律形式为依据。在绝大多数情况下，企业发生的交易或者事项的经济实质和法律形式是一致的，但也有一些不一致的情况。例如，企业租入的资产（除短期租赁和低价值资产租赁外），虽然从法律形式上来看，企业并不拥有该项使用权资产的所有权，但从其经济实质来看，企业在相当长的租赁期内能控制该项资产所创造的未来经济利益，并在租赁期结束时享有对该资产的优先购置权。因此，在会计核算中应当将其视为本企业自有资产。

（六）重要性

重要性要求企业提供的会计信息应当反映与企业财务状况、经济成果和现金流量有关的所有重要交易或者事项。在实务当中，企业会计信息的重要性依赖于职业判断，会计人员一般从项目的功能、性质和金额的大小等多方面加以判断。突出反映那些对企业的经营活动或者会计信息使用者相对重要的会计信息，在财务报告中重点说明；在不影响会计信息真实性的前提下，次要反映那些影响小的会计信息。

（七）谨慎性

谨慎性要求企业对交易或者事项进行会计确认、计量、记录和报告时应当保持应有的谨慎，不应高估资产或者收益、低估负债或者费用。谨慎性要求企业在面对市场的风险和不确定因素时，应保持谨慎的态度，充分估计可能发生的风险和损失。例如，企业不能将预计未来可能取得的收入确认为本期收入，对于可能发生减值的资产应计提减值准备。但谨慎性不允许企业设置秘密准备，人为地调节利润。若企业故意低估资产或者收益，故意高估负债或者费用，将会损害会计信息质量，不符合会计信息质量可靠性的要求，从而对信息使用者产生误导，这是会计准则不允许的。

（八）及时性

及时性要求企业对于已经发生的交易或者事项，应当及时进行确认、计量、记录和报告。具体体现为，会计人员要及时收集、处理以及传递会计信息，保证会计信息的时效性。

 项 目 小 结

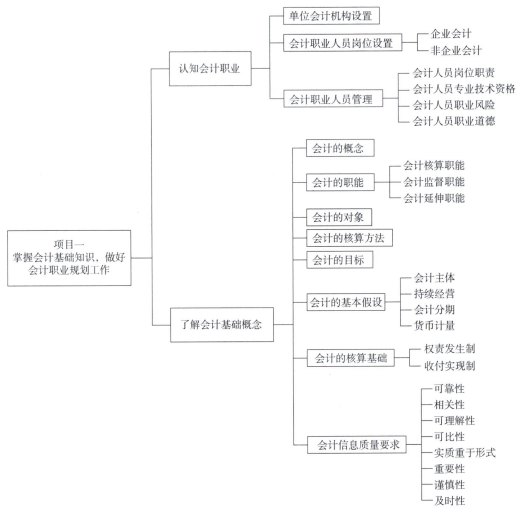

 技 能 训 练

一、单项选择题

1. 会计信息的作用主要表现为（　　）。

A. 会计信息能评估和预测未来的现金流动

B. 会计信息能帮助投资者和债权人进行合理决策

C. 会计信息有利于加强和改善经营管理

D. 以上都是

2. 下列是我国会计专业技术职务的是（　　）。

A. 初级会计师　　　　B. 会计主管　　　　C. 出纳　　　　　　D. 总经理

3. 会计的基本职能是（　　）。

A. 反映和管理职能　　　　　　　　　B. 控制和监督职能

C. 反映和监督职能　　　　　　　　　　　D. 反映和分析职能

4. 企业的会计对象，是企业生产经营过程中（　　）。

A. 全部活动　　　　　　　　　　　　　B. 会计主体的资金运动

C. 量化的经济活动　　　　　　　　　　D. 财产

5. 在可以预见的未来，会计主体会按当期的规模和状态继续经营下去，不会停业，也不会大规模削减业务。这属于（　　）假设。

A. 会计主体　　　B. 会计分期　　　C. 持续经营　　　D. 货币计量

6. 会计核算中产生权责发生制和收付实现制两种记账基础的前提条件是（　　）。

A. 会计主体假设　　B. 持续经营假设　　C. 会计分期假设　　D. 货币计量假设

7. 会计的本质就是一项（　　）活动。

A. 服务　　　B. 后勤　　　C. 参谋　　　D. 管理

8. 企业对于可能发生减值的资产计提减值准备，这一做法体现的会计信息质量要求是（　　）。

A. 可比性　　　　B. 谨慎性　　　　C. 可靠性　　　　D. 实质重于形式

9. 下列各项中，不属于会计的核算方法的是（　　）。

A. 填制和审核凭证　　　　　　　　　B. 登记账簿

C. 编制财务会计报告　　　　　　　　D. 报账

10. 企业同一时期对同类型资产采用了不同的会计政策，这一做法违背了（　　）。

A. 合法性　　　B. 可理解性　　　C. 可比性　　　D. 谨慎性

二、多项选择题

1. 我国会计人员职业道德的内容包括（　　）。

A. 廉洁自律　　　B. 客观公正　　　C. 诚实守信　　　D. 爱岗敬业

2. 会计的职能包括（　　）。

A. 核算和监督　　　B. 预测经济前景　　　C. 参与经济决策　　　D. 评价经营业绩

3. 下列属于会计信息质量要求的是（　　）。

A. 可比性　　　B. 实质重于形式　　　C. 权责发生制　　　D. 相关性

4. 在权责发生制的基本假设下，以下说法正确的有（　　）。

A. 凡是在本期收到的收入，无论是否属于本期，都应确认为本期的收入

B. 凡是在本期付出的费用，无论是否属于本期，都应确认为本期费用

C. 凡是当期已实现的收入和已经发生或应当负担的费用，无论款项是否收付，都应当作为当期的收入或费用处理

D. 凡是不属于当期的收入和费用，即使款项已经在当期收付，都不应当作为当期的收入和费用处理

5. 会计监督职能是指会计人员在进行会计核算的同时，对经济活动的（　　）进行审核。

A. 真实性　　　B. 合法性　　　C. 合理性　　　D. 时效性

三、判断题

1. 企业的会计处理和程序前后各期必须一致，一律不得改变。　　　　　　（　　）

2. 法律主体必然是会计主体，而会计主体不一定是法律主体。　　　　　　（　　）

3. 会计只能以货币作为计量单位。 （　　）

4. 没有会计核算，会计监督就失去了存在的基础，但没有会计监督，会计核算能正常进行。 （　　）

5. 在我国，企业的会计核算只能以人民币作为记账本位币。 （　　）

四、案例分析题

假设刘一作为赣州源玺家具有限公司的总经理，以公司名义为其家人购买一辆价值20万元的小汽车，公司会计将该辆汽车作为公司资产进行入账处理。请同学们思考并分析：

（1）这一交易行为是否与公司有关？

（2）这一做法会造成何种经济后果？

 项目评价表

项目任务	项目内容	项目完成程度		项目技能掌握程度		
		独立完成	团队完成	优秀	合格	不合格
1. 会计职业人员岗位设置	1. 企业会计 2. 非企业会计					
2. 会计职业人员管理	1. 会计人员岗位职责 2. 会计人员专业技术资格 3. 会计人员职业风险 4. 会计人员职业道德					
3. 会计的概念	1. 会计的概念 2. 会计的职能 3. 会计的对象 4. 会计的核算方法 5. 会计的目标					
4. 会计的基本假设	1. 会计主体 2. 持续经营 3. 会计分期 4. 货币计量					
5. 会计的核算基础	1. 权责发生制 2. 收付实现制					
6. 会计信息质量要求	1. 可靠性 2. 相关性 3. 可理解性 4. 可比性 5. 实质重于形式 6. 重要性 7. 谨慎性 8. 及时性					

项目二　识别经济业务的载体，学会填制和审核原始凭证

【知识目标】

1. 熟悉会计要素与会计等式。
2. 掌握会计科目与账户的内容。
3. 了解原始凭证的种类和基本内容。
4. 掌握填制和审核原始凭证的方法。

【能力目标】

1. 能够正确描述会计六大要素的内容。
2. 能够正确描述经济业务对会计等式的影响。
3. 能够正确识别、填制与审核原始凭证。

【素养目标】

1. 具备爱岗敬业、诚实守信的品行。
2. 具备较强的集体意识和团队合作精神。
3. 具备较强的人际沟通能力和协作能力。

【德技并修】

1. 具有廉洁自律、客观公正的会计人员职业道德。
2. 具有崇尚劳动、热爱劳动的劳动精神。
3. 具有执着专注、精益求精的工匠精神。
4. 具有爱岗敬业、争创一流的劳模精神。

【项目说明】

本项目主要针对会计人员实际工作情况，构建起学生基础会计工作所需的基础知识框架，这是进行全面会计核算工作的基础。会计人员需要对企业现有的会计资源进行梳理与分析，掌握基础的会计核算理论知识。

【项目分解】

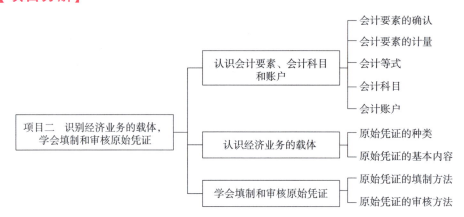

【任务导入】

小刘的朋友小李给他递来一本《企业会计准则》："有空可以好好看看这个。"

小刘翻开《企业会计准则》，看到里面有一张大表，上面是《企业会计准则》的会计科目表。小刘看了一下，科目是分为好几类的，有资产类、负债类、所有者权益类等。小刘好奇地问道："科目为什么要这么分类呢？"

小李回答："你说的这个资产、负债、所有者权益，在会计上叫会计要素，会计要素是指根据企业交易或者事项的经济特征所确定的财务会计对象的基本分类。我们国家会计要素主要分为资产、负债、所有者权益、收入、费用和利润。那你知道，你想买股票的这家赣州强丰稀土科技股份有限公司有哪些资产吗？"

小刘答："这家公司是稀土开发公司，开采出来的稀土肯定是资产，还有各种设备等，对了，还有钱，也是资产。"

小李说："不错，你说的产品和设备在会计上叫存货，你说的钱叫货币资金。要看懂公司的财报，首先就要懂会计基础的知识与概念。"

【任务分析】

1. 了解原始凭证的种类和基本内容。
2. 熟悉会计要素与会计等式。
3. 掌握会计科目与账户的内容。
4. 掌握填制和审核原始凭证的方法。

工作任务1　认识会计要素、会计科目和账户

一、会计要素的确认

会计核算和监督的对象是企业再生产过程中的资金运动，会计要素就是对会计对象按照其经济内容的特征所做的基本分类，是会计对象的具体化。

会计要素是会计确认、计量、记录和报告的基础，是设置账户、编制会计报表的基本依据。由于它是会计报表最基本的内容要素，因此也成为会计报表要素。

我国《企业会计准则——基本准则》将会计要素划分为资产、负债、所有者权益、收入、费用和利润六类。其中，资产、负债、所有者权益属于静态会计要素，侧重反映企业特定日期的财务状况；收入、费用、利润属于动态会计要素，侧重反映企业一定时间的经营活动及其成果。

（一）资产

1. 资产的定义

资产，是指企业过去的交易或者事项形成的，由企业拥有或控制的，预期会给企业带来经济利益的资源。

2. 资产的特征

1）资产是由企业过去的交易或者事项形成的

"企业过去的交易或者事项"包括购买、生产、建造行为和其他交易或者事项，它是资产形成的前提。

资产必须是现实的，而非预期的，预期在未来发生的交易或者事项不形成资产。

只有过去发生的交易或者事项才能增加企业的资产，不能根据购买计划或谈判合同的经济业务来确认资产。如企业欲购买一台设备，只签订了购买合同，但这笔交易还未发生，因此该设备不形成企业的资产。

2）资产是企业拥有或者控制的资源

企业所计量的资产必须归属于某一特定的主体，这是会计主体假设的必然要求。

"拥有"是指企业享有某项资源的所有权，能够排他性地从中获得经济利益，如企业拥有的各种财产、债权等。

"控制"则是指企业虽然不拥有某些资源的所有权，但该项资源的风险与收益都转移到企业内部，企业可以自主使用并长期支配该项资源，也能够排他性地从中获取经济利益，如企业融资租入设备等。

如果不是企业拥有或控制的资源，就不属于企业的资产。

3）资产预期会给企业带来经济利益

"预期会给企业带来经济利益"是指直接或间接导致现金或现金等价物流入企业的潜力。企业将某项经济资源确认为资产，即确认该资源具有直接或间接为企业增加现金或现金等价物的能力，这种能力可以直接产生现金流入，也可以通过减少现金流出来增加现金净流入。

预期不能带来经济利益的资源，虽然可能曾花费了很大的代价才获得，但是只能作为费用而不能作为资产来确认。例如，技术上已经被淘汰的设备，其本身价值已经失去，企业应将其作为一项损失，计入相应的费用，而不应将其再作为资产仍保留在账面上。

3. 资产的确认条件

将一项资源确认为资产，需要符合资产的定义，还应同时满足以下两个条件：

1）与该资源有关的经济利益很可能流入企业

从资产的定义可以看出，能为企业带来经济利益是资产的一个本质特征，但在现实生活中，由于经济环境瞬息万变，与资源有关的经济利益能否流入企业或者能够流入多少，实际上带有不确定性。

因此，资产的确认还应与经济利益流入企业的不确定性程度的判断结合起来。

2）该资源的成本或者价值能够可靠地计量

只有当有关资源的成本或者价值能够可靠地计量时，资产才能予以确认。

在实务中，企业取得的许多资产都需要付出成本，例如企业购买或者生产的商品、企业购置的厂房或者设备等，对于这些资产，只有实际发生的成本或者生产成本能够可靠地计量，才符合资产确认的可计量性条件。

4. 资产的分类

企业资产按其流动性的强弱，分为流动资产和非流动资产两大类。

1）流动资产

流动资产是指可以在一年或者超过一年的一个营业周期内变现或被耗用的资产。

它主要包括货币资金、交易性金融资产、应收票据、应收账款及预付款项、其他应收款、存货、一年内到期的非流动资产等。

2）非流动资产

非流动资产是指除了流动资产以外的其他资产，主要包括债权投资、其他债权投资、长期应收款、长期股权投资、投资性房地产、固定资产、使用权资产、无形资产、商誉、长期待摊费用和其他非流动资产等。

（二）负债

1. 负债的定义

负债，是指企业过去的交易或者事项形成的，预期会导致经济利益流出企业的现时义务。

2. 负债的特征

1）负债是企业承担的现时义务

负债必须是企业承担的现时义务，这里的现时义务是指企业在现行条件下已承担的义务。

未来发生的交易或者事项形成的义务，不属于现时义务，不应当确认为负债。

2）负债预期会导致经济利益流出企业

预期会导致经济利益流出企业是负债的本质特征，只有在履行义务时会导致经济利益流出企业的，才符合负债的定义。

在履行现时义务清偿负债时，导致经济利益流出企业的形式多种多样，例如，用现金偿还或实物资产形式偿还、以提供劳务形式偿还、部分转移资产、部分提供劳务形式偿还、负债转为资本等。

3）负债是由企业过去的交易或者事项形成的

负债应当由企业过去的交易或者事项形成。换句话说，只有过去的交易或者事项才形成负债，企业将在未来发生的承诺（如签订的合同等交易或者事项），不形成负债。

3. 负债的确认条件

将一项现时义务确认为负债，需要符合负债的定义，还需要同时满足以下两个条件：

1）与该义务有关的经济利益很可能流出企业

从负债的定义可以看出，预期会导致经济利益流出企业是负债的一个本质特征。

在实务中，企业履行义务所需流出的经济利益带有不确定性，尤其是与推定义务相关的经济利益通常需要依赖大量的估计。因此，负债的确认应当与经济利益流出企业的不确定性程度的判断结合起来。

2）未来流出的经济利益的金额能够可靠地计量

负债的确认在考虑经济利益流出企业的同时，对于未来流出的经济利益的金额应当能够可靠地计量。

4. 负债的分类

企业负债按照其流动性（即偿付时间的长短），可分为流动负债和非流动负债两大类。

1）流动负债

流动负债是指在一年或超过一年的一个营业周期内偿还的债务。它包括短期借款、交易性金融负债、应付票据、应付账款、预收款项、应付职工薪酬、应交税费、其他应付款、一年内到期的非流动负债等。

2）非流动负债

非流动负债又称长期负债，是指偿还期在一年或超过一年的一个营业周期以上的债务。它主要包括长期借款、应付债券、长期应付款、预计负债等。

（三）所有者权益

1. 所有者权益的定义

所有者权益，是指企业资产扣除负债后由所有者享有的剩余权益。公司的所有者权益又称股东权益。

所有者权益是所有者对企业资产的剩余索取权，它是企业资产中扣除债权人权益后应由所有者享有的部分，所有者权益金额为全部资产减去全部负债后的净额。

2. 所有者权益的特征

（1）企业一般不需要偿还所有者权益，因为所有者权益是企业可以长期使用的资金，在企业的存续期内一般不存在偿还问题，除非发生减资、清算或分派现金股利。

（2）企业清算时，负债往往优先清偿，而所有者权益只有在清偿所有的负债之后才返还所有者。

所有者权益是所有者对剩余资产的要求权，这种要求权在顺序上置于债权人的要求权之后。

（3）所有者凭借所有者权益能够参与企业的经营决策及收益分配，而债权人只有获取企业用以清偿债务的要求权。

3. 所有者权益的确认条件

所有者权益体现的是所有者在企业中的剩余权益，因此，所有者权益的确认和计量主要依赖于资产和负债的确认和计量。

例如，企业接受投资者投入的资产，在该资产符合资产确认条件时，就相应地符合所有者权益的确认条件；当该资产的价值能够可靠地计量时，所有者权益的金额也就可以确定。

4. 所有者权益的分类

所有者权益的分类如图 2-1-1 所示。

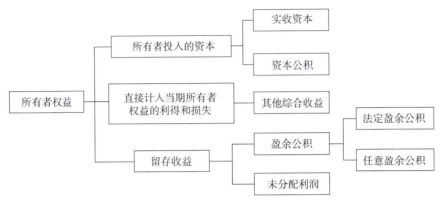

图 2-1-1 所有者权益的分类

所有者权益的来源包括所有者投入的资本、其他综合收益、留存收益等，通常由实收资本（或股本）、资本公积（含股本溢价或资本溢价、其他资本公积）、其他综合收益、盈余公积和未分配利润等构成。

（四）收入

1. 收入的定义

收入，是指企业在日常活动中形成的、会导致所有者权益增加的、与所有者投入资本无关的经济利益的总流入。

2. 收入的特征

1）收入是企业在日常活动中形成的

日常活动是指企业为完成其经营目标所从事的经常性活动，以及与之相关的活动。例如，工业企业制造并销售产品，就属于企业的日常活动。

2）收入是与所有者投入资本无关的经济利益的总流入

收入应当会导致经济利益的流入，从而导致资产的增加。例如，企业销售商品，应当收到现金或者有权在未来收到现金，才表明该交易符合收入的定义。

但是在实务中，经济利益的流入有时是所有者投入资本的增加导致的，所有者投入资本的增加不应当确认为收入，应当将其直接确认为所有者权益。

3）收入会导致所有者权益的增加

与收入相关的经济利益的流入应当会导致所有者权益的增加，不会导致所有者权益增加的经济利益的流入不符合收入的定义，不应确认为收入。

例如，企业向银行借入款项，虽然也导致经济利益流入企业，但该流入并不会导致所有者权益的增加，反而使企业承担了一项现时义务。因此，企业对于因借入款项所导致的经济利益的增加，不应将其确认为收入，而应当确认为一项负债。

3. 收入的确认条件

企业收入的来源渠道多种多样，不同收入来源的特征虽然有所不同，但其收入确认条件却是相同的。当企业与客户之间的合同同时满足下列条件时，企业应当在客户取得相关商品控制权时确认收入：

（1）合同各方已批准该合同并承诺将履行各自义务；

（2）该合同明确了合同各方与所转让商品或提供劳务相关的权利和义务；

（3）该合同有明确的与所转让商品或提供劳务相关的支付条款；

（4）该合同具有商业实质，即履行该合同将改变企业未来现金流量的风险、时间分布或金额；

（5）企业因向客户转让商品或提供劳务而有权取得的对价很可能收回。

4. 收入的分类

按照日常活动在企业中所处的地位，收入可分为主营业务收入和其他业务收入。

1）主营业务收入

主营业务收入是指企业主要经营活动产生的业务收入，它占企业总收入的较大比重，是企业经济利益的主要贡献者，如制造业的商品销售收入、服务业提供的服务收入等。

2）其他业务收入

其他业务收入是指企业从事一些规模较小、非经常性的业务所产生的收入，如制造业的材料销售收入、包装物出租收入等。

（五）费用

1. 费用的定义

费用，是指企业在日常活动中发生的、会导致所有者权益减少的、与向所有者分配利润无关的经济利益的总流出。

2. 费用的特征

1）费用是企业在日常活动中形成的

费用必须是企业在日常活动中形成的，这些日常活动的界定与收入定义中涉及的日常活动的界定相一致。日常活动产生的费用通常包括营业成本（主营业务成本和其他业务成本）、税金及附加、销售费用、管理费用、财务费用等。

将费用界定为日常活动形成的，目的是将其与损失相区分，企业非日常活动形成的经济利益的流出不能确认为费用，而应当计入损失。

2）费用是与向所有者分配利润无关的经济利益的总流出

费用的发生应当会导致经济利益的流出，从而导致资产的减少或者负债的增加，其表现形式包括现金或者现金等价物的流出，存货、固定资产和无形资产等的流出或者消耗等。

企业向所有者分配利润也会导致经济利益的流出，而该经济利益的流出属于所有者权益的抵减项目，不应确认为费用，应当将其排除在费用的定义之外。

3）费用会导致所有者权益的减少

与费用相关的经济利益的流出应当会导致所有者权益的减少，不会导致所有者权益减少的经济利益的流出不符合费用的定义，不应确认为费用。

3. 费用的确认条件

费用的确认除了应当符合定义外，还至少应当符合以下条件：

（1）与费用相关的经济利益应当很可能流出企业；

（2）经济利益流出企业的结果会导致资产的减少或者负债的增加；

（3）经济利益的流出额能够可靠地计量。

4. 费用的分类

费用按照是否构成产品成本，分为生产费用和期间费用，如图 2 - 1 - 2 所示。

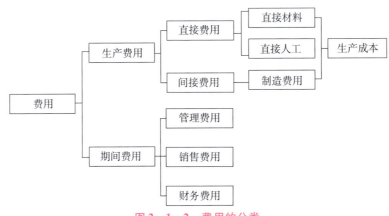

图 2 - 1 - 2　费用的分类

1）生产费用

生产费用是指为生产产品和提供劳务而发生的能够予以对象化的、构成产品成本或劳务成本的费用，主要包括为产品生产所发生的直接材料、直接人工、其他直接费用和企业内部生产经营单位为组织管理生产经营活动而发生的各项间接费用等。

2）期间费用

期间费用是指与产品无直接或间接关系，不能予以对象化、应从当期收入中得到补偿的费用。如企业行政管理部门为组织管理生产经营活动而发生的管理费用、财务费用，为销售商品和提供劳务而发生的销售费用。

（六）利润

1. 利润的定义

利润，是指企业一定期间的经营成果，包括收入减去费用后的净额、直接计入当期利润的利得和损失等。实现利润是企业的发展条件，企业在实现利润以后，才能进行积累，从而进行扩大再生产。

直接计入当期利润的利得或损失，是指应当计入损益的、会导致所有者权益发生增减变动的、与所有者投入资本或者向所有者分配利润无关的利得或损失。

2. 利润的组成

企业利润包括营业利润、利润总额、净利润等。

1）营业利润

营业利润＝营业收入－营业成本－税金及附加－销售费用－管理费用－

财务费用－资产减值损失－信用减值损失＋公允价值变动收益

（－公允价值变动损失）＋投资收益（－投资损失）＋其他收益＋

资产处置收益（－资产处置损失）

2）利润总额

利润总额＝营业利润＋营业外收入－营业外支出

3）净利润

净利润＝利润总额－所得税费用

二、会计要素的计量

会计要素的计量是指为了将符合确认条件的会计要素登记入账，并列报于财务报表而确定其金额的过程。企业应当按照规定的会计要素计量属性进行计量，确定其金额。

计量属性是指予以计量的某一要素的特性方面，计量属性反映的是会计要素金额确定的基础，主要包括历史成本、重置成本、可变现净值、现值和公允价值等。根据我国《企业会计准则》的规定，企业在对会计要素计量时，一般应当采用历史成本，采用重置成本、可变现净值、现值、公允价值计量的，应当保证所确定的会计要素金额能够取得并可靠地计量。

（一）历史成本

历史成本又称实际成本，是指取得或制造某一财产物资时实际支付的现金或其他等价物。

在历史成本计量下，资产按照购置时支付的现金或现金等价物的金额或者购置资产时所付出对价的公允价值计量。负债按照因承担现时义务而实际收到的款项或资产的金额、承担现时义务的共同金额或者按照日常活动中为偿还负债预期需要支付的现金或现金等价物的金额计量。

（二）重置成本

重置成本又称现行成本，是指按照当前的市场条件，重新取得同样的一项资产所需要支付的现金或现金等价物。

在重置成本计量下，资产按照现在购买相同或者相似资产所需支付的现金或现金等价物的金额计量。负债按照现在偿付该项债务所需支付的现金或现金等价物的金额计量。重置成本是现在时点的成本，在实务中重置成本多应用于盘盈固定资产的计量等方面。

（三）可变现净值

可变现净值，是指在正常生产经营过程中，以资产预计售价减去进一步加工成本和预计销售费用及相关税费后的净值。

在可变现净值计量下，资产按照其正常对外销售所能收到的现金或者现金等价物的金额扣除该资产至完工时估计将要发生的成本、估计的销售费用以及相关税金后的金额计量。在实务中，可变现净值通常应用于存货资产减值情况下的后续计量。

（四）现值

现值是指对某一资产的未来现金流量以恰当的折现率进行折现后的价值，是考虑货币时间价值的一种计量属性。

在现值计量下，资产按照预计从其持续使用和最终处理中所产生的未来净现金流出量的折现金额计量。现值通常应用于非流动资产可收回金额和以摊余成本计量的金融资产价值的确定等方面。相对于可变现净值，现值计量考虑了货币时间价值因素的影响。

（五）公允价值

公允价值是指在公平交易中，熟悉情况的交易双方自愿进行资产交换或债务清偿的金额。

在公允价值计量下，资产和负债在公平交易中由熟悉情况的交易双方自愿按照资产交换或债务清偿的金额进行计量。实务中，公允价值计量主要应用于交易性金融资产的计量等。

三、会计等式

会计等式，又称会计恒等式，是指运用数学方程式的原理来描述会计要素之间内在经济联系的数学表达式。

（一）财务状况等式

企业的资产主要来自两个方面，即向债权人借入和由企业投资者投入。

显然，人们不会将其拥有的资本无偿地让渡出去，也就是说，企业中任何资产都有相应的权益要求，谁提供劳务资金，则对于企业资产拥有相应的索取权，即权益。从价值的角度来讲，我们可以用如下公式来表示：

$$资产 = 权益 \qquad (2-1)$$

权益包括两种：一是以投资者的身份向企业投入资产而形成的所有者权益；二是以债权人的身份向企业提供资产而形成的债权人权益，即企业的负债。

因此公式（2-1）又可转化为：

$$资产 = 债权人权益 + 所有者权益 \qquad (2-2)$$

或：

$$资产 = 负债 + 所有者权益 \qquad (2-3)$$

公式（2-3）就是基本会计等式。它反映了某一特定时点企业资产、负债和所有者权益这三个要素之间的平衡关系。所以，又称为静态会计等式，它是编制资产负债表的基础。

（二）经营成果等式

如果收入大于费用，则企业盈利；如果收入小于费用，则企业亏损。另外，我们知道，利润是企业一定时期内实现的收入减去费用之后的余额，将企业在一定会计期间的收入和费用进行配比，以此可判断企业的盈亏。用公式表示为：

$$利润 = 收入 - 费用 + 利得 - 损失 \qquad (2-4)$$

企业筹集了资金，经过一段时期的经营，就会产生收入和费用，收入会使资产增加，而费用会使资产减少，那么，会计等式就可写成：

$$资产 = 负债 + 所有者权益 + 收入 - 费用 + 利得 - 损失 \qquad (2-5)$$

还可以将公式（2-5）改写成：

$$资产 = 负债 + 所有者权益 + 利润 \quad\quad (2-6)$$

会计等式揭示了会计的基本要素之间本质的内在联系，它是设置账户、复式记账和编制会计报表的理论依据。

（三）经济业务对会计等式的影响

经济业务，又称会计事项，是指在经济活动中使会计要素发生增减变动的交易或者事项。

企业经济业务按其对财务状况等式的影响不同，可分为以下九种基本类型：

1. 资产内部同步等额增减的经济业务

【例 2-1-1】东风公司用银行存款购入材料一批，价值 60 000 元。

用银行存款购入材料，使材料这一资产增加 60 000 元，但同时使银行存款这一资产又减少 60 000 元，且因为增减金额相等，会计等式的恒等关系未变。

2. 资产与负债同步等额增加的经济业务

【例 2-1-2】东风公司购入机器一台，价值为 150 000 元，款项暂时未支付。

购入机器，使资产增加 150 000 元，但由于未付款，负债也同时增加 150 000 元，使会计等式两边同时发生增加，且增加金额相等，会计等式的恒等关系不变。

3. 资产与所有者权益同步等额增加的经济业务

【例 2-1-3】东风公司收到某股东用现金投入的资本 100 000 元，存入银行。

接受现金投资，款项存入银行，使得资产增加 100 000 元，同时所有者权益也增加 100 000 元，会计等式两边同时发生增加，且增加金额相等，会计等式的恒等关系不变。

4. 资产与负债同步等额减少的经济业务

【例 2-1-4】东风公司用银行存款 100 000 元归还部分购机器款。

用银行存款归还购机器款，使银行存款这一资产减少 100 000 元，同时负债减少 100 000 元，因此，会计等式两边同时发生减少，且减少金额相等，会计等式的恒等关系不变。

5. 资产与所有者权益同步等额减少的经济业务

思考：请您举例说明什么样的经济业务会导致企业资产和所有者权益要素同时等额减少，会计等式仍然保持平衡。

6. 负债内部同步等额增减的经济业务

思考：请您举例说明什么样的经济业务会导致企业一项负债增加而另一项负债同步等额减少，会计等式仍然保持平衡。

7. 负债与所有者权益同步等额减少的经济业务

思考：请您举例说明什么样的经济业务会导致企业负债和所有者权益同时等额减少，会计等式仍然保持平衡。

8. 所有者权益增加同时负债等额减少的经济业务

【例 2-1-5】东风公司前欠甲公司货款 50 000 元，经协商转作甲公司对东风公司的投资。

欠款转作投资，使投入资本这一所有者权益增加 50 000 元，但同时欠款已转销，负债减少 50 000 元，且增减金额相同，会计等式的恒等关系不变。

9. 所有者权益内部同步等额增减的经济业务

思考：请您举例说明什么样的经济业务会导致企业所有者权益要素内部项目同步等额有增有减，会计等式仍然保持平衡。

上述九类基本经济业务的发生均不影响财务状况等式的平衡关系，具体分为三种情形：基本经济业务 1、6、7、8、9 使财务状况等式左右两边的金额保持不变；基本经济业务 2、3 使财务状况等式左右两边的金额等额增加；基本经济业务 4、5 使财务状况等式左右两边的金额等额减少。

2020 年 12 月东风公司发生如下经济业务，试分析这些经济业务所引起的具体项目的增减变动情况。

（1）从工商银行取出现金 10 000 元。

（2）赊购公司生产产品所需要的原材料一批，价值 50 000 元。

（3）投资者 A 以投入固定资产的方式增加投资额度 100 000 万。

（4）用库存现金支付上月职工薪酬 10 000 元。

（5）以银行借款偿还应付账款。

（6）年末以银行存款按占股比例分配本年利润 100 000 万。

【解析】

（1）资产（库存现金）增加，同时资产（银行存款）等额减少。

（2）资产（原材料）增加，同时负债（应付账款）等额增加。

（3）资产（固定资产）增加，同时所有者权益（实收资本）等额增加。

（4）资产（库存现金）减少，同时负债（应付职工薪酬）等额减少。

（5）负债（短期借款）增加，同时负债（应付账款）等额减少。

（6）资产（银行存款）减少，同时所有者权益（本年利润）等额减少。

四、会计科目

（一）会计科目的概念

会计科目是指对会计要素的具体内容进行分类核算的项目。

会计要素是对会计对象的基本分类，而这六项会计要素仍显得过于粗略，难以满足各有关方面对会计信息的需求，为此还必须对会计要素作进一步分类。这种对会计要素的具体内容进行分类核算的项目，称为会计科目。

例如，资产的概念很广，企业和单位所拥有的资产以各种不同的形式存在，包括现金、银行存款、原材料、库存商品、固定资产等。

会计对象、会计要素、会计科目三者的关系极为密切。会计对象抽象概括为企业的资金运动；会计要素则是会计对象的基本内容，也就是对会计对象的基本分类，包括资产、负债、所有者权益、收入、费用和利润；会计科目是对会计要素所作的进一步分类。

会计对象、会计要素、会计科目三者之间的关系如图 2-1-3 所示。

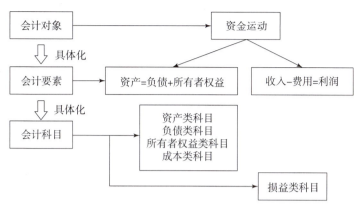

图 2-1-3　会计对象、会计要素、会计科目三者之间的关系

会计科目是进行会计记录和提供各项会计信息的基础，在会计核算中具有重要意义。

1. 会计科目是复式记账的基础

复式记账要求每一笔经济业务，都以相等的金额，在相互关联的两个或两个以上账户中进行登记，以反映经济业务的来龙去脉。

2. 会计科目是编制记账凭证的基础

会计凭证是确定所发生的经济业务应记入何种科目以及分门别类登记账簿的凭据。

3. 会计科目为成本核算与财产清查提供了前提条件

通过会计科目的设置，有助于成本核算，使各项成本计算成为可能；而通过账目记录与实际结存的核算，又为财产清查、保证账实相符提供了必备的条件。

4. 会计科目为编制会计报表提供了方便

会计报表是提供会计信息的主要手段，为了保证会计信息的质量及其提供的及时性，会计报表中的许多项目与会计科目是一致的，并根据会计科目的本期发生额或余额填列。

（二）会计科目的分类

为了进一步认识每个会计科目的性质和作用，更好地使用会计科目，并进一步研究会计科目之间的相互关系，需要对会计科目进行分类，找出各种会计科目的规律性。

会计科目可以按照不同的依据分类。

1. 会计科目按经济内容分类

会计科目按经济内容的分类是其主要的、基本的分类。《企业会计准则》规定了会计科目及其主要账务处理，基本涵盖了所有企业的各类交易或事项。会计科目按其反映的经济内容不同，可以分为资产类、负债类、所有者权益类、共同类、成本类、损益类六大类。

资产类科目主要反映资产内容；负债类科目主要反映负债内容；所有者权益类科目主要反映所有者权益内容；共同类科目指可能具有资产性质，也可能具有负债性质的科目，其性质取决于科目结算的结果；成本类科目主要反映产品制造过程内容；损益类科目主要反映企业利润或亏损的形成过程内容。

2. 会计科目按所提供信息的详细程度及其统驭关系分类

会计科目按其所提供信息的详细程度及其统驭关系不同，可分为总分类科目和明细分类科目。

1）总分类科目

总分类科目，也叫总账科目或一级科目，是对会计要素具体内容进行总括分类、提供总括信息的会计科目，如"应收账款""应付账款""原材料"等。

2）明细分类科目

明细分类科目，也叫明细科目，是对总分类科目作进一步分类，提供更详细、更具体的会计信息的科目。例如，"应收账款"总分类科目反映的是企业向购货方销售商品而应收未收的债权总额，为了加强财务管理，仅泛泛了解应收账款总额是不够的。为了正确、及时地与各购货单位办理结算业务，就必须详细了解与各购货单位的账款结算情况，这就要求在"应收账款"总分类科目下，分别各购货单位开设明细分类科目，如"应收账款——甲企业"，这就是用以反映本企业对甲企业所拥有的债权情况的明细分类科目。

为了适应管理工作的需要，在总分类科目下设置的明细分类科目太多时，可在总分类科目与明细分类科目之间设置二级或多级科目。例如企业拥有几百种原材料，若在总分类科目下直接设置明细分类科目，将会形成太多的明细分类科目。在这种情况下，可在总分类科目下设置二级科目，再在二级科目下设置明细分类科目，即"原材料——电子元件——二极管"，就是在"原材料"总分类科目下设置"电子元件"二级科目，再在这个二级科目下设置明细分类科目。

（三）会计科目的设置

1. 会计科目的设置原则

会计科目设置得合理与否，对于反映会计要素的构成情况及其变化，为投资者、债权人以及企业管理者提供决策有用的会计信息，提高会计工作效率影响很大。设置会计科目应努力做到科学、合理、实用，因此，在设置会计科目时应遵循以下原则：

1）合法性原则

合法性原则，是指所设置的会计科目应当符合国家统一的会计制度规定。企业应当参照会计制度中统一规定的会计科目，根据自身的实际情况设置会计科目，但其设置的会计科目不得违反现行会计制度的规定。对于国家统一会计制度规定的会计科目，企业可以根据自身的生产经营特点，在不影响统一会计核算要求以及对外提供统一的财务报表的前提下，自行增设、减少或合并某些会计科目。

2）相关性原则

相关性原则，是指所设置的会计科目应当为有关各方提供所需要的会计信息服务，满足对外报告和对内管理的要求。根据《企业会计准则》的规定，企业财务报告提供的信息必须满足对内、对外各方面的需要，设置会计科目必须服务于会计信息的提供，必须与财务报告的编制相协调、相关联。

3）实用性原则

实用性原则，是指所设置的会计科目应当符合单位自身特点，满足单位实际需要。企业的组织形式、所处行业、经营内容及业务种类等不同，在会计科目的设置上亦应有所区别。国家在规定统一会计科目的同时，考虑到不同单位具体经济业务的特殊性，在设置会计科目时允许单位有一定的灵活性。

2. 常用的会计科目

《企业会计准则》中的主要会计科目如表2-1-1所示。

表2-1-1 主要会计科目

编号	名称	编号	名称
	一、资产类	1603	固定资产减值准备
1001	库存现金	1604	在建工程
1002	银行存款	1605	工程物资
1012	其他货币资金	1606	固定资产清理
1101	交易性金融资产	1701	无形资产
1121	应收票据	1702	累计摊销
1122	应收账款	1703	无形资产减值准备
1123	预付账款	1711	商誉
1131	应收股利	1801	长期待摊费用
1132	应收利息	1811	递延所得税资产
1221	其他应收款	1901	待处理财产损溢
1231	坏账准备		二、负债类
1401	材料采购	2001	短期借款
1402	在途物资	2201	应付票据
1403	原材料	2201	应付账款
1404	材料成本差异	2202	预收账款
1405	库存商品	2211	应付职工薪酬
1406	发出商品	2221	应交税费
1407	商品进销差价	2231	应付利息
1408	委托加工物资	2232	应付股利
1471	存货跌价准备	2241	其他应付款
1501	持有至到期投资	2501	长期借款
1502	持有至到期投资减值准备	2501	应付债券
1503	可供出售金融资产	2701	长期应付款
1511	长期股权投资	2711	专项应付款
1512	长期股权投资减值准备	2801	预计负债
1521	投资性房地产	2901	递延所得税负债
1531	长期应收款		三、共同类（略）
1601	固定资产		四、所有者权益
1602	累计折旧	4001	实收资本

编号	名称	编号	名称
4002	资本公积	6101	公允价值变动损益
4101	盈余公积	6111	投资收益
	其他综合收益	6301	营业外收入
4103	本年利润	6401	主营业务成本
4104	利润分配	6402	其他业务成本
	五、成本类	6403	营业税金及附加
5001	生产成本	6601	销售费用
5101	制造费用	6602	管理费用
5201	劳务成本	6603	财务费用
5301	研发支出	6701	资产减值损失
	六、损益类	6711	营业外支出
6001	主营业务收入	6801	所得税费用
6051	其他业务收入	6901	以前年度损益调整

五、会计账户

（一）账户的概念

账户是指根据会计科目设置的，具有一定的格式和结构，用于分类反映会计要素增减变动情况及其结果的载体。设置账户是会计核算的重要方法之一。账户使原始数据转换为初始会计信息，通过账户可以对大量复杂的经济业务进行分类核算，从而提供不同性质和内容的会计信息。

会计科目与账户是两个既有联系又有区别的概念。

1. 两者的联系

账户是根据会计科目开设的，会计科目和账户都是按照相同的经济内容设置的，两者反映的会计对象的经济内容相同。

2. 两者的区别

会计科目是一个名称，只表明某项经济内容，而账户具有一定的格式和结构，可以记录和反映某项经济内容的增减变化及其结果，是用来记录经济业务的载体。

在实际工作中，会计人员往往把会计科目与账户作为同义语而不严格区分。

（二）账户的分类

1. 账户按其反映经济业务的详细程度不同分类

账户按其反映经济业务的详细程度不同分类，可分为总分类账户和明细分类账户。

根据总分类科目设置的账户称为总分类账户，简称总账账户，对会计要素具体内容进行总括分类核算。

根据明细科目设置的账户称为明细分类账户，简称明细账户，对会计要素具体内容进行明细分类核算。

总账账户称为一级账户，总账以下的账户称为明细账户。

2. 账户按其反映的经济内容不同分类

账户按其反映的经济内容不同分类，可分为资产类账户、负债类账户、共同类账户、所有者权益类账户、成本类账户和损益类账户六大类。

1）资产类账户

资产类账户是用来核算企业资产的增减变动和结余情况的账户。按资产的流动性不同，共分为两类：

（1）核算流动资产的账户，主要有："库存现金""银行存款""交易性金融资产""应收账款""应收票据""预付账款""其他应收款""原材料""库存商品"等账户。

（2）核算非流动资产的账户，主要有："长期股权投资""固定资产""累计折旧""无形资产""长期待摊费用"等账户。

2）负债类账户

负债类账户是用来核算企业负债的增减变动和结余情况的账户。按负债的流动性不同，可分为两类：

（1）核算流动负债的账户，主要有："短期借款""应付账款""应付票据""预收账款""其他应付款""应付职工薪酬""应交税费""应付股利"等账户。

（2）核算非流动负债的账户，主要有："长期借款""应付债券""长期应付款"等账户。

3）共同类账户

共同类账户是用来核算有关业务而形成的资产或负债。一般企业的共同类账户有"衍生工具""套期工具""被套期项目"。

共同类账户具有双重性质，核算某类业务形成的资产或负债，例如："被套期项目"账户用来核算企业开展套期保值业务被套期项目公允价值变动形成的资产或负债。本账户期末借方余额反映企业被套期项目形成资产的公允价值；本账户期末贷方余额反映企业被套期项目形成负债的公允价值。

4）所有者权益类账户

所有者权益类账户是用来核算企业所有者权益的增减变动和结余情况的账户。按照所有者权益的来源不同，可分为两类：

（1）核算所有者原始投资的账户，主要有："实收资本（或股本）""资本公积"账户。

（2）核算所有者经营积累的账户，主要有："盈余公积""本年利润""利润分配"等账户。

5）成本类账户

成本类账户是用来核算企业生产经营过程中发生的费用，并计算成本的账户。成本类账户主要有："生产成本""制造费用""劳务成本""研发支出"等账户。

6）损益类账户

损益类账户是用来核算企业与损益直接相关的账户，核算内容主要是企业的收入和费用。该类账户又可分为两类：

（1）收入类账户，主要有："主营业务收入""其他业务收入""投资收益""营业外收入"等账户。

（2）费用类账户，主要有："主营业务成本""税金及附加""其他业务成本""销售费用""管理费用""财务费用""所得税费用"等账户。

（三）账户的结构

账户的结构是指账户记录经济业务的格式。随着经济业务的不断发生，会计要素的具体内容也在发生变化。但不管发生什么样的变化，从数量上看不外乎增加、减少两种情况，所以用来记录企业在一定会计期间数据的账户，在结构上应分为两方面，即左方和右方，一方记增加，另一方记减少。至于哪方记增加，哪方记减少，由企业所采用的记账方法和记录的内容而定。

为了完整地反映经济业务，账户的基本结构应包括以下内容：

（1）账户名称（即会计科目）；

（2）日期和摘要（即记录经济业务发生的时间和内容）；

（3）增加方、减少方的金额和余额；

（4）凭证号数（说明账户记录的依据）；

为了简化核算与理解，账户的基本结构一般用"T"字（形）或"丁"字（形）来表示。如图2-1-4所示。

图2-1-4　账户的基本结构

在实际工作中，最基本的账户格式是三栏式，即增加、减少和余额三栏。以借贷记账法为例，其格式如表2-1-2所示。

表2-1-2　三栏式账户结构

账户名称（会计科目）						
日期	凭证号数	业务摘要	借方金额	贷方金额	借或贷	余额

每一个账户一般有四个金额要素，即期初余额、本期增加额、本期减少额、期末余额。一定时期内，增加方发生的金额之和，称为本期增加额；减少方发生的金额之和，称为本期减少额。这四个要素之间有以下关系：

$$期末余额 = 期初余额 + 本期增加额 - 本期减少额$$

工作任务2　认识经济业务的载体

一、原始凭证的种类

原始凭证的种类繁多，可以按照来源、格式、填制的手续和内容进行分类。

（一）按照来源不同分类

原始凭证按照来源不同分类，可分为自制原始凭证和外来原始凭证。

1. 自制原始凭证

自制原始凭证，是指由本单位有关部门和人员，在执行或完成某项经济业务时填制的，仅供本单位内部使用的原始凭证。如出差人员报销费用时填制的差旅费报销单（图2-2-1）、生产部门生产领用材料时填制的领料单（图2-2-2）、产品完工入库时填制的产成品入库单（图2-2-3）等。

<h2 style="text-align:center">差 旅 费 报 销 单</h2>

报销部门：　　　　　　　填报日期：　　　年　　月　　日

姓　名		职　别			出差事由				

出差起止日期自　　年　　月　　日起至　　年　　月　　日止 共　　天　附单据　　张

日期 月 日	起 讫 地 点	天数	机票费	车船费	市 内 交通费	住宿费	出差补助	住宿节 约补助	其他	小 计

总计金额（大写）　　万　　仟　　佰　　拾　　元　　角　　分　预支　　　元 补助　　　元

负责人　　　　会计　　　　　　审核　　　　　　部门主管　　　　　出差人

图2-2-1　差旅费报销单

<h3 style="text-align:center">领 料 单</h3>

领料单号：　　　　　日期：　　　　　领用部门：

材料用途	编码	材料名称	型号规格	单位	数 量	单价	金 额
合　计							

记 账：　　　　复核：　　　　仓库保管：　　　　领料人：

图2-2-2　领料单

入 库 单

入库单号：　　　　　入库日期：　　　　　入库类型：　　　　　部 门：
供应商名称：　　　　　　　　　　仓库名称：　　　　　备 注：

发票号码	编码	存货名称	型号规格	单位	数 量	不含税价	金 额
合 计							

记账：　　　　　复 核：　　　　　仓库保管：　　　　　采购员：

图 2 - 2 - 3　入库单

2. 外来原始凭证

外来原始凭证，是指在经济业务发生或完成时，从其他单位或个人处直接取得的原始凭证。如购买设备取得的增值税专用发票（图 2 - 2 - 4）、银行结算业务的回单等（图 2 - 2 - 5）、航空运输电子客票行程单（图 2 - 2 - 6）。

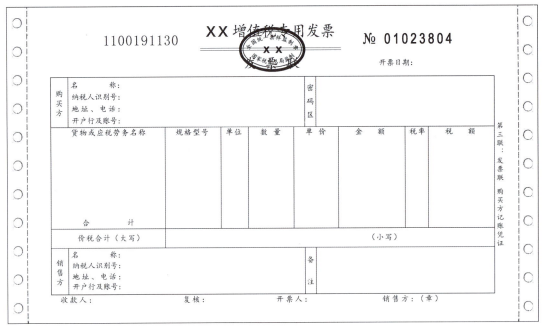

图 2 - 2 - 4　增值税专用发票

华夏银行 电子回单

年 月 日

付款人	全　称		收款人	全　称	
	账　号			账　号	
	开户银行			开户银行	
	行　号			行　号	
金额（大写）					
金额（小写）					
摘　要					

电子回单验证码：

请登录华夏银行官方网站www.hxb.com.cn通过"电子回单查询"功能查询电子回单真伪。
交易最终结果请以资金实际入账为准。

图2-2-5 银行结算业务的回单

图2-2-6 航空运输电子客票行程单

（二）按照格式不同分类

原始凭证按照格式不同分类，可分为通用凭证和专用凭证。

1. 通用凭证

通用凭证，是指由有关部门统一印制、在一定范围内使用的具有统一格式和使用方法的原始凭证。通用凭证的通用范围可以是某一地区、某一行业，也可以是全国，国家税务总局指定企业印制的增值税专用发票，由中国交通银行制作的现金支票，如图2-2-7所示。

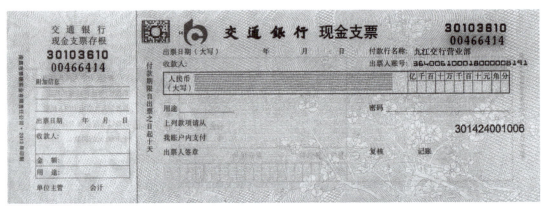

图 2 - 2 - 7　中国交通银行现金支票

2. 专用凭证

专用凭证，是指由单位自行印制、仅在本单位内部使用的原始凭证。如企业内部的领料单、差旅费报销单、借款单（图 2 - 2 - 8）、工资结算汇总表、制造费用分配表等。

<u>**借 款 单**</u>

借款日期：　　　　　　年　月　日　　部门

借款人：	借款事由：
借款金额：（大写）	小写：￥
领导审批：	借款人签名：

图 2 - 2 - 8　借款单

（三）按照填制的手续和内容不同分类

原始凭证按照填制的手续和内容不同分类，可分为一次凭证、累计凭证和汇总凭证。

1. 一次凭证

一次凭证，是指一次填制完成，只记录一笔经济业务且仅一次有效的原始凭证。外来的原始凭证一般都是一次凭证；自制的原始凭证，大部分都属于一次凭证，如企业购进材料验收入库时填制的收料单，车间或班组向仓库领料时填制的一次性使用的领料单，职工出差填制的借款单。

2. 累计凭证

累计凭证，是指在一定时期内多次记录发生的同类型经济业务且多次有效的原始凭证。累计凭证的填制手续是随经济业务的陆续发生分次进行的，这种单据在反映有关经济业务量的变化的同时，更可以提高原始凭证的使用效率，简化财务核算手续。工业企业使用的"限额领料单"就是典型的累计凭证，如图 2 - 2 - 9 所示。

限额领料单

材料科目：　　　　　　　　　　　　　　　　　　　　　材料类别：
领料车间（部门）：　　　　　　　　　　　　　　　　　编号：
用途：　　　　　　　　　　　年　　月　　　　　　　　仓库：

材料编号	材料名称	规格	计量单位	领用限额	实际领用			备注
					数量	单位成本	金额	

日期	请领		实发			退回			限额结余
	数量	领料单位	数量	发料人签章	领料人签章	数量	领料人签章	退料人签章	
合计									

生产计划部门负责人：　　　　　供应部门负责人：　　　　　　仓库负责人：

图 2-2-9　限额领料单

3. 汇总凭证

汇总凭证，是指对一定时期内反映经济业务内容相同的若干张原始凭证，按照一定标准综合填制的原始凭证。汇总凭证只能汇总同类经济业务，可以简化记账凭证的填制工作。发料凭证汇总表、工资结算汇总表等都属于这一类凭证。

原始凭证的分类汇总如图 2-2-10 所示。

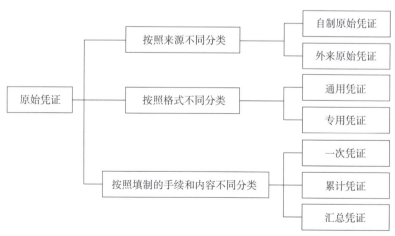

图 2-2-10　原始凭证的分类汇总

二、原始凭证的基本内容

由于各项经济业务的内容和经济管理的要求不同，各个原始凭证的名称、格式和内容也是多种多样的。但无论何种原始凭证，都必须详细载明有关经济业务发生或完成的情况，必须明确经办单位和人员的经济责任。

因此，各种原始凭证都应具备一些共同的基本内容，原始凭证所包括的基本内容，通常称为凭证要素。

原始凭证一般应具备以下基本内容：

（1）原始凭证的名称；

（2）填制原始凭证的日期；

（3）凭证的编号；

（4）接受原始凭证的单位名称（抬头人）；

（5）经济业务的内容（含数量、单价和金额等）；

（6）填制单位签章；

（7）有关人员（部门负责人、经办人员）签章；

（8）填制凭证的单位名称或者填制人姓名；

（9）凭证附件。

工作任务3 学会填制和审核原始凭证

一、原始凭证的填制方法

（一）填制原始凭证的基本要求

原始凭证是编制记账凭证的依据，是会计核算最基础的原始资料。要保证会计核算工作的质量，必须从原始凭证的质量做起，正确填制原始凭证。

原始凭证的填制，必须符合一定的规范，具体要求如下：

1. 记录要真实

原始凭证所填列的经济业务内容和数字，必须真实可靠，符合实际情况。

2. 内容要完整

原始凭证所要求填列的项目必须逐项填列齐全，不得遗漏和省略。

3. 手续要完备

单位自制的原始凭证，必须有经办单位领导人或者其他指定的人员签名或盖章；对外开出的原始凭证，必须加盖本单位公章；从外部取得的原始凭证，必须盖有填制单位的公章；从个人取得的原始凭证，必须有填制人员的签名或盖章。

4. 书写要清楚、规范

原始凭证要按规定填写，文字要简要，字迹要清楚，易于辨认，不得使用未经国务院公布的简化汉字。

大小写金额必须相符且填写规范，小写金额用阿拉伯数字逐个书写，不得写连笔字。

在金额前要填写人民币符号"￥"，人民币符号"￥"与阿拉伯数字之间不得留有空白。金额数字一律填写到角、分，无角、分的，写“00”或符号“—”；有“角”无“分”的，分位写“0”，不得用符号“—”。大写金额用汉字壹、贰、叁、肆、伍、陆、柒、捌、玖、拾、佰、仟、万、亿、元、角、分、零、整等，一律用正楷或行书字书写。大写金额前未印有“人民币”字样的，应加写“人民币”三个字，“人民币”字样和大写金额之间不得留有空白。大写金额到“元”或“角”为止的，后面要写“整”或“正”字；有分的，不写“整”或“正”字。如小写金额为￥1 005.00，大写金额应写成“壹仟零伍元整”。

5. 编号要连续

如果原始凭证已预先印定编号，在写坏作废时，应加盖“作废”戳记，妥善保管，不得撕毁。如果原始凭证没有预先编号，则需要根据企业实际情况人工编号，不得错号、跳号、漏号等。

6. 不得涂改、刮擦、挖补

原始凭证有错误的，应当由出具单位重开或更正，更正处应当加盖出具单位印章。原始凭证金额有错误的，应当由出具单位重开，不得在原始凭证上更正。

7. 填制要及时

各种原始凭证一定要及时填写，并按规定的程序及时送交会计机构、会计人员进行审核。

（二）自制原始凭证的填制要求

不同的自制原始凭证，填制的要求也有所不同。

1. 一次凭证的填制

一次凭证应在经济业务发生或完成时，由相关业务人员一次填制完成。该凭证只能反映一项经济业务，或者同时反映若干项同一性质的经济业务。一次凭证可以是自制的原始凭证，也可以是外来取得的原始凭证。

下面以“收料单”和“领料单”的填制为例，介绍一次凭证的填制方法。

（1）“收料单”（图2－3－1）是企业购进材料验收入库时，由仓库保管人员根据购入材料的实际验收情况填制的一次性原始凭证。企业外购材料，都应履行入库手续，由仓库保管人员根据供应单位开来的发票账单，严格审核，对运达入库的材料认真计量，并按实收数量认真填制“收料单”。

收 料 单 NO：0000001

单位名称： 年 月 日

编号	品名及规格	单位	数量	实收数量	单价	金额	备注
合计金额（大写）	佰 拾 万 仟 佰 拾 元 角 分￥________						

主管： 收料人： 经手人：

图2－3－1 收料单

"收料单"一式三联：一联留给仓库，用来登记材料物资明细账；一联随发票账单到会计处保留；一联交给采购人员留存待查。

（2）"领料单"一般是一料一单，是在经济业务发生或完成时，由经办人员填制的，一般只反映一项经济业务，或者同时反映若干项同类性质经济业务的一次性原始凭证。如企业、车间或部门从仓库中领用材料，都应履行出库手续，由领料经办人根据需要材料的情况填写"领料单"，并经该单位主管领导批准到仓库领用材料。仓库保管员根据"领料单"，审核其用途发放材料，并在"领料单"上签章。

"领料单"一式三联：一联留领料部门备查，一联留仓库，据以登记材料物资明细账，一联转会计部门或月末经汇总后转会计部门据以进行总分类核算。

2. 累计凭证的填制

累计凭证应在每次经济业务完成后，由相关人员在同一张凭证上重复填制完成。该凭证能在一定时期内不断重复地反映同类经济业务的完成情况。累计凭证不是一次完成的，需多次填制完成。

"限额领料单"是多次使用的累计领发料凭证。在有效期内（一般为一个月），只要领用数量不超过限额，就可以连续使用。"限额领料单"由生产、计划部门根据下达的生产任务和材料消耗定额按每种材料用途分别开出，一料一单，一式两联，一联交仓库据以发料，一联交领料部门据以领料。

3. 汇总凭证的填制

汇总凭证应由相关人员在汇总一定时期内反映同类经济业务的原始凭证后填制完成。该凭证只能将类型相同的经济业务进行汇总，不能汇总两类或两类以上的经济业务。仓库根据一个月内所有的"收料单"和"发料单"分别汇总编制的"收料凭证汇总表"和"发料凭证汇总表"就是典型的累计凭证。

"发料凭证汇总表"（图2－3－2）由会计根据各部门到仓库领用材料时填制的"领料单"按旬汇兑，每月编制一份，送交会计部门做账务处理。

发料凭证汇总表

年　月　日

会计科目（用途）	领料部门	原材料	燃料	合计
生产成本				
	小计			
制造费用				
管理费用				
合计				

会计主管：　　　　　　　　　复核：　　　　　　　　　制表：

图2－3－2　发料凭证汇总表

（三）外来原始凭证的填制要求

外来原始凭证应在企业与外单位发生经济业务时，由外单位的相关人员填制完成。一般由税务局等部门统一印制，或者经税务部门批准由经营单位印制，在填制时加盖出具凭证的单位公章。

1. 增值税专用发票的填制

增值税专用发票是由国家税务总局监制设计印制的，只限于增值税一般纳税人领购使用的，既作为纳税人反映经济活动中的重要会计凭证，又是兼记销货方纳税义务和购货方进项税额的合法证明，是增值税计算和管理中重要的决定性的合法的专用发票。

增值税专用发票由基本联次或者基本联次附加其他联次构成。基本联次为三联：发票联、抵扣联和记账联。发票联，作为购买方核算采购成本和增值税进项税额的记账凭证；抵扣联，作为购买方报送主管税务机关认证和留存备查的凭证；记账联，作为销售方核算销售收入和增值税销项税额的记账凭证。其他联次的用途，由一般纳税人自行确定。

2. 增值税普通发票的填制

增值税普通发票（图2-3-3）的格式、字体、栏次、内容与增值税专用发票完全一致。增值税普通发票按发票联次可分为两联票和五联票两种，基本联次为两联：第一联为记账联，销售方用作记账凭证；第二联为发票联，购买方用作记账凭证。此外，为满足部分纳税人的需要，在基本联次后添加了三联的附加联次，即五联票，供企业选择使用。

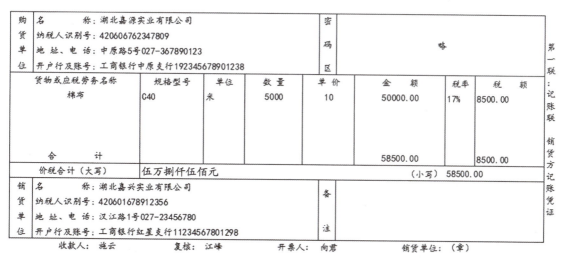

图 2-3-3　增值税普通发票

增值税普通发票代码的编码原则与专用发票基本一致。发票左上角 10 位代码的含义：1~4 位代表各省；5~6 位代表制版年度；第 7 位代表印制批次；第 8 位代表发票种类，普通发票用 "3" 表示；第 9 位代表几联版，普通发票二联版用 "2" 表示，普通发票五联版用 "5" 表示；第 10 位代表版本，"0" 表示计算机版。

增值税普通发票第二联（发票联）采用防伪纸张印制。代码采用专用防伪油墨印刷，号码的字型为专用异型体。各联次的颜色依次为蓝、橙、绿蓝、黄绿和紫红色。

3. 银行进账单的填制

银行进账单（图 2-3-4），是持票人或收款人将票据款项存入收款人在银行账户的凭证，也是银行将票据款项记入收款人账户的凭证。银行进账单分为二联式银行进账单和三联式银行进账单。不同的持票人应按照规定使用不同的银行进账单。

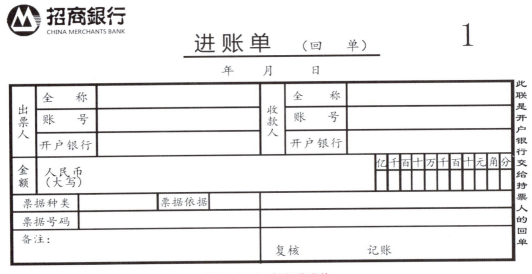

图 2-3-4 银行进账单

二联式银行进账单的第一联为给持票人的回单（即收账通知），第二联为银行的贷方凭证。持票人填写银行进账单时，必须清楚地填写票据种类、票据张数、收款人名称、收款人开户银行及账号、付款人名称、付款人开户银行及账号、票据金额等栏目，并连同相关票据一并交给银行经办人员。对于二联式银行进账单，银行受理后，银行应在第一联上加盖转讫章并退给持票人，持票人凭以记账。

二、原始凭证的审核方法

为了如实反映经济业务发生和完成的情况，充分发挥会计的监督职能，保证会计信息的真实性、可靠性和正确性，会计部门和会计人员必须对原始凭证进行严格认真的审核。具体包括以下几项：

（一）审核原始凭证的真实性

原始凭证作为会计信息的基本信息源，其真实性对会计信息的质量具有至关重要的影响。

真实性的审核包括审核凭证日期是否真实、业务内容是否真实、数据是否真实等。对于外来原始凭证，必须有填制单位公章和填制人员签章；对于自制原始凭证，必须有经办部门和经办人员的签名或盖章。此外，对于通用原始凭证，还应审核凭证本身的真实性，防止以假冒的原始凭证记账。

（二）审核原始凭证的合法性

审核原始凭证所记录的经济业务是否有违反国家法律、法规问题，是否符合规定的审核权限，是否履行了规定的凭证传递和审查程序，是否有贪污腐化等行为。

（三）审核原始凭证的合理性

审核原始凭证所记录的经济业务是否符合企业生产经营活动的需要，是否符合有关的计划和预算等。

（四）审核原始凭证的完整性

审核原始凭证的各项基本要素是否齐全，是否有漏项情况，日期是否完整，数字是否清晰，文字是否工整，有关人员签章是否齐全，凭证联次是否正确等。

（五）审核原始凭证的正确性

审核原始凭证各项计算及其相关部分是否正确，包括：阿拉伯数字分开填写，不得连写；小写金额前要标明货币币种符号或货币名称缩号，中间不能留有空位，金额要标至"分"，无"角""分"的，要以"0"补位；金额大写部分要正确，大写金额前要加货币名称，大写金额与小写金额要相符；凭证中有书写错误的，应采用正确的方法更正，不能采用任意涂改、刮擦、挖补等不正确方法。

（六）审核原始凭证的及时性

原始凭证的及时性是保证会计信息是否具有及时性的基础。因此，在经济业务发生或完成时应及时填制有关原始凭证，及时进行凭证的传递。审核时，应注意审查凭证的填制日期，尤其是银行汇票、银行本票等时效性较强的原始凭证，更应仔细验证其签发日期。

经审核的原始凭证应根据以下不同情况处理：

（1）对于完全符合要求的原始凭证，应及时据以填制记账凭证入账。

（2）对于真实、合法、合理，但内容不完整、填写有错误、手续不完备、数字不准确以及情况不清楚的原始凭证，应当退还有关业务单位或个人，由其负责将有关凭证补充完整，更正错误或重开后，再办理会计手续。

（3）对于不真实、不合法的原始凭证，会计机构、会计人员有权不予接受，并向单位负责人报告。

项目小结

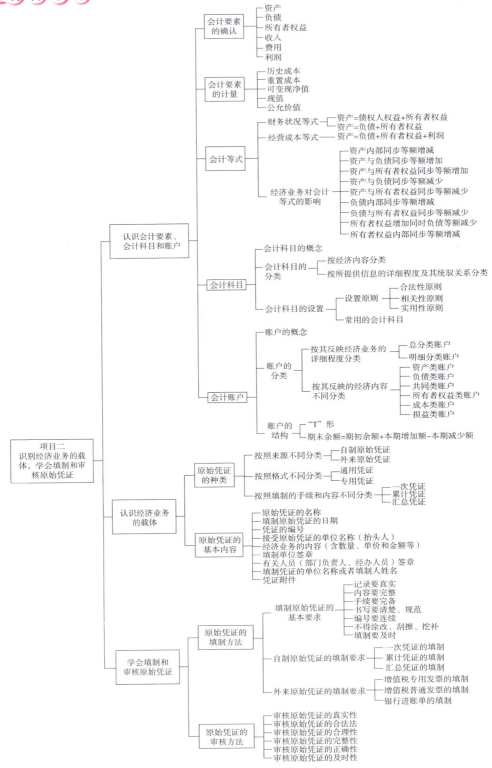

会计要素的确认
- 资产
- 负债
- 所有者权益
- 收入
- 费用
- 利润

会计要素的计量
- 历史成本
- 重置成本
- 可变现净值
- 现值
- 公允价值

会计等式
- 财务状况等式
  - 资产=债权人权益+所有者权益
  - 资产=负债+所有者权益
- 经营成本等式——资产=负债+所有者权益+利润
- 经济业务对会计等式的影响
  - 资产内部同步等额增减
  - 资产与负债同步等额增加
  - 资产与所有者权益同步等额增加
  - 资产与负债同步等额减少
  - 资产与所有者权益同步等额减少
  - 负债内部同步等额增减
  - 负债与所有者权益同步等额减少
  - 所有者权益增加同时负债等额减少
  - 所有者权益内部同步等额增减

会计科目
- 会计科目的概念
- 会计科目的分类
  - 按经济内容分类
  - 按所提供信息的详细程度及其统驭关系分类
- 会计科目的设置
  - 设置原则
    - 合法性原则
    - 相关性原则
    - 实用性原则
  - 常用的会计科目

会计账户
- 账户的概念
- 账户的分类
  - 按其反映经济业务的详细程度分类
    - 总分类账户
    - 明细分类账户
  - 按其反映的经济内容不同分类
    - 资产类账户
    - 负债类账户
    - 共同类账户
    - 所有者权益类账户
    - 成本类账户
    - 损益类账户
- 账户的结构
  - "T"形
  - 期末余额=期初余额+本期增加额−本期减少额

认识会计要素、会计科目和账户

项目二
识别经济业务的载体，学会填制和审核原始凭证

认识经济业务的载体

原始凭证的种类
- 按照来源不同分类
  - 自制原始凭证
  - 外来原始凭证
- 按照格式不同分类
  - 通用凭证
  - 专用凭证
- 按照填制的手续和内容不同分类
  - 一次凭证
  - 累计凭证
  - 汇总凭证

原始凭证的基本内容
- 原始凭证的名称
- 填制原始凭证的日期
- 凭证的编号
- 接受原始凭证的单位名称（抬头人）
- 经济业务的内容（含数量、单价和金额等）
- 填制单位签章
- 有关人员（部门负责人、经办人员）签章
- 填制凭证的单位名称或者填制人姓名
- 凭证附件

学会填制和审核原始凭证

原始凭证的填制方法
- 填制原始凭证的基本要求
  - 记录要真实
  - 内容要完整
  - 手续要完备
  - 书写要清楚、规范
  - 编号要连续
  - 不得涂改、刮擦、挖补
  - 填制要及时
- 自制原始凭证的填制要求
  - 一次凭证的填制
  - 累计凭证的填制
  - 汇总凭证的填制
- 外来原始凭证的填制要求
  - 增值税专用发票的填制
  - 增值税普通发票的填制
  - 银行进账单的填制

原始凭证的审核方法
- 审核原始凭证的真实性
- 审核原始凭证的合法法
- 审核原始凭证的合理性
- 审核原始凭证的完整性
- 审核原始凭证的正确性
- 审核原始凭证的及时性

技能训练

一、单项选择题

1. 会计的对象就是资金运动，但具体化的会计对象指的是（　　）。

A. 会计要素　　　　B. 会计科目　　　　C. 资产负债　　　　D. 会计账户

2. 根据资产的定义，下列各项中不属于资产特征的是（　　）。

A. 资产是由企业过去的交易或事项形成的

B. 资产是企业拥有或控制的经济资源

C. 资产预期会给企业带来经济利益

D. 与该资源有关的经济利益很可能流入企业

3. 我国企业会计要素中的费用是指（　　）。

A. 生产费用和期间费用　　　　　　　　B. 生产费用和营业外支出

C. 营业成本和期间费用　　　　　　　　D. 生产费用和营业成本

4. 下列有关会计科目的概念所作的表述中，正确的是（　　）。

A. 会计科目是对会计主体的具体内容进行分类核算的项目

B. 会计科目是对经济业务的具体内容进行分类核算的项目

C. 会计科目是对会计对象的具体内容进行分类核算的项目

D. 会计科目是对会计要素的具体内容进行分类核算的项目

5. 下列属于成本类科目的是（　　）。

A. 原材料　　　　B. 管理费用　　　　C. 制造费用　　　　D. 销售费用

6. 针对"资产＝负债＋所有者权益＋（收入－费用）"这一等式，下列说法错误的是（　　）。

A. 将会计六项要素有机结合起来

B. 完整地反映了企业的资金运动过程

C. 揭示了资产负债表要素和利润表要素相互之间的联系和依存关系

D. 揭示了收益质量的高低

7. 某企业年初全部负债为 46 000 元，年末为 39 000 元，资产总额年末比年初增加 11 000 元。计算该年度所有者权益增加（　　）元。

A. 18 000　　　　B. 7 000　　　　C. 11 000　　　　D. 50 000

8. 下列账户中，期末结转后，一般应无余额的是（　　）。

A. 负债类账户　　　B. 资产类账户　　　C. 成本类账户　　　D. 损益类账户

9. 2024 年 3 月 31 日，某公司银行存款账户结存金额为 18 万元，3 月份增加 25 万元，减少 17 万元，则期初 3 月 1 日该公司银行存款账户结存金额为（　　）万元。

A. 10　　　　B. 26　　　　C. －10　　　　D. －26

10. 有关会计科目与账户的关系，下列说法中不正确的是（　　）。

A. 没有账户，就无法发挥会计科目的作用

B. 两者口径一致，性质相同

C. 账户是设置会计科目的依据

D. 会计科目不存在结构，而账户则具有一定的格式和结构

11. （　　）是指由本单位有关部门和人员，在执行或完成某项经济业务时填制的，仅

供本单位内部使用的原始凭证。

  A. 通用凭证   B. 专用凭证   C. 自制原始凭证 D. 外来原始凭证

12. 发料凭证汇总表是一种常用的（   ）。

  A. 一次凭证   B. 累计凭证   C. 汇总凭证   D. 记账凭证

13. 下列原始凭证中，属于累计凭证的是（   ）。

  A. 收据   B. 发货票   C. 收料单   D. 限额领料单

14. 原始凭证上小写金额为 1 008.00，大写金额应为（   ）。

  A. 一千零八元 B. 壹仟零捌元 C. 一千零八元整 D. 壹仟零捌元整

15. 会计人员在审核原始凭证时，发现某原始凭证内容合理、合法，但不够完整、准确，按规定，下列处理办法中，正确的是（   ）。

  A. 拒绝办理   B. 及时办理

  C. 交给上级   D. 予以退回，要求补办手续

二、多项选择题

1. 下列项目中，不属于流动资产的是（   ）。

  A. 交易性金融资产和存货   B. 长期待摊费用和在建工程

  C. 企业的机器设备和银行存款   D. 专利权和预付账款

2. 下列项目中不应作为负债确认的有（   ）。

  A. 计划向银行借款万元

  B. 因购买原材料而暂欠外单位的货款

  C. 因经济纠纷导致的法院尚未判决且金额无法合理估计的赔偿

  D. 按照购货合同约定以赊购方式购进货物的货款

3. 下列各项中，不会引起所有者权益总额发生增减变动的有（   ）。

  A. 接受投资者追加投资   B. 资本公积转增资本

  C. 盈余公积转增资本   D. 提取法定盈余公积

4. 在下列项目中，属于损益类账户的有（   ）。

  A. 销售费用   B. 制造费用   C. 财务费用   D. 管理费用

5. 下列关于会计账户和会计科目的说法，正确的是（   ）。

  A. 会计科目是开设账户的依据，账户的名称就是会计科目

  B. 二者都是对会计要素具体内容的科学分类，口径一致，性质相同

  C. 没有账户，会计科目就无法发挥作用

  D. 会计科目不存在结构，账户则具有一定的格式和结构

6. 下列各项中，属于审核原始凭证时应审核的内容有（   ）。

  A. 审核原始凭证的真实性   B. 审核原始凭证的合法性

  C. 审核原始凭证的完整性   D. 审核原始凭证的正确性

7. 下列各项中，属于按照原始凭证取得的来源不同，对原始凭证进行分类的有（   ）。

  A. 一次凭证   B. 专用凭证   C. 自制原始凭证   D. 外来原始凭证

8. 下列关于原始凭证的书写要求，叙述正确的有（   ）。

  A. 不得使用未经国务院公布的简化汉字

  B. 大写金额到元或角为止的，后面要写"整"或"正"字；有分的，不写"整"或

"正"字

C. 金额前要填写人民币符号"￥"，且与阿拉伯数字之间不得留有空白

D. 金额数字一律填写到角分，无角无分的，写"00"或符号"——"；有角无分的，分位写"0"，不得用符号"——"

三、判断题

1. 在实际工作中，具体的会计科目设置，一般是从会计要素出发，将会计科目分为资产、负债、所有者权益、收入、费用、利润六大类。（　　）

2. 企业实现收入时，一定要表现为企业资产的增加。（　　）

3. 企业从银行取得期限为两年的借款，该业务会导致企业资产和所有者权益同时增加。（　　）

4. 如果某项资源不能再为企业带来经济利益，即使是由企业拥有或控制，也不能作为企业的资产在资产负债表中列示。（　　）

5. 经济业务的发生，可能引起资产与所有者权益总额发生变化，但是不会破坏会计基本等式的平衡关系。（　　）

6. 会计科目是设置会计账户的依据，是会计账户的名称。因此，会计科目与会计账户一样，具有一定的结构，用于反映会计要素的增减变动情况和结果。（　　）

7. 原始凭证必须有经办人员的签名。（　　）

8. 原始凭证记载的信息是整个企业会计信息系统运行的起点，原始凭证的质量会影响会计信息的质量。（　　）

9. 对于不真实、不合法的原始凭证，会计人员有权不予接受。（　　）

10. 从外单位取得的原始凭证遗失时，应取得原签发单位盖有公章的证明，并注明原始凭证的号码、金额、内容等，由经办单位会计机构负责人（会计主管人员）批准后，方能代作原始凭证。（　　）

项目评价表

项目任务	项目内容	项目完成程度		项目技能掌握程度		
		独立完成	团队完成	优秀	合格	不合格
1. 认识会计要素、会计科目和账户	1. 会计要素的确认					
	2. 会计要素的计量					
	3. 会计等式					
	4. 会计科目					
	5. 会计账户					
2. 认识经济业务的载体	1. 原始凭证的种类					
	2. 原始凭证的基本内容					
3. 学会填制和审核原始凭证	1. 原始凭证的填制方法					
	2. 原始凭证的审核方法					

项目三　编制会计分录，填制和审核记账凭证

【知识目标】

1. 掌握借贷记账法的理论依据、账户结构及账户试算平衡。
2. 掌握编制会计分录的方法。
3. 熟悉企业常见经济业务的账务处理。
4. 熟悉记账凭证的种类和基本内容。
5. 掌握各类记账凭证的编制及审核。
6. 了解记账凭证的传递和保管要求。

【能力目标】

1. 能够正确区分不同账户的类型及结构。
2. 能够正确运用借贷记账法编制会计分录。
3. 能够正确完成企业常见经济业务的核算。
4. 能够依据原始凭证正确地填制与审核记账凭证。

【素养目标】

1. 热爱本职工作，忠于职守，廉洁奉公，严守职业道德。
2. 严守法纪，坚持原则，抵制一切违法乱纪行为。
3. 积极钻研会计业务，精通专业知识，不断提高自身业务能力。

【德技并修】

良好的职业道德是对会计人员的基本要求。作为一名合格的会计人员，要严格遵守客观、公正的立场，真实、完整地反映经济活动，不弄虚作假，不做假账。

"不做假账"是会计人员的基本职业道德和行为准则，所有会计人员必须以诚信为本，以操守为重，遵循准则，不做假账，保证会计信息的真实、可靠。

【项目说明】

本项目主要涉及财务会计岗。

该岗位要求会计人员必须熟练掌握企业财务制度、会计制度等有关法规，按照会计制度的要求，依据审核无误的原始凭证及时填制并审核记账凭证，做到凭证合法、内容真实、数据准确、账目健全，按时结账、定期对账，以保证所提供的信息合法、真实、准确、及时、完整。同时，该岗位也负责单位纳税申报工作及会计档案的保管工作。

【项目分解】

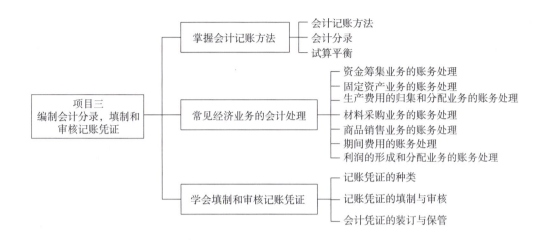

工作任务1　掌握会计记账方法

【任务导入】

小张是江西赣州某县城人，家里经营了一片脐橙果园。小张大专毕业后，帮家里打理脐橙生意。并在网上注册了一家销售脐橙的网店，线上、线下同时销售。为了弄清每天能赚多少钱，小张对每天的业务都做了记录，以下是小张某天的记录：

早上：从银行 ATM 机上提取现金 3 000 元；

上午：用 2 600 元购买脐橙专用纸箱；

中午：在网上销售了脐橙 50 斤，收到 300 元；

下午：邻居老王来家里采购脐橙，赊账 200 元。

⋯⋯⋯⋯⋯⋯

可是这样记录一个月后，小张还是算不出自己具体赚了多少钱，有时记录错误了，自己也很难发现，有些客户经常赊账，自己讨债前还得把账页都翻一遍，才能统计出赊账总额，很麻烦。

假设你是小张，该用什么方法来记录每天发生的经济业务呢？

【任务分析】

1. 了解会计记账方法的分类。

2. 熟悉借贷记账法原理。

3. 掌握借贷记账法下的账户结构及试算平衡。

4. 掌握编制会计分录的方法，并能运用借贷记账法对企业常见的经济业务进行会计核算。

任务1.1　会计记账方法

一、记账方法的种类

企业在设立账簿、开设相应账户以后，紧接着就需要采用合理的记账方法将企业发生的每笔经济业务记录到相应的账户中。

记账方法是指按照一定的记账原理和记账规则，使用一定的记账符号，在账户中全面、系统地记录企业经济业务活动的一种专门的方法。

记账方法按照登记经济业务形式的不同，分为单式记账法和复式记账法。

（一）单式记账法

单式记账法是一种简单、不完整的记账方法。该记账方法对发生的每一项经济业务，只在一个账户中加以登记或不予登记。

单式记账法通常只设置"库存现金""银行存款""应收账款""应付账款"等少数账户，其他账户都不设置。如在企业用银行存款采购原材料的业务中，只登记银行存款的减少，不登记原材料的增加。

这种记账方法只能反映企业一部分经济业务的一个方面，各个账户之间不存在相互勾稽关系，因此，无法全面完整地反映各项经济业务的来龙去脉。目前，国际通用的记账方法是复式记账法。

（二）复式记账法

复式记账法是对发生的每一项经济业务，需要在两个或两个以上相互联系的账户以相等的金额进行记录的记账方法。

与单式记账法相比，复式记账法具有以下特点：

1. 以会计恒等式作为记账的理论依据

企业的经济业务都具有双重性，即每一笔经济业务的发生，一定会引起两个或两个以上项目同等金额的增减变动。而无论经济业务如何变动，都不会影响会计恒等式的成立。人们依据这一事实指导会计实践，便成为复式记账法的理论依据。

2. 所有账户都可以进行试算平衡，便于检查账户记录的完整性和正确性

复式记账法的理论依据是会计恒等式，即表示任何一项经济业务的发生都不会破坏各会计要素之间的平衡关系。相反，如果企业对经济业务的记录没有遵守复式记账法的原理，即如果记账错误，在大多数情况下会破坏会计恒等式的平衡关系。因此，在复式记账法下，企业可以通过会计恒等式的平衡关系来检查记账错误，进行试算平衡，保证记录的完整性和正确性。

3. 账户之间形成了一套完整的账户体系，能全面反映企业经济业务内容及资金运动的来龙去脉

复式记账法要求企业对发生的每项经济业务都要在两个或两个以上的账户中记录，这也就使各个账户之间产生一种相互联系、相互影响的关系，进而使全部账户形成一个严密的账户体系，这样可以如实反映资金运动的来龙去脉，完整系统地反映经济业务的内容。

复式记账法是一种比较完善的记账方法，为世界各国所通用。在我国的会计实务中，曾

出现过三种记账方法，即借贷记账法、增减记账法和收付记账法。

我国《企业会计准则》规定，企业记账必须采用借贷记账法。

知识拓展

　　增减记账法是以"增""减"为记账符号，反映经济业务所引起会计要素增减变动的一种记账方法。这种方法被我国商品流通企业会计长期使用。

　　收付记账法是以"收""付"为记账符号，反映经济业务所引起会计要素增减变动的一种记账方法。这种方法被我国行政事业单位会计长期使用。

二、借贷记账法

（一）借贷记账法的定义

借贷记账法是以"借""贷"为记账符号，以"资产＝负债＋所有者权益"的会计等式为理论依据，以"有借必有贷，借贷必相等"为记账规则的一种科学复式记账法。

借贷记账法以"借""贷"为记账符号，用以指明记账的增减方向，反映账户之间的对应关系。"借""贷"已失去原来字面上的意义，仅仅代表记账符号，而不具备任何内在的含义，只有与账户结合时才会表示增或减的含义。

（二）借贷记账法的账户结构

在借贷记账法下，每一个账户都分左右两方，通常左方为借方，右方为贷方，所有账户的借方和贷方按相反方向记录增加数和减少数，即一方登记增加，另一方就登记减少。至于是借方表示增加，还是贷方表示增加，则取决于账户的性质，不同性质的账户有不同的账户结构。

账户根据其反映的经济内容不同，主要分为资产类账户、负债类账户、所有者权益类账户、费用类账户、收入类账户五大类。

1. 资产类账户结构

资产类账户是用来反映企业资产的增减变动及其结存情况的账户。代表了企业拥有的资产或权益。

该账户的借方登记资产的增加额，贷方登记资产的减少额，期末如有余额，一般都为借方余额。其期末余额的计算公式如下：

期末余额＝期初借方余额＋本期借方发生额－本期贷方发生额

资产类账户格式如图 3 - 1 - 1 所示。

借方	资产类账户（会计科目）	贷方
期初余额　××× 本期增加额　×××		本期减少额　×××
本期借方发生额合计　×××		本期贷方发生额合计　×××
期末余额　×××		

图 3 - 1 - 1　资产类账户格式

2. 负债类账户结构

负债类账户是用来记录企业所欠金额的账户。它代表了债务，即企业需要支付的金额。

负债类账户与资产类账户正好相反，其贷方登记负债的增加额，借方登记负债减少额，期末如有余额，一般在贷方。该账户期末余额的计算公式为：

$$期末余额 = 期初贷方余额 + 本期贷方发生额 - 本期借方发生额$$

负债类账户格式如图3-1-2所示。

借方	负债类账户（会计科目）	贷方
	期初余额　×××	
本期减少额　×××	本期增加额　×××	
本期借方发生额合计　×××	本期贷方发生额合计　×××	
	期末余额　×××	

图3-1-2　负债类账户格式

3. 所有者权益类账户结构

所有者权益类账户是指公司或组织所有者的投资和盈余所形成的账户。

所有者权益类账户贷方登记所有者权益的增加额，借方登记所有者权益的减少额，期末如有余额，一般在贷方。该账户期末余额的计算公式为：

$$期末余额 = 期初贷方余额 + 本期贷方发生额 - 本期借方发生额$$

所有者权益类账户格式如图3-1-3所示。

借方	所有者权益类账户（会计科目）	贷方
	期初余额　×××	
本期减少额　×××	本期增加额　×××	
本期借方发生额合计　×××	本期贷方发生额合计　×××	
	期末余额　×××	

图3-1-3　所有者权益类账户格式

4. 成本类账户结构

成本类账户是用来记录企业生产成本和销售成本的账户。成本管理是管理会计的一个重要方面，能够帮助企业控制成本并作出更好的商业决策。

成本类账户结构与资产类账户结构基本相同，账户的借方登记成本的增加额，贷方登记成本的减少（转销）额，期末余额在借方。该账户期末余额的计算公式如下：

$$期末余额 = 期初借方余额 + 本期借方发生额 - 本期贷方发生额$$

成本类账户格式如图3-1-4所示。

借方	成本类账户（会计科目）	贷方
期初余额 ×××		
本期增加额 ×××	本期减少额 ×××	
本期借方发生额合计 ×××	本期贷方发生额合计 ×××	
期末余额 ×××		

图 3-1-4　成本类账户格式

5. 损益类账户结构

损益类账户是用来记录企业经营活动的成本、收入和利润等方面的账户。这类账户主要包括收入类账户和费用类账户。

1）收入类账户

收入类账户是核算企业在生产经营过程中所取得的各种经济利益的账户。收入也是企业资金的来源渠道，因此，收入类账户结构与负债类、所有者权益类账户结构相似，账户贷方登记收入的增加，借方登记收入的减少（转销）额。

由于期末账户贷方登记的增加额一般需要通过借方转出至"本年利润"账户，所以，期末一般没有余额。

收入类账户格式如图 3-1-5 所示。

借方	收入类账户（会计科目）	贷方
本期减少额 ×××	本期增加额 ×××	
本期借方发生额合计 ×××	本期贷方发生额合计 ×××	

图 3-1-5　收入类账户格式

2）费用类账户

费用类账户是核算企业在生产经营过程中发生的各种费用支出的账户。企业在生产经营过程中所发生的各种耗费，大多由资产转化而来，所以费用在抵消收入之前，可将其视为一种特殊资产，因此费用类账户结构与资产类账户结构基本相同，账户的借方登记费用的增加额，贷方登记费用的减少（转销）额。

由于借方登记的费用增加额一般都要通过贷方转出至"本年利润"账户，所以该账户通常没有期末余额。

费用类账户格式如图 3-1-6 所示。

借方	费用类账户（会计科目）	贷方
本期增加额 ×××	本期减少额 ×××	
本期借方发生额合计 ×××	本期贷方发生额合计 ×××	

图 3-1-6　费用类账户格式

综上所述，各类账户的基本结构如表 3-1-1 所示。

表 3-1-1 借贷记账法下各类账户的基本结构

账户类别	借方	贷方	余额方向
资产类账户	增加	减少	借方
负债类账户	减少	增加	贷方
所有者权益类账户	减少	增加	贷方
成本类账户	增加	减少	借方
收入类账户	减少	增加	一般无余额
费用类账户	增加	减少	一般无余额

知识拓展

从以上主要账户中可以发现，账户的借方登记的是资产、费用的增加，贷方登记负债、所有者权益、收入的减少。换个角度看，资产代表的是资金的存在形态，费用是指资金的使用去向（即资金去哪了），因此，账户的借方也可以看成是记录资金的存在形态及用途、去向；而负债、所有者权益、收入代表的是资金的来源，因此，贷方也可以理解为记录资金的来源渠道（即资金从哪来）。

我们也可以结合会计恒等式来记账户的结构，资产＋费用＝负债＋所有者权益＋收入，等式左边代表资金运动去向，都是借方登记增加，贷方登记减少，等式右边代表资金来源，贷方表示增加，借方表示减少。

（三）记账规则

借贷记账法的记账规则是"有借必有贷，借贷必相等"。

在复式记账法下，任何经济业务的发生都需在两个或两个以上账户进行记录。

"有借必有贷"：如果经济业务在一个账户中记入了借方，则必须在另一个或几个账户中记入贷方；或在一个账户中记入了贷方，则必须在另一个或几个账户中记入借方。

"借贷必相等"：任何一笔经济业务记入借方的金额与记入贷方的金额要相等。

在企业的生产经营过程中，每天发生大量的经济业务，这些经济业务虽然千差万别，但都不会影响"资产＋费用＝负债＋所有者权益＋收入"这一会计恒等式。归纳起来，企业经济业务的发生不外乎四种类型。无论哪种类型的业务，都遵循这一记账规则。

1. 等式左右两边同增的业务

【例 3-1-1】嘉诚公司收到某股东用现金投入的资本 300 000 元，存入银行。

分析：这项经济业务引起了 300 000 元的资金运动，资金来源于股东，形成了公司的投资资本，一方面，企业所有者权益（实收资本）增加了 300 000 元，应记"实收资本"的贷方；另一方面，资金也流入了银行，形成了公司的银行存款，使企业的资产（银行存款）增加 300 000 元，应记入"银行存款"账户的借方。其分段账户记录如图 3-1-7 所示。可见，此类业务的记录遵循了"有借必有贷，借贷必相等"的记账规则。

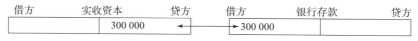

图 3-1-7　等式左右两边同增

2. 等式左右两边同减的业务

【例 3-1-2】嘉诚公司用银行存款偿还短期借款 100 000 元。

分析：这项经济业务的发生，一方面使企业资产（银行存款）减少了 100 000 元，应记入"银行存款"的贷方；另一方面，企业的负债（短期借款）也减少了 100 000 元，应记入"短期借款"的借方。其分段账户记录如图 3-1-8 所示。可见，此类业务的记录遵循了"有借必有贷，借贷必相等"的记账规则。

图 3-1-8　等式左右两边同减

3. 等式左边此增彼减的业务

此类经济业务包括资产内部项目的此增彼减，也包括成本、费用和资产项目之间此增彼减。

【例 3-1-3】嘉诚公司某一车间生产甲产品领用 A 材料 39 000 元。

分析：这项经济业务的发生，一方面使企业资产（原材料）减少了 39 000 元，应记入"原材料"的贷方；另一方面，企业的产品成本（生产成本）增加了 39 000 元，应记入"生产成本"的借方。其分段账户记录如图 3-1-9 所示。可见，此类业务的记录也遵循了"有借必有贷，借贷必相等"的记账规则。

图 3-1-9　等式左边此增彼减

4. 等式右边此增彼减的业务

【例 3-1-4】嘉诚公司期末将产品销售收入 100 000 元结转到利润账户。

分析：这项经济业务的发生，一方面使企业收入（主营业务收入）减少了 100 000 元，应记入"主营业务收入"的借方；另一方面，又使企业的所有者权益（本年利润）增加了 100 000 元，应记入"本年利润"的贷方。其分段账户记录如图 3-1-10 所示。可见，此类业务的记录也遵循了"有借必有贷，借贷必相等"的记账规则。

图 3-1-10　等式右边此增彼减

任务 1.2　会计分录

一、会计分录的概念

为了连续系统地记录企业日常发生的经济业务，清晰地反映各个账户之间借、贷的对应关系，保证账户记录的正确性和便于事后检查，在实际工作中，在把经济业务登入账簿前，首先要根据经济业务的有关原始凭证，编制会计分录，并填制在记账凭证上。

会计分录，简称分录，是指按借贷记账法的记账规则，确定每项经济业务应登记的账户名称、借贷方向及金额，并按"上借下贷、借贷错开"的固定格式进行的一种记录。通常而言，一笔会计分录需要包括三个要素：账户的名称（会计科目）、记账符号（应借应贷方向）及记账金额。

二、会计分录的分类

按照经济业务所涉及账户的多少，会计分录分为简单会计分录和复合会计分录。

简单会计分录又称为一借一贷分录，是指只涉及一个借方账户及一个贷方账户的会计分录。

复合会计分录是指由两个以上对应账户组成的会计分录，如一借多贷、多借一贷或多借多贷的会计分录。复合会计分录可以分解为几个简单会计分录。

三、会计分录的编制步骤

编制会计分录时，应按以下步骤进行：

（1）分析经济业务所涉及的会计要素；

（2）确定涉及的会计账户并判断账户是增加还是减少；

（3）确定账户的借、贷方向；

（4）确定各账户金额，保证借贷相等。

承接上一任务中的【例3-1-1】至【例3-1-4】，公司应编制会计分录如下：

【例3-1-5】借：银行存款　　　　　　　　　　　　　　　　　　300 000

　　　　　　　　贷：实收资本　　　　　　　　　　　　　　　　　　300 000

【例3-1-6】借：短期借款　　　　　　　　　　　　　　　　　　100 000

　　　　　　　　贷：银行存款　　　　　　　　　　　　　　　　　　100 000

【例3-1-7】借：生产成本　　　　　　　　　　　　　　　　　　　39 000

　　　　　　　　贷：原材料　　　　　　　　　　　　　　　　　　　39 000

【例3-1-8】借：主营业务收入　　　　　　　　　　　　　　　　100 000

　　　　　　　　贷：本年利润　　　　　　　　　　　　　　　　　　100 000

以上会计分录均为一借一贷的简单会计分录。

【例3-1-9】嘉诚公司销售甲产品100件，每件销售价格1 000元，共计100 000元，增值税税率13%，款项已存入银行。

分析：这项经济业务涉及了资产类要素中的"银行存款"账户、损益类要素中的"主营业务收入"账户及负债类要素中的"应交税费——应交增值税（销项税额）"账户。

判断"银行存款"账户增加应记录在借方，金额为 113 000 元，同时"主营业务收入"账户增加应在贷方，金额为 100 000 元，"应交税费——应交增值税（销项税额）"账户也增加，应记录在贷方，金额为 13 000 元。

按照会计分录的格式要求，编制会计分录如下：

借：银行存款   113 000

    贷：主营业务收入   100 000

        应交税费——应交增值税（销项税额）   13 000

该分录属于一借多贷的复合分录，我们也可以把它分解为两个简单分录：

借：银行存款   100 000

    贷：主营业务收入   100 000

借：银行存款   13 000

    贷：应交税费——应交增值税（销项税额）   13 000

编制复合会计分录可以简化记账工作，提高记账效率。至于什么时候用简单分录，什么时候用复合分录，要根据经济业务引起多少账户的变动而定。但一般不编制"多借多贷"复合会计分录，这种复合会计分录容易使账户之间的对应关系模糊不清，难以据此分析经济业务的实际情况。

任务 1.3　试算平衡

试算平衡，是指根据借贷记账法的记账规则和会计恒等式关系，通过对所有账户的发生额和余额的汇总计算和比较，来检查记录是否正确的一种方法。试算平衡包括发生额试算平衡及余额试算平衡两方面。

一、本期发生额试算平衡

本期发生额试算平衡即根据本期所有账户的借方发生额合计与贷方发生额合计相等的关系，来检查本期账户记录是否正确。

本期发生额试算平衡的理论依据是"有借必有贷，借贷必相等"的记账规则。

在借贷记账法下，对每项经济业务都以相等的金额在相互联系的账户的借方或贷方进行登记，这样登记的结果必然是全部账户的借方本期发生额合计与贷方本期发生额合计相等，用公式表示为：

全部账户本期借方发生额合计 = 全部账户本期贷方发生额合计

二、余额试算平衡

余额试算平衡，是根据本期所有账户借方余额合计与贷方余额合计的恒等关系，来检查本期账户记录是否正确。

余额试算平衡的理论依据是"资产 = 负债 + 所有者权益"这一会计恒等式。

从账户结构来看，费用类账户和收入类账户一般没有余额，利润类账户的余额一般属于所有者权益类账户的组成部分。因此，"资产 = 负债 + 所有者权益"这一会计恒等式可以概括为某一时点会计主体的全部余额。

一般情况下，资产类账户余额在借方，负债类、所有者权益类账户余额在贷方，因而，全部账户的借方余额与全部账户的贷方余额一定相等，用公式表示为：

全部账户期初借方余额合计 = 全部账户期初贷方余额合计

全部账户期末借方余额合计 = 全部账户期末贷方余额合计

三、试算平衡表的编制

在实际工作中，发生额试算平衡和余额试算平衡是通过编制试算平衡表来进行的。格式如表 3 - 1 - 2 所示。

【例 3 - 1 - 10】结合【例 3 - 1 - 1】至【例 3 - 1 - 9】的经济业务来说明试算平衡表的编制方法，如表 3 - 1 - 2 所示。

表 3 - 1 - 2　试算平衡表　　　　　　　　　　　元

账户名称	期初余额		本期发生额		期末余额	
	借方	贷方	借方	贷方	借方	贷方
库存现金	15 000				15 000	
银行存款	600 000		413 000	100 000	913 000	
应收账款	120 000				120 000	
原材料	50 000			39 000	11 000	
生产成本	30 000		39 000		69 000	
固定资产	2 900 000				2 900 000	
短期借款		450 000	100 000			350 000
长期借款		300 000				300 000
应付账款		50 000				50 000
应交税费				13 000		13 000
主营业务收入			100 000	100 000		
实收资本		2 600 000		300 000		2 900 000
盈余公积		215 000				215 000
本年利润		100 000		100 000		200 000
合计	3 715 000	3 715 000	652 000	652 000	4 028 000	4 028 000

需要注意的是，试算平衡能够检查账户的错误，但不能发现记账过程中的所有错误，比如重复登记、漏登记、用错账户、记错方向等，因为这些错误并不影响借贷平衡。

工作任务 2　常见经济业务的会计处理

【任务导入】

赣州源玺家具有限公司是一家集产品设计、研发、生产、销售和服务于一体的大中型现代化实木套房系列产品家具制造企业，坐落在中国中部家具产业基地——江西省赣州市南康区。

该公司秉承传统家具制作工匠精神，将古老传统工艺与现代工艺完美结合，生产出的产品包括卧房、客厅、餐厅、厨房、儿童房等使用的实木家具系列。其销售服务网点遍布全国，在珠三角一带享有良好声誉。随着国家扩大内需战略的实施以及赣南地区家具产业的发展，赣州源玺家具有限公司客户数量持续增加，生产规模不断扩大。

该公司的资金运动过程为：筹集资金—采买原材料、更新固定资产进行生产准备供应—生产家具产品—销售家具产品—缴纳税费、分配利润—再次进入资金循环。

赣州源玺家具有限公司会计人员在实际工作中，应对上述资金运动中业务人员提供的原始凭证的真实性、合理性、完整性和合法性进行审核，并根据审核无误的原始凭证编制会计分录。

任务 2.1 资金筹集业务的账务处理

为满足正常生产经营的需要，企业必须通过多种渠道筹集所需资金。资金筹集是企业资金运动的起点，是企业从事生产经营的物质基础。企业可以通过银行借款、发行股票、发行债券等方式筹集资金。但从筹资性质上来看，企业的资金主要来源于投资者投入资本和企业借入资金两个方面。

因此，筹资过程中发生的主要经济业务包括接受投资者投资、核算从金融机构或其他单位借入的款项及支付利息。

一、核算投资者投入的资本

（一）业务内容

投资者投入的资本称为实收资本（股本），即企业实际投入的资本金数额，是企业所有者权益的组成部分。按照我国《公司法》规定，投资者投入的资本应当保全，除法律、法规另有规定外，不得抽回。

投资者投入的资本按照投资主体的不同，可以分为国家资本金、法人资本金、个人资本金和外商资本金。投资者既可以采用现金资产投资，也可以采用实物、知识产权和土地使用权等非现金资产投资，但法律、行政法规规定不得作为出资的财产除外。

知识拓展

注册资本和实收资本的区别：

注册资本是公司在设立时筹集的、由章程载明的、经公司登记机关登记注册的资本，是投资者认缴或认购的出资额。

实收资本是公司成立时实际收到的投资者的出资总额，是公司现实拥有的资本。投资者实际投入企业的资本数额，可能高于或低于其认缴的注册资本。

（二）账务处理

1. 账户设置

企业通常设置以下账户对接受投资者投入资本业务进行会计核算：

1）"实收资本"账户

"实收资本"账户属于所有者权益类账户，核算企业投资者投入资本的增减变动情况，该账户应当按照投资者设置明细账。

该账户贷方登记实收资本的增加数额，借方登记实收资本的减少数额，期末余额在贷方，表示企业期末实收资本的实有数额。

股份有限公司设置"股本"账户核算投资者投入资本。

其"T"形账户结构如图3－2－1所示：

借方	实收资本（股本）	贷方
注销资本金额	投资者投入资本或追加投资	
	期末余额：投入资本的实际数额	

图3－2－1 "实收资本"账户结构

2）"资本公积"账户

"资本公积"账户属于所有者权益类账户，核算企业收到投资者出资额超出其在注册资本所占份额的部分（资本溢价或股本溢价）以及除资本溢价以外的其他资本公积。

该账户的贷方登记投资者出资额超出其在注册资本所占份额的数额以及其他资本公积的增加，借方登记按规定将资本公积转增资本的数额以及其他资本公积的减少。期末余额在贷方，表示企业期末资本公积的数额。

其"T"形账户结构如图3－2－2所示：

借方	资本公积	贷方
资本公积的减少	资本公积的增加	
	期末余额：资本公积的实际数额	

图3－2－2 "资本公积"账户结构

2. 账务处理

现以赣州源玺家具有限公司为例说明收到投资者投入资本业务的账务处理。

【例3－2－1】 20×2年1月6日，赣州源玺家具有限公司收到投资人江西乐华有限公司投入的货币资金1 200 000元，款项已存入银行。

账务处理步骤如下：

第一步，确定应借、应贷会计科目。

该经济业务涉及"银行存款"和"实收资本"账户。

赣州源玺家具有限公司收到的货币资金，应记入"银行存款"账户的借方；江西乐华有限公司的投资，应记入"实收资本"账户的贷方。

第二步，编制会计分录。

赣州源玺家具有限公司应编制的会计分录如下：

借：银行存款　　　　　　　　　　　　　　　　　　　　　　　　1 200 000

　　贷：实收资本——乐华公司　　　　　　　　　　　　　　　　　　1 200 000

【例3-2-2】西城股份有限公司于20×2年3月12日公开发行股票1 000万股，股票面值为1元/股，实际发行价格为3.5元/股，发行股票筹得的资金已存入银行。

账务处理步骤如下：

第一步，确定应借、应贷科目。

该经济业务涉及"银行存款""股本"和"资本公积"账户。

西城股份有限公司收到筹集的股东投资款存入银行，应记入"银行存款"账户的借方；股东投入的资本金，应记入"股本"账户的贷方；股本溢价应记入"资本公积"账户的贷方。

第二步，编制会计分录。

西城股份有限公司应编制会计分录如下：

借：银行存款　　　　　　　　　　　　　　　　　35 000 000
　　贷：股本　　　　　　　　　　　　　　　　　　　10 000 000
　　　　资本公积——股本溢价　　　　　　　　　　　25 000 000

二、核算企业借入的资金

（一）业务内容

企业借入的资金，即借款。在生产经营过程中，为了维持企业的正常运转，企业需要经常向银行或其他金融机构借入款项。借款期限按偿还期限的长短可划分为短期借款和长期借款。短期借款是归还期限在1年（包括1年）以内的借款；长期借款是归还期限超过1年的借款。

企业取得的借款，应按期支付利息。利息是货币资金的使用者为在一定时期内使用货币资金所支付给货币资金所有者的报酬。在我国，对于企业从银行等金融机构取得的借款，利息一般采用按季结算的方法。

知识拓展

借款利息超过多少不受法律保护

根据《最高人民法院关于审理民间借贷案件适用法律若干问题的规定》第26条：出借人请求借款人按照合同约定利率支付利息的，人民法院应予支持，但是双方约定的利率超过合同成立时一年期贷款市场报价利率四倍的除外。因此，借款是需要支付利息的，但是过高的利率也无法受到法律保护。

【德技并修】

借贷有风险，借款需谨慎！当代大学生为满足自身消费欲望，深陷"校园贷"的事件不计其数。不法分子通过"免抵押""低利息"等宣传诱骗学生贷款，使学生尚未步入社会就早早背负高额"青春债"，给自己以及家庭带来了巨大的损失。"校园贷"套路越来越深，大学生切记要擦亮双眼，树立正确的消费观念，坚决抵制"校园贷"，莫让青春负了债！

（二）账务处理

1. 账户设置

企业通常设置以下账户对借款业务进行会计核算：

1）"短期借款"账户

"短期借款"账户属于负债类账户，核算企业向银行或其他金融机构借入的各项短期借款。该账户贷方登记企业借入的短期借款本金，借方登记偿还的短期借款，期末余额在贷方，反映企业尚未偿还的短期借款本金。该账户应按照债权人设置明细账户，进行明细分类核算。

其"T"形账户结构如图3-2-3所示：

借方	短期借款	贷方
偿还短期借款	借入短期借款	
	期末余额：尚未归还的短期借款	

图3-2-3 "短期借款"账户结构

2）"长期借款"账户

"长期借款"账户属于负债类账户，核算企业长期借款的本金、应计利息及归还本息情况。该账户贷方登记企业借入的长期借款本金及每期计提的利息，借方登记归还的本息。期末余额在贷方，反映企业尚未归还的长期借款本息。

其"T"形账户结构如图3-2-4所示：

借方	长期借款	贷方
偿还长期借款	取得长期借款本金和计提的长期借款利息	
	期末余额：尚未归还的长期借款本息	

图3-2-4 "长期借款"账户结构

3）"应付利息"账户

"应付利息"账户属于负债类账户，核算企业按照借款合同约定应支付的利息。该账户贷方登记企业在计息日按照合同利率计算确定的应付未付利息，借方登记企业在结息日实际支付的利息。期末余额在贷方，反映企业尚未支付的利息。

其"T"形账户结构如图3-2-5所示：

借方	应付利息	贷方
实际支付的利息	应付未付的利息	
	期末余额：尚未支付的利息	

图3-2-5 "应付利息"账户结构

2. 账务处理

现以赣州源玺家具有限公司为例说明短期借款业务的账务处理。

【例 3－2－3】 赣州源玺家具有限公司于 20×2 年 1 月 1 日向赣州银行借入一笔借款 200 000 元用于临时周转，期限为 6 个月，年利率为 6%，利息按月预提，按季支付。所借款项已存入银行。

账务处理步骤如下：

第一步，确定应借、应贷科目。

该经济业务涉及"银行存款"及"短期借款"账户。赣州源玺家具有限公司根据收账通知，应在"银行存款"账户的借方登记增加的借入款项。同时，借入的偿还期限在 1 年内的借款，应登记在"短期借款"账户的贷方。

第二步，编制会计分录。

赣州源玺家具有限公司编制的会计分录如下：

借：银行存款　　　　　　　　　　　　　　　　　　　　　　　　　　200 000
　　贷：短期借款——赣州银行　　　　　　　　　　　　　　　　　　　　200 000

【例 3－2－4】 承【例 3－2－3】，赣州源玺家具有限公司于 20×2 年 1 月 31 日计提本月短期借款利息。

账务处理步骤如下：

第一步，确定应借、应贷科目。

该经济业务涉及"财务费用"和"应付利息"账户。赣州源玺家具有限公司因筹集资金而发生的费用，应记入"财务费用"账户的借方，于计息日计提尚未支付的利息费用，应记入"应付利息"账户的贷方。

第二步，计算应计提的月利息金额。

1 月 31 日应计提的利息为 1 000 元（200 000 × 6% ÷ 12）。

第三步，编制会计分录。

赣州源玺家具有限公司编制的会计分录如下：

借：财务费用　　　　　　　　　　　　　　　　　　　　　　　　　　　1 000
　　贷：应付利息　　　　　　　　　　　　　　　　　　　　　　　　　　1 000

20×2 年 2 月预提利息的会计处理与以上处理相同。

【例 3－2－5】 承【例 3－2－3】、【例 3－2－4】，赣州源玺家具有限公司于 20×2 年 3 月 31 日收到银行的结息通知，支付该公司第一季度的短期借款利息 3 000 元。

财务处理步骤如下：

第一步，确定应借、应贷科目。

该经济业务涉及"财务费用""应付利息"和"银行存款"账户。一方面，3 月 31 日应确认本月利息费用，记入"财务费用"账户的借方；另一方面，随着利息的支付，1 月、2 月计提但未支付的利息减少，记入"应付利息"账户的借方。3 月底，赣州源玺家具有限公司实际支付的第一季度利息，应记入"银行存款"账户的贷方。

第二步，编制会计分录。

赣州源玺家具有限公司编制的会计分录如下：

借：财务费用　　　　　　　　　　　　　　　　　　　　　　　　　　　1 000

| 应付利息 | 2 000 |
| 贷：银行存款 | 3 000 |

【例3-2-6】承【例3-2-3】，赣州源玺家具有限公司于20×2年7月1日归还短期借款200 000元。

账务处理步骤如下：

第一步，确定应借、应贷科目。

该经济业务涉及"短期借款"和"银行存款"账户。偿还短期借款，应登记在"短期借款"账户的借方，银行存款的减少应登记在"银行存款"账户的贷方。

第二步，编制会计分录。

赣州源玺家具有限公司编制的会计分录如下：

| 借：短期借款——赣州银行 | 200 000 |
| 贷：银行存款 | 200 000 |

任务2.2 固定资产业务的账务处理

一、固定资产的概念与特征

（一）固定资产的概念

固定资产，是指为生产商品、提供劳务、出租或者经营管理而持有、使用寿命超过一个会计年度的有形资产。

（二）固定资产的特征

1. 固定资产属于一种有形资产

固定资产具有实物特征，这一特征将固定资产与无形资产区别开来。

2. 固定资产为生产商品、提供劳务、出租或者经营管理而持有

这意味着，企业持有的固定资产是企业的劳动工具或手段，而不是直接用于出售的产品。

其中"出租"的固定资产，是指用于出租的机器设备类固定资产，不包括以经营租赁方式出租的建筑物，后者属于企业的投资性房地产。

3. 固定资产使用寿命超过一个会计年度

这意味着固定资产属于非流动资产，随着固定资产的使用和磨损，通过计提折旧的方式逐渐减少其账面价值。固定资产的使用寿命，是指企业使用固定资产的预计期间，或者该固定资产所能生产产品或提供劳务的数量。

企业确定固定资产使用寿命，应考虑以下因素：预计生产能力或实物数量、预计有形损耗和无形损耗、法律或类似规定对资产使用的限制。

二、固定资产的成本

固定资产的成本，是指企业购建某项固定资产达到预定可使用状态前所发生的一切合理、必要的支出。这里涉及固定资产的入账价值，固定资产应按取得时的实际成本即原始价值入账。

实务中，企业可以通过外购、自行建造、投资者投入、非货币性资产交换、债务重组、企业合并和融资租赁等方式取得固定资产。取得的方式不同，固定资产成本的具体构成内容及其确定方法也不尽相同。

三、固定资产的折旧

（一）固定资产折旧的实质

固定资产折旧，是指在固定资产使用寿命内，按照确定的方法对应计折旧额进行的系统分摊。其中，应计折旧额是指应当计提折旧的固定资产的原价扣除其预计净残值后的金额。已计提减值准备的固定资产，还应当扣除已计提的固定资产减值准备累计金额。

折旧的实质在于将固定资产的成本以一定的方式分配于由此资产获取效益的各期，以便使费用与收入配比。

（二）影响固定资产折旧的因素

影响固定资产折旧的因素包括固定资产原价、预计净残值、减值准备、使用寿命、折旧方法以及固定资产产生经济利益的方式等方面，下面介绍前四个方面：

1. 固定资产原价

固定资产原价是指固定资产的成本。

2. 固定资产预计净残值

固定资产预计净残值是指假定固定资产预计使用寿命已满并处于使用寿命终了时的预期状态，企业目前从该项资产处置中获得的扣除预计处置费用后的金额。

预计净残值率，是指固定资产预计净残值额占其原价的比率。

3. 固定资产减值准备

固定资产减值准备是指固定资产已计提的减值准备累计金额。

4. 固定资产使用寿命

固定资产使用寿命是指企业使用固定资产的预计期间，或者该固定资产所能生产产品或提供劳务的数量。

（三）固定资产折旧的范围

1. 固定资产折旧的范围

除以下情况外，企业应当对所有固定资产计提折旧：

（1）已提足折旧但仍继续使用的固定资产；

（2）单独计价入账的土地。

2. 在确定计提折旧的范围时，应注意的问题

（1）固定资产应当以月初账面数为准，按月计提折旧，即当月增加的固定资产，当月不计提折旧，从下月起计提折旧；当月减少的固定资产，当月仍计提折旧，从下月起不再计提折旧。

（2）固定资产提足折旧后，不论能否继续使用，均不再计提折旧；提前报废的固定资产也不再补提折旧。所谓提足折旧，是指已经提足该项固定资产的应计折旧额。

（3）已达到预定可使用状态，但尚未办理竣工决算的固定资产，应当按照估计价值确定成本，并计提折旧；待办理竣工决算后，再按实际成本调整原来的暂估价值，但不需要调整计提的折旧额。

综上论其本质，固定资产计提折旧是以会计主体的固定资产月初账面数为基准来计算的。

企业至少应当于每年年度终了，对固定资产的使用寿命、预计净残值和折旧方法进行复核。使用寿命预计数与原先估计数有差异的，应当调整固定资产使用寿命。预计净残值预计数与原先估计数有差异的，应当调整预计净残值。与固定资产有关的经济利益预期实现方式有重大改变的，应当改变固定资产折旧方法。固定资产使用寿命、预计净残值和折旧方法的改变按照会计估计变更进行会计处理。

（四）固定资产的折旧方法

企业应当根据与固定资产有关的经济利益的预期实现方式，合理选择固定资产折旧方法。可选用的折旧方法包括年限平均法、工作量法、双倍余额递减法和年数总和法等。固定资产的折旧方法一经确定，不得随意变更。

1. 年限平均法

年限平均法又称直线法，是指将固定资产的应计折旧额均衡地分摊到固定资产使用寿命内的一种方法。采用这种方法计算的每期折旧额均相等。计算公式如下，

$$预计净残值率 = 预计净残值/原价 \times 100\%$$
$$年折旧率 = (1 - 预计净残值率)/预计使用寿命（年）$$
$$年折旧额 = (固定资产原值 - 预计净残值)/预计使用年限$$
$$月折旧率 = 年折旧率 \times 12$$
$$月折旧额 = 固定资产原价 \times 月折旧率$$

【例 3 - 2 - 7】赣州源玺家具有限公司有一座厂房，原价为 8 000 000 元，预计可使用 20 年，预计报废时的净残值率为 3%。该厂房的折旧率和折旧额分别为多少？

$$年折旧率 = (1 - 3\%)/20 = 4.85\%$$
$$年折旧额 = 8 000 000 \times 4.85\% = 388 000（元）$$
$$月折旧率 = 4.85\%/12 = 0.40\%$$
$$月折旧额 = 8 000 000 \times 0.40\% = 32 000（元）$$

2. 工作量法

工作量法，是指根据实际工作量计算每期应计折旧额的一种方法。计算公式如下：

$$单位工作量折旧额 = 固定资产原价 \times (1 - 预计净残值率)/预计总工作量$$
$$某项固定资产月折旧额 = 该项固定资产当月工作量 \times 单位工作量折旧额$$
$$某项固定资产年折旧额 = 该项固定资产当年工作量 \times 单位工作量折旧额$$

【例 3 - 2 - 8】赣州源玺家具有限公司有一辆运货的卡车，原价为 400 000 元，预计总行驶里程为 350 000 千米，预计报废时的净残值率为 3%，本月行驶里程 3 000 千米。该卡车的月折旧额为多少？

$$单位里程折旧额 = 400 000 \times (1 - 3\%)/350 000 = 1.11（元/千米）$$
$$该卡车的月折旧额 = 3 000 \times 1.11 = 3 330（元）$$

总结：工作量法的特点是单位工作量折旧额不变。

知识拓展

不同的固定资产折旧方法，会影响固定资产使用寿命内不同时期的折旧费用。企业应当根据与固定资产有关的经济利益的预期实现方式，合理选择折旧方法，固定资产的折旧方法一经确定，不得随意变更。

固定资产在使用过程中，因其所处经济环境、技术环境以及其他环境均有可能发生很大变化，企业至少应当于每年年度终了，对固定资产的使用寿命、预计净残值和折旧方法进行复核。固定资产使用寿命、预计净残值和折旧方法的改变，应当作为会计估计变更。

四、账户设置

企业通常设置以下账户对固定资产业务进行会计核算：

（一）"在建工程"账户

"在建工程"账户属于资产类账户，用以核算企业基建、更新改造等在建工程发生的支出。该账户可按"建筑工程""安装工程""在安装设备""待摊支出"以及"单项工程"等账户进行明细核算。

其"T"形账户结构如图 3-2-6 所示：

借方	在建工程	贷方
企业各项在建工程的实际支出	完工工程转出的成本	
期末余额：企业尚未达到预定可使用状态的在建工程成本		

图 3-2-6 "在建工程"账户结构

（二）"工程物资"账户

"工程物资"账户属于资产类账户，用以核算企业为在建工程准备的各种物资的成本，包括工程用材料、尚未安装的设备以及为生产准备的工器具等。该账户可按"专用材料""专用设备""工器具"等账户进行明细核算。

其"T"形账户结构如图 3-2-7 所示：

借方	工程物资	贷方
企业购入工程物资的成本	领用工程物资的成本	
期末余额：企业为在建工程准备的工程物资的成本		

图 3-2-7 "工程物资"账户结构

【注意】

"工程物资"不属于企业的存货，属于非流动资产。其账户余额填列在"在建工程"报表项目中。

（三）"固定资产"账户

"固定资产"账户属于资产类账户，用以核算企业持有的固定资产原价。该账户可按固定资产类别和项目进行明细核算。

其"T"形账户结构如图3-2-8所示：

借方	固定资产	贷方
企业增加的固定资产原价	企业减少的固定资产原价	
期末余额：企业期末固定资产的账面原价		

图3-2-8 "固定资产"账户结构

（四）"累计折旧"账户

"累计折旧"账户属于资产类备抵账户，用以核算企业固定资产计提的累计折旧。该账户可按固定资产的类别或项目进行明细核算。

其"T"形账户结构如图3-2-9所示：

借方	累计折旧	贷方
企业处置固定资产转出的累计折旧	企业计提的固定资产折旧	
	期末余额：企业固定资产的累计折旧	

图3-2-9 "累计折旧"账户结构

五、账务处理

（一）固定资产的购入

企业购入不需要安装的固定资产，按应计入固定资产成本的金额，借记"固定资产""应交税费——应交增值税（进项税额）"账户，贷记"银行存款"等账户。

现以赣州源玺家具有限公司为例说明固定资产购入业务的账务处理。

【例3-2-9】20×2年5月28日，赣州源玺家具有限公司购入宝能公司生产用设备一台，增值税专用发票上注明价款为200 000元，增值税税额为26 000元，款项均以银行存款支付。假定不考虑其他税费。

账务处理步骤如下：

第一步，确定应借、应贷科目。

该经济业务涉及"固定资产""应交税费"和"银行存款"账户。购置固定资产，应根据所取得的增值税专用发票上注明的价款及税款，分别登记在"固定资产"以及"应交税费"账户的借方，银行存款的减少应登记在"固定资产"以及"应交税费"账户的贷方。

第二步，编制会计分录。

赣州源玺家具有限公司编制的会计分录如下：

借：固定资产——生产设备　　　　　　　　　　　　　　　　　200 000
　　应交税费——应交增值税（进项税额）　　　　　　　　　　　 26 000
　　　贷：银行存款　　　　　　　　　　　　　　　　　　　　　 226 000

（二）固定资产的折旧

在我国会计实务中，各月固定资产计提折旧的工作一般是通过按月编制"固定资产折旧计算表"进行的。

企业按月计提的固定资产折旧，应根据固定资产的用途计入相关资产的成本或者当期损益，借记"制造费用"（生产车间使用的固定资产）、"销售费用"（销售部门使用的固定资产）、"管理费用"（管理部门使用的固定资产，未使用、不需用固定资产）、"研发支出"（企业自行研发无形资产过程中使用的固定资产）、"其他业务成本"（经营租赁租出的固定资产）等账户，贷记"累计折旧"账户。

现以赣州源玺家具有限公司为例说明固定资产折旧业务的账务处理。

【例3－2－10】赣州源玺家具有限公司20×2年1月份固定资产计提折旧情况如下：

（1）第一生产车间厂房计提折旧7.6万元，机器设备计提折旧9万元。

（2）管理部门房屋建筑物计提折旧13万元，运输工具计提折旧4.8万元。

（3）销售部门房屋建筑物计提折旧6.4万元，运输工具计提折旧5.26万元。

（4）此外，本月第一生产车间新购置一台设备，原价为122万元，预计使用寿命10年，预计净残值2万元，按年限平均法计提折旧。

账务处理分析如下：

新购置的设备本月不计提折旧，应从20×2年2月开始计提折旧。

账务处理步骤如下：

第一步，确定应借、应贷科目。

该经济业务涉及"制造费用""管理费用""销售费用"和"累计折旧"账户。计提固定资产折旧，应根据用途计入相关资产的成本或者当期费用中，分别登记在"制造费用""管理费用""销售费用"账户的借方，累计折旧的增加应登记在贷方。

第二步，编制会计分录。

赣州源玺家具有限公司编制的会计分录如下：

借：制造费用——第一生产车间　　　　　　　　　　　　166 000
　　管理费用　　　　　　　　　　　　　　　　　　　178 000
　　销售费用　　　　　　　　　　　　　　　　　　　116 600
　　　贷：累计折旧　　　　　　　　　　　　　　　　　　460 600

任务2.3　生产费用的归集和分配业务的账务处理

一、生产过程核算的业务内容

生产过程的主要经济业务是对生产费用的归集和分配。

在生产过程中，企业的资金形态是由储存资金转变为生产资金，最后形成产品资金的过程。

在生产过程中，工业企业通过对材料进行生产加工制造出产品，也可以说就是生产的耗费过程，包括直接材料费、支付给直接参加产品生产的工人工资以及按工人工资总额和规定的比例计算提取的职工福利费、企业生产车间等生产单位为组织和管理生产而发生的各项间接费用，即制造费用。通过对生产费用的归集和分配，计算出产品成本。

因此，生产费用的发生、归集和分配以及产品成本的形成，是产品生产业务核算的主要内容。

二、生产费用的构成

费用按照其经济用途不同，可以分为生产费用和期间费用。生产费用，是指与企业日常生产经营活动有关的费用。将生产费用按其经济用途不同划分为若干不同的项目，称为成本项目。

（一）成本项目的构成

通常情况下，生产制造类企业一般设立以下成本项目：

1. 直接材料

直接材料是指构成产品实体的原材料以及有助于产品形成的主要材料和辅助材料、外购半成品、燃料、动力、包装物、低值易耗品以及其他直接材料。

2. 直接人工

直接人工是指直接从事产品生产的工人的工资、奖金、津贴和补贴。

3. 制造费用

制造费用是指企业为生产产品和提供劳务而发生的各项间接费用。不能直接计入产品成本，需要先归集计入制造费用，然后再按一定标准分配到产品成本。具体间接费用包括工资和福利费、折旧费、修理费、办公费、水电费、机物料消耗、劳动保护费以及其他制造费用。

（二）成本项目的核算程序

生产制造类企业生产过程的核算主要有两项内容：

（1）归集、分配一定时期内企业生产过程中发生的各项费用，如材料、工资及计提的福利费、维修费、折旧费等各项费用；

（2）按一定种类的产品汇总各项费用，最终计算出各种产品的制造成本。

三、账户设置

企业通常设置以下账户对生产费用业务进行会计核算：

（一）"生产成本"账户

"生产成本"账户属于成本类账户，是用来反映企业各项生产费用，计算产品生产成本的账户。

该账户借方登记本期发生的各项生产费用，包括材料费、人工费和其他直接支出；贷方登记转入"库存商品"账户借方的完工产品的生产成本；期末借方余额，表示在产品的成本。

其"T"形账户结构如图3-2-10所示：

借方	生产成本	贷方
企业为生产产品发生的各项生产费用，包括生产工人的薪酬、产品耗用的原材料及分配转入的制造费用等	产品完工并验收入库，结转其生产成本	
期末余额：尚未完工的在产品成本		

图3-2-10 "生产成本"账户结构

（二）"制造费用"账户

"制造费用"账户是成本类账户，用来归集和分配各项间接生产费用。

该账户借方登记本期发生的各项间接生产费用，如发生在生产车间的管理人员工资及车间一般性消耗的材料等；贷方登记转入"生产成本"有关明细账的间接生产费用；结转后，期末无余额。

其"T"形账户结构如图3-2-11所示：

借方	制造费用	贷方
生产车间为生产产品发生的各项间接生产费用	期末分配计入各种产品的生产成本	

图3-2-11 "制造费用"账户结构

（三）"库存商品"账户

"库存商品"账户是资产类账户，用来核算企业库存各种商品（完工产品）的成本增减变动情况。

该账户借方登记已经验收入库商品的成本；贷方登记发出商品的成本；月末借方余额，表示库存商品成本。

其"T"形账户结构如图3-2-12所示：

借方	库存商品	贷方
已经完工并验收入库的产成品的实际生产成本	已经出售的产成品的销售成本、毁损的产成品成本等	
期末余额：库存的产成品的实际成本		

图3-2-12 "库存商品"账户结构

（四）"应付职工薪酬"账户

"应付职工薪酬"账户是负债类账户，用来核算企业根据有关规定应付给职工的各种薪酬，按照"工资、奖金、津贴、补贴""职工福利""职工教育经费""社会保险费""住房公积金""工会经费"等应付职工薪酬项目进行明细核算。

该账户贷方登记按规定应付给职工的各种薪酬；借方登记职工薪酬的支付数，月末贷方余额，表示应付未付的职工薪酬。

其"T"形账户结构如图3-2-13所示：

借方	应付职工薪酬	贷方
支付给职工的各种薪酬及支付的职工福利、职工教育经费、社会保险费、住房公积金和工会经费等	应付给职工的各种薪酬	
	期末余额：应付未付的职工薪酬	

图3-2-13 "应付职工薪酬"账户结构

四、账务处理

(一) 生产消耗材料的核算

生产过程中消耗的材料，应当根据具体用途，分别记入有关费用成本账户。生产产品消耗的原材料，直接记入有关产品"生产成本"账户；车间一般性消耗的原材料，记入"制造费用"账户；行政管理部门一般性消耗的原材料，记入"管理费用"账户；销售部门消耗的原材料，记入"销售费用"账户。

现以赣州源玺家具有限公司为例说明生产消耗材料核算业务的账务处理。

【例3-2-11】20×2年7月31日，赣州源玺家具有限公司根据当月领料凭证，编制7月份的领料凭证汇总表，如表3-2-1所示。

表3-2-1　领料凭证汇总表
20×2年7月31日

用途	甲材料		乙材料		合计金额/元
	产量/件	金额/元	产量/件	金额/元	
生产耗用：					
橡木餐桌	2 000	160 000	200	10 000	170 000
胡桃木餐桌	2 500	285 000	100	5 000	290 000
车间一般耗用			100	5 000	5 000
管理部门耗用			20	1 000	1 000
合计	4 500	445 000	420	21 000	466 000

账务处理步骤如下：

第一步，确定应借、应贷科目。

该经济业务涉及"生产成本""制造费用""管理费用"和"原材料"账户。企业根据领料凭证汇总表结转发出材料成本，应当参照发出材料的用途，按材料成本分别记入"生产成本""制造费用""管理费用"账户的借方，原材料的减少应登记在贷方。

第二步，编制会计分录。

赣州源玺家具有限公司编制的会计分录如下：

借：生产成本——橡木餐桌　　　　　　　　　　　　　　　　170 000

　　　　　　——胡桃木餐桌　　　　　　　　　　　　　　　290 000

　　制造费用　　　　　　　　　　　　　　　　　　　　　　5 000

　　管理费用　　　　　　　　　　　　　　　　　　　　　　1 000

　　贷：原材料——甲材料　　　　　　　　　　　　　　　　445 000

　　　　　　　——乙材料　　　　　　　　　　　　　　　　21 000

(二) 人工费的核算

在会计核算中，通常需要设置"应付职工薪酬"账户对人工费进行核算，具体内容包括工资和工资附加费，其中工资项目具体包括工资、津贴、补贴和奖金等；工资附加费则包括职工福利、职工教育经费、工会经费等。

会计人员应在期末分配人工费，生产工人的人工费属于直接生产费用，记入有关产品"生产成本"明细账户的借方；车间管理和技术人员的人工费属于间接生产费用，应记入"制造费用"账户的借方；行政管理部门人员的人工费记入"管理费用"账户的借方；销售部门人员的人工费记入"销售费用"账户的借方，同时在"应付职工薪酬"账户的贷方登记。支付人工费时，借记"应付职工薪酬"账户，贷记"银行存款"或"库存现金"等账户。

现以赣州源玺家具有限公司为例说明人工费核算业务的账务处理。

【例 3 - 2 - 12】 20×2 年 7 月 31 日，赣州源玺家具有限公司财务部门根据人事部门下发的职工考核情况计算的本月职工工资为：制造橡木餐桌的生产工人工资 70 000 元，制造胡桃木餐桌的生产工人工资 30 000 元，生产车间管理人员工资 8 500 元，行政部门管理人员工资 15 000 元，专设销售机构人员的工资 7 000 元。

账务处理步骤如下：

第一步，确定应借、应贷科目。

该经济业务涉及"生产成本""制造费用""管理费用""销售费用"和"应付职工薪酬"账户。企业分配人工费应按照其受益的工程对象，分配至产品成本和期间费用当中，分别记入"生产成本""制造费用""管理费用""销售费用"的借方，在贷方计提"应付职工薪酬"。

第二步，编制会计分录。

赣州源玺家具有限公司编制的会计分录如下：

借：生产成本——橡木餐桌		70 000
——胡桃木餐桌		30 000
制造费用		8 500
管理费用		15 000
销售费用		7 000
贷：应付职工薪酬——工资		130 500

企业职工除按规定取得工资外，还可以享受一定的福利待遇。《企业会计准则》规定，企业可以根据自己的需要计提一定比例的福利费。

福利费分配内容与工资费基本一致，即生产工人的福利费记入"生产成本"明细账户的借方；车间管理人员的福利费记入"制造费用"账户的借方；行政管理部门人员的福利费记入"管理费用"账户的借方；销售部门人员的福利费记入"销售费用"账户的借方，同时在"应付职工薪酬—职工福利"账户进行核算。

【例 3 - 2 - 13】 20×2 年 7 月 31 日，赣州源玺家具有限公司按当月应付工资总额的 10% 计提职工福利费。

借：生产成本——橡木餐桌		7 000
——胡桃木餐桌		3 000
制造费用		850
管理费用		1 500
销售费用		700
贷：应付职工薪酬——职工福利		13 050

（三）其他费用的核算

其他费用主要包括固定资产折旧费、水电费、办公费等有关费用。其他费用发生时，应按费用发生的地点和用途，归集分配到相关成本、费用账户当中。属于生产车间管理过程中发生的其他费用，记入"制造费用"账户的借方；属于行政管理过程中发生的其他费用，记入"管理费用"账户的借方；企业若设置专门的销售部门，该销售部门发生的其他费用，应记入"销售费用"账户的借方进行核算。

（四）制造费用的分配

制造费用是用来反映间接生产费用的账户，通常核算由车间一般消耗的材料、车间管理人员和技术人员的工资和福利费、车间固定资产的折旧费和修理费以及发生在车间范围内的其他各项费用，如水电费、办公费保险费、差旅费和租金等费用。

企业通常于期末将本期发生的制造费用按照一定的标准分配转入有关产品"生产成本"账户的借方。通常可供选择的分配标准主要有：生产工人工资、生产工人工时和机器工时等。

现以赣州源玺家具有限公司为例说明制造费用核算业务的账务处理。

【例 3-2-14】20×2 年 7 月 31 日，赣州源玺家具有限公司本月制造费用 18 000 元经分配计入橡木餐桌产品成本 10 000 元，计入胡桃木餐桌产品成本 8 000 元，制造费用分配表如表 3-2-2 所示。

表 3-2-2　制造费用分配表

20×2 年 7 月 31 日

应借科目	实际产量/件	分配标准/工时	分配率	制造费用/元
生产成本——橡木餐桌	40	2 000		10 000
生产成本——胡桃木餐桌	50	1 600		8 000
合计		3 600	5	18 000

账务处理步骤如下：

第一步，确定应借、应贷科目。

该经济业务涉及"生产成本"和"制造费用"账户。企业根据制造费用分配表，将制造费用分配至各产品成本中，分别记入"生产成本"账户的借方和"制造费用"账户的贷方。

第二步，编制会计分录。

赣州源玺家具有限公司编制的会计分录如下：

借：生产成本——橡木餐桌　　　　　　　　　　　　　　10 000
　　　　　　——胡桃木餐桌　　　　　　　　　　　　　 8 000
　　贷：制造费用　　　　　　　　　　　　　　　　　　　　　18 000

（五）完工产品成本的计算与结转

产品生产成本计算，是指将企业生产过程中为制造产品所发生的各种费用按照成本计算对象进行归集和分配，以便计算各种产品的总成本和单位成本。有关产品成本信息是进行库存商品计价和确定销售成本的依据，产品生产成本计算是会计核算的一项重要内容。

企业应设置产品生产成本明细账用来归集应计入各种产品的生产费用。通过对材料费用、职工薪酬和制造费用的归集和分配，企业各月生产产品所发生的生产费用应记入"生产成本"账户中。

企业应针对下列不同情况计算完工产品成本和单位成本：

（1）如果月末某种产品全部完工，这种产品生产成本明细账所归集的费用总额就是这种完工产品的总成本，用完工产品总成本除以这种产品的完工总产量，即可计算出这种产品的单位成本。

（2）如果月末某种产品全部未完工，这种产品生产成本明细账所归集的费用总额就是这种产品在产品的总成本。

（3）如果月末某种产品一部分完工，一部分未完工，这时归集到产品成本明细账中的费用总额还要采取适当的分配方法在完工产品和在产品之间进行分配，然后才能计算出完工产品的总成本和单位成本。

完工产品成本的基本计算公式为：

完工产品生产成本 = 期初在产品成本 + 本期发生的生产费用 – 期末在产品成本

当产品生产完成并验收入库时，借记"库存商品"账户，贷记"生产成本"账户。

【例3 - 2 - 15】承接【例3 - 2 - 11】、【例3 - 2 - 12】、【例3 - 2 - 13】、【例3 - 2 - 14】，赣州源玺家具有限公司本月共完工橡木餐桌40件、胡桃木餐桌50件，产品成本汇总表如表3 - 2 - 3所示。

表3 - 2 - 3　完工产品成本汇总表

20 × 2年7月31日　　　　　　　　　　　　　　　　　　　　　　元

成本项目	橡木餐桌		胡桃木餐桌	
	总成本（40件）	单位成本	总成本（50件）	单位成本
材料费	170 000	4 250	290 000	5 800
人工费	77 000	1 925	33 000	660
制造费用	10 000	250	8 000	160
完工产品成本	257 000	6 425	331 000	6 620

账务处理分析如下：

橡木餐桌产品成本 = 170 000 + 70 000 + 7 000 + 10 000 = 257 000（元）

胡桃木餐桌产品成本 = 290 000 + 30 000 + 3 000 + 8 000 = 331 000（元）

账务处理步骤如下：

第一步，确定应借、应贷科目。

该经济业务涉及"库存商品"和"生产成本"账户。企业按生产对象归集所耗费的直接材料、直接人工以及制造费用，将完工产品成本从"生产成本"账户的贷方转出，记入"库存商品"账户的借方。

第二步，编制会计分录。

赣州源玺家具有限公司编制的会计分录如下：

借：库存商品——橡木餐桌 257 000

　　　　　——胡桃木餐桌 331 000

　　贷：生产成本——橡木餐桌 257 000

　　　　　——胡桃木餐桌 331 000

A 公司 20×2 年 5 月发生如下业务：

（1）A 公司生产车间领用原材料一批，其中生产甲产品领用 A 材料 800 000 元，B 材料 650 000 元，C 材料 300 000 元；生产乙产品领用 A 材料 360 000 元，B 材料 400 000 元，C 材料 180 000 元；生产丙产品领用 A 材料 200 000 元，B 材料 300 000 元，C 材料 360 000 元。

（2）计提本月职工工资，其中生产甲产品工人工资 96 000 元；生产乙产品工人工资 92 000 元；生产丙产品工人工资 88 000 元；车间管理人员工资 60 000 元；行政管理人员工资 86 000 元；销售人员工资 98 000 元。

（3）月末结转分配制造费用，本月共发生制造费用 76 800 元，车间共生产甲、乙、丙三种产品，按照生产工时进行分配，甲产品生产工时 5 800 小时，乙产品生产工时 5 000 小时，丙产品生产工时 2 000 小时。

（4）月末，分配结转入库完工产品成本，甲产品成本为 1 880 800 元，乙产品成本为 1 062 000 元，丙产品成本为 960 000 元。

【答案解析】

（1）借：生产成本——甲产品 1 750 000

　　　　　——乙产品 940 000

　　　　　——丙产品 860 000

　　贷：原材料——A 材料 1 360 000

　　　　　——B 材料 1 350 000

　　　　　——C 材料 840 000

（2）借：生产成本——甲产品 96 000

　　　　　——乙产品 92 000

　　　　　——丙产品 88 000

　　　制造费用 60 000

　　　管理费用 86 000

　　　销售费用 98 000

　　贷：应付职工薪酬——工资 520 000

（3）借：生产成本——甲产品 34 800

　　　　　——乙产品 30 000

　　　　　——丙产品 12 000

　　贷：制造费用 76 800

（4）借：库存商品——甲产品 1 880 800

　　　　　——乙产品 1 062 000

——丙产品		960 000
贷：生产成本——甲产品		1 880 800
——乙产品		1 062 000
——丙产品		960 000

任务 2.4 材料采购业务的账务处理

一、材料采购业务核算的业务内容

材料采购是企业为产品生产做必要准备的阶段。在这个阶段，企业主要进行材料等劳动对象的准备。企业要用筹集的资金从供应单位购买材料物资，支付材料的价款、采购费用和增值税，所有这些款项都需要与供应单位发生结算关系。材料采购的买价和相关税费的结算，以及材料采购成本的计算，构成了供应过程中材料采购业务核算的主要内容。

材料采购成本包括以下几项：

（1）材料的买价，供应单位开具发票的金额；

（2）运杂费，采购材料时发生的运输费、装卸费、保险费、包装费和仓储费等；

（3）运输途中发生的合理损耗；

（4）入库前的挑选整理费；

（5）应计入材料采购成本中的各种税金，如进口关税等。

二、实际成本法下材料采购业务核算的账户设置

企业通常设置以下账户对实际成本法下的材料采购业务进行会计核算：

（一）"原材料"账户

"原材料"账户用来核算企业库存材料的增减变动及其结存情况。该账户的借方登记已验收入库材料的实际成本；贷方登记所发出材料的实际成本；期末余额在借方，表示结存材料的实际成本。"原材料"账户应按照材料的保管地点、材料的种类或类别设置明细账户，进行明细分类核算。

其"T"形账户结构如图 3-2-14 所示：

借方	原材料	贷方
入库材料的实际成本	发出材料的实际成本	
期末余额：结存材料的实际成本		

图 3-2-14 "原材料"账户结构

（二）"在途物资"账户

"在途物资"账户用来核算企业外购材料的买价和采购费用，以及材料验收入库的实际成本。该账户的借方登记购入材料的买价和采购费用（实际采购成本）；贷方登记已验收入库材料的实际采购成本；期末余额在借方，表示尚未运达企业或者已经运达企业但尚未验收入库的在途材料的采购成本。"在途物资"账户应按照供应单位和物资种类设置明细账户，进行明细分类核算。

其"T"形账户结构如图3-2-15所示：

借方	在途物资	贷方
材料的买价和采购费用	入库材料的实际采购成本	
期末余额：在途物资的采购成本		

图3-2-15 "在途物资"账户结构

(三)"预付账款"账户

"预付账款"账户用来核算企业按照合同规定向供应单位预付购料款而与供应单位发生的结算债权的增减变动及其结余情况。该账户的借方登记企业向供应单位预付的货款；贷方登记收到供应单位提供的材料时冲销的预付款项；期末余额一般在借方，表示企业实际预付的款项余额；期末余额如果在贷方，则表示企业尚应支付的款项。"预付账款"账户应按照供应单位设置明细账户，进行明细分类核算。

其"T"形账户结构如图3-2-16所示：

借方	预付账款	贷方
预付及补付的款项	收到货物时应付给供应商的款项和收到退回多付的款项	
期末余额：企业实际预付的款项	期末余额：尚未补付的款项	

图3-2-16 "预付账款"账户结构

(四)"应付账款"账户

"应付账款"账户用来核算企业因购买材料物资、接受劳务供应而应付给供应单位的款项。该账户的贷方登记应付未付款项的增加；借方登记实际偿还应付款项的金额；期末余额在贷方，表示企业期末尚未偿还供货单位的款项。"应付账款"账户应按照供应单位设置明细账户，进行明细分类核算。

其"T"形账户结构如图3-2-17所示：

借方	应付账款	贷方
偿还应付的货款	发生的应付供应商的货款	
	期末余额：应付未付的款项	

图3-2-17 "应付账款"账户结构

(五)"应付票据"账户

"应付票据"账户用来核算企业因购买材料物资、接受劳务供应而开出、承兑商业汇票的增减变动及其结余情况。该账户的贷方登记企业已经开出、承兑商业汇票的票面金额及应支付的利息；借方登记汇票到期后实际支付的款项。期末余额在贷方，表示企业尚未到期的应付票据面额及利息。"应付票据"账户应按照债权人设置明细账户，进行明细分类核算，同时设置"应付票据备查簿"登记其具体内容。

其"T"形账户结构如图 3 - 2 - 18 所示：

借方	应付票据	贷方
偿还应付的票据款	出具的应付票据款	
	期末余额：应付未付的票据款	

图 3 - 2 - 18 "应付票据"账户结构

（六）"应交税费"账户

"应交税费"账户用来核算企业应交纳的各种税费，包括增值税、消费税、所得税、城市维护建设税、教育费附加等。该账户的贷方登记应交而未交的税费，包括增值税销项税额；借方登记实际已交纳的各种税费，包括增值税进项税额；期末余额若在贷方，表示企业尚未交纳的税费；期末余额若在借方，则表示企业多交纳或尚未抵扣的税额。"应交税费"账户应按照税种设置明细账户，进行明细分类核算。

其"T"形账户结构如图 3 - 2 - 19 所示：

借方	应交税费	贷方
实际交纳的税费，包括增值税进项税额	应交未交的税费，包括增值税销项税额	
期末余额：企业多交纳或尚未抵扣的税额	期末余额：企业尚未交纳的税费	

图 3 - 2 - 19 "应交税费"账户结构

三、实际成本法下材料采购业务核算的账务处理

现以赣州源玺家具有限公司为例说明材料采购业务核算的账务处理。

【例 3 - 2 - 16】 20 × 2 年 5 月 2 日，赣州源玺家具有限公司从利行公司购进水性木蜡油 100 千克，单价 1 000 元/千克，价款为 100 000 元，增值税税额为 13 000 元。材料尚未运达公司，款项已用银行存款支付。

账务处理步骤如下：

第一步，确定应借、应贷科目。

该经济业务涉及"在途物资""应交税费——应交增值税"和"银行存款"账户。企业根据取得的增值税专用发票上注明的金额，确认材料成本及增值税。由于材料尚未运达公司，应当将其成本记入"在途物资"账户的借方，银行存款的减少登记在贷方。

第二步，编制会计分录。

赣州源玺家具有限公司编制的会计分录如下：

借：在途物资——水性木蜡油 100 000
　　应交税费——应交增值税（进项税额） 13 000
　　贷：银行存款 113 000

【例 3 - 2 - 17】 20 × 2 年 5 月 5 日，赣州源玺家具有限公司根据合同规定，用银行存款 56 500 元向利行公司预付购买调和漆价税款。

账务处理步骤如下：

第一步，确定应借、应贷科目。

该经济业务涉及"预付账款"及"银行存款"两个账户。企业根据实际预付的款项，借记"预付账款"账户。同时，将减少的银行存款登记在贷方。

第二步，编制会计分录。

赣州源玺家具有限公司编制的会计分录如下：

借：预付账款——利行公司　　　　　　　　　　　　　　　　　56 500

　　贷：银行存款　　　　　　　　　　　　　　　　　　　　　　　56 500

【例3-2-18】20×2年5月7日，赣州源玺家具有限公司向利行公司预付款的调和漆到货，对方开具的增值税专用发票记载，数量200千克，单价250元/千克，价款为50 000元，增值税税额为6 500元。

账务处理步骤如下：

第一步，确定应借、应贷科目。

该经济业务涉及"在途物资""应交税费——应交增值税（进项税额）"和"预付账款"账户。企业应根据对方开具的增值税专用发票确定购入材料的成本以及增值税税额。由于材料尚未运达至公司，应登记尚未验收入库的材料增加，借记"在途物资"账户；根据增值税专用发票所注明的税款，借记"应交税费——应交增值税（进项税额）"，同时，冲减已经预付的货款，贷记"预付账款"账户。

第二步，编制会计分录。

赣州源玺家具有限公司编制的会计分录如下：

借：在途物资——调和漆　　　　　　　　　　　　　　　　　　50 000

　　应交税费——应交增值税（进项税额）　　　　　　　　　　　6 500

　　贷：预付账款——利行公司　　　　　　　　　　　　　　　　56 500

【例3-2-19】20×2年5月10日，赣州源玺家具有限公司从利行公司购入的水性木蜡油和调和漆一并运达公司，发生共同运费3 000元，已用银行存款支付。两种材料的运费按照材料的重量比例进行分配。

账务处理分析如下：

首先需要对水性木蜡油和调和漆两种材料应共同负担的3 000元运费进行分配：

$$分配率＝3\ 000÷（100＋200）＝10（元/千克）$$

$$水性木蜡油负担的运费＝10×100＝1\ 000（元）$$

$$调和漆负担的运费＝10×200＝2\ 000（元）$$

账务处理步骤如下：

第一步，确定应借、应贷科目。

该经济业务涉及"在途物资"和"银行存款"账户。企业购入材料发生的运费应计入材料成本中，借记"在途物资"账户。实际支付的运费贷记"银行存款"账户。

第二步，编制会计分录。

赣州源玺家具有限公司编制的会计分录如下：

借：在途物资——水性木蜡油　　　　　　　　　　　　　　　　1 000

　　在途物资——调和漆　　　　　　　　　　　　　　　　　　　2 000

    贷：银行存款   3 000

【例3－2－20】20×2年5月12日，赣州源玺家具有限公司从利行公司购入调和漆。利行公司开具的增值税专用发票记载，数量400千克，单价250元/千克，价款为100 000元，增值税税额为13 000元。另由利行公司代垫该笔材料运费4 000元。材料已运达公司，但货款尚未支付。

账务处理步骤如下：

第一步，确定应借、应贷科目。

该经济业务涉及"在途物资""应交税费——应交增值税（进项税额）"和"应付账款"账户。由于尚未验收入库材料的增加应借记"在途物资"账户，根据增值税专用发票所注明的税款，借记"应交税费——应交增值税（进项税额）"账户；同时，将未支付的材料款以及由销售方代垫的运费贷记"应付账款"账户。

第二步，编制会计分录。

赣州源玺家具有限公司编制的会计分录如下：

借：在途物资——调和漆   104 000
    应交税费——应交增值税（进项税额）   13 000
    贷：应付账款——利行公司   117 000

【例3－2－21】20×2年5月15日，赣州源玺家具有限公司用银行存款117 000元偿还尚未支付利行公司的货款。

账务处理步骤如下：

第一步，确定应借、应贷科目。

该经济业务涉及"应付账款"和"银行存款"账户。企业偿还所欠货款，负债减少，借记"应付账款"账户；偿还债款所实际支付的银行存款，贷记"银行存款"账户。

第二步，编制会计分录。

赣州源玺家具有限公司编制的会计分录如下：

借：应付账款——利行公司   117 000
    贷：银行存款   117 000

【例3－2－22】20×2年5月17日，赣州源玺家具有限公司将购入的水性木蜡油和调和漆两种材料验收入库。

账务处理步骤如下：

第一步，确定应借、应贷科目。

该经济业务涉及"原材料"和"在途物资"账户。企业将材料验收入库，原材料增加，在途物资减少，借记"原材料"账户，贷记"在途物资"账户。

第二步，编制会计分录。

赣州源玺家具有限公司编制的会计分录如下：

借：原材料——水性木蜡油   101 000
    原材料——调和漆   156 000
    贷：在途物资——水性木蜡油   101 000
        在途物资——调和漆   156 000

任务2.5 商品销售业务的账务处理

一、商品销售业务核算的业务内容

销售过程是企业生产经营的最后阶段，在销售过程中，企业要将产成品销售出去，收回货币以补偿生产过程中的资金耗费，形成最终的财务成果。

因此，在销售业务的账务处理中，要确认销售收入的实现，办理货款结算，结转销售成本，并支付销售过程中发生的销售费用，计算增值税销项税额，交纳相关税金。

二、商品销售业务的账户设置

企业通常设置以下账户对商品销售业务进行会计核算：

（一）"主营业务收入"账户

"主营业务收入"账户是损益类账户，用来核算企业销售产成品、提供劳务取得的收入。该账户贷方登记取得的主营业务收入，借方登记销货退回发生额和期末转入"本年利润"账户的数额，结转后无余额。

该账户按产品品种设置明细账户，进行明细分类核算。

其"T"形账户结构如图3-2-20所示：

借方　　　　　　　　　　　主营业务收入　　　　　　　　　　　贷方
销货退回发生额和期末转入"本年利润"账户的数额	销售产成品、提供劳务取得的收入

图3-2-20　"主营业务收入"账户结构

（二）"主营业务成本"账户

"主营业务成本"账户是损益类账户，用来核算企业已销产品的成本。借方登记已销产品的成本，贷方登记期末转入"本年利润"账户借方的数额，结转后无余额。

其"T"形账户结构如图3-2-21所示：

借方　　　　　　　　　　　主营业务成本　　　　　　　　　　　贷方
销售产成品、提供劳务发生的成本	期末将借方余额转入"本年利润"账户

图3-2-21　"主营业务成本"账户结构

（三）"其他业务收入"账户

"其他业务收入"账户是损益类账户，用来核算企业除主营业务活动以外的其他经营活动所实现的收入。包括出租固定资产、出租无形资产、出租包装物和商品、销售材料等。

该账户贷方登记实现的其他业务收入，借方登记期末转入"本年利润"账户的收入等，结转后无余额。

其"T"形账户结构如图3-2-22所示：

借方	其他业务收入	贷方
期末转入"本年利润"账户的数额	本期实现的其他业务收入	

图 3 - 2 - 22 "其他业务收入"账户结构

（四）"其他业务成本"账户

"其他业务成本"账户是损益类账户，用来核算企业确认的除主营业务活动以外的其他日常经营活动所发生的支出。

该账户借方登记其他业务的支出额，贷方登记期末转入"本年利润"账户的其他业务支出额，结转后无余额。

其"T"形账户结构如图 3 - 2 - 23 所示：

借方	其他业务成本	贷方
结转已发生的其他业务支出额	期末转入"本年利润"账户的数额	

图 3 - 2 - 23 "其他业务成本"账户结构

（五）"应收账款"账户

"应收账款"账户是资产类账户，用来核算企业因销售产品、提供劳务等应向购货单位收取的款项。借方登记销售过程中发生的应收货款，贷方登记已收回的应收货款。期末借方余额，表示尚未收回的应收货款。

为了加强对应收账款的管理，企业还应按不同购货单位设置明细账户，进行明细分类核算。

其"T"形账户结构如图 3 - 2 - 24 所示：

借方	应收账款	贷方
应向购货单位或接受劳务单位收取的款项	已经收回的款项	
期末余额：应收尚未收回的款项		

图 3 - 2 - 24 "应收账款"账户结构

（六）"预收账款"账户

"预收账款"账户是负债类账户，用来核算企业因销售产品、提供劳务等而向购货单位预收的货款及发货后进行货款的结算。贷方登记企业根据购销合同预收的款项，借方登记与购货单位结算的款项，期末贷方余额，表示已经预收但尚未结算的款项。

其"T"形账户结构如图 3 - 2 - 25 所示：

借方	预收账款	贷方
已经结算的款项	向购货单位或接受劳务单位预先收取的款项	
	期末余额：预收但尚未结算的款项	

图 3 - 2 - 25 "预收账款"账户结构

（七）"应收票据"账户

"应收票据"账户是资产类账户，用来核算企业因销售商品、提供劳务等而收到的商业汇票。该账户借方登记取得应收票据的面值，贷方登记到期收回票款或到期前向银行贴现的应收票据的票面余额，期末借方余额，反映企业持有的商业汇票的票面余额。

该账户可按照开出、承兑商业汇票的单位设置明细账户，进行明细分类核算。

其"T"形账户结构如图3-2-26所示：

借方	应收票据	贷方
因销售商品、提供劳务收到的商业汇票	票据到期收回的应收票据	
期末企业持有的商业汇票		

图3-2-26 "应收票据"账户结构

（八）"税金及附加"账户

"税金及附加"账户是损益类账户，用来核算企业因销售产品应交纳的消费税、教育费附加等税费。借方登记企业按照规定计算应交纳的税费，贷方登记期末转入"本年利润"账户借方的数额，期末结转后无余额。

其"T"形账户结构如图3-2-27所示：

借方	税金及附加	贷方
企业按照规定计算应交纳的税费	期末将借方余额转入"本年利润"账户	

图3-2-27 "税金及附加"账户结构

三、商品销售业务的账务处理

企业在商品销售业务的账务处理中，采用现金或银行转账结算方式的，应按实际收到的金额，借记"库存现金""银行存款"账户，按实现的收入，贷记"主营业务收入""其他业务收入"账户，按照增值税专用发票上注明的增值税税额，贷记"应交税费——应交增值税（销项税额）"账户。

现以赣州源玺家具有限公司为例说明商品销售业务核算的账务处理。

【例3-2-23】赣州源玺家具有限公司向曲晨家居城销售乌金木单人沙发500件，每件2 200元，增值税143 000元，产品已发出，货款尚未收到。

账务处理步骤如下：

第一步，确定应借、应贷科目。

该经济业务涉及"应收账款""主营业务收入"和"应交税费——应交增值税（销项税额）"账户。该项经济业务发生后，公司实现主营业务收入1 100 000元，记入"主营业务收入"账户的贷方，其增值税143 000元，应记入"应交税费——应交增值税（销项税额）"账户的贷方。由于未收到货款，应收账款增加，价税合计金额 1 243 000 元记入"应收账款"账户的借方。

第二步，编制会计分录。

赣州源玺家具有限公司编制的会计分录如下：

借：应收账款——曲晨家居城   1 243 000

  贷：主营业务收入——乌金木单人沙发   1 100 000

    应交税费——应交增值税（销项税额）   143 000

【例 3-2-24】赣州源玺家具有限公司向凯盛家居城销售乌金木实木床 100 件，每件 1 200 元，增值税 15 600 元。货款已经收到并存入银行。

账务处理步骤如下：

第一步，确定应借、应贷科目。

该经济业务涉及"银行存款""主营业务收入"和"应交税费——应交增值税（销项税额）"账户。该项经济业务发生后，公司实现主营业务收入 120 000 元，记入"主营业务收入"账户的贷方，增值税 15 600 元，记入"应交税费——应交增值税（销项税额）"账户的贷方，由于货款已收，企业银行存款增加，记入"银行存款"账户的借方。

第二步，编制会计分录。

赣州源玺家具有限公司编制的会计分录如下：

借：银行存款   135 600

  贷：主营业务收入——乌金木实木床   120 000

    应交税费——应交增值税（销项税额）   15 600

【例 3-2-25】赣州源玺家具有限公司向曲晨家居城销售乌金木实木餐椅 100 件，每件 200 元，增值税 2 600 元。收到曲晨家居城开具的银行承兑汇票一张，面值为 22 600 元。

账务处理步骤如下：

第一步，确定应借、应贷科目。

该经济业务涉及"应收票据""主营业务收入"和"应交税费——应交增值税（销项税额）"账户。该项经济业务发生后，公司实现主营业务收入 20 000 元，记入"主营业务收入"账户的贷方，其增值税 2 600 元，记入"应交税费——应交增值税（销项税额）"账户的贷方，收到购货单位签发的银行承兑汇票，使应收票据增加，记入"应收票据"账户的借方。

第二步，编制会计分录。

赣州源玺家具有限公司编制的会计分录如下：

借：应收票据——曲晨家居城   22 600

  贷：主营业务收入——乌金木实木餐椅   20 000

    应交税费——应交增值税（销项税额）   2 600

【例 3-2-26】赣州源玺家具有限公司预收兴乐公司购买乌金木实木餐桌货款 80 000 元。

账务处理步骤如下：

第一步，确定应借、应贷科目。

该经济业务涉及"银行存款"和"预收账款"账户。该项经济业务发生后，一方面，公司银行存款增加，记入"银行存款"账户的借方；另一方面，公司收到客户预付的货款，使公司预收账款增加，记入"预收账款"账户的贷方。

第二步，编制会计分录。

赣州源玺家具有限公司编制的会计分录如下：

借：银行存款   80 000

    贷：预收账款——兴乐公司   80 000

【例3-2-27】 赣州源玺家具有限公司销售给兴乐公司乌金木实木餐桌20件，每件3 000元，增值税7 800元，余款尚未结清。

账务处理步骤如下：

第一步，确定应借、应贷科目。

该经济业务涉及"预收账款""主营业务收入"和"应交税费——应交增值税（销项税额）"账户。该项经济业务发生后，公司实现主营业务收入60 000元，记入"主营业务收入"账户的贷方，其增值税7 800元，记入"应交税费——应交增值税（销项税额）"账户的贷方，由于公司采用预收货款方式销售，使预收账款减少，记入"预收账款"账户的借方。

第二步，编制会计分录。

赣州源玺家具有限公司编制的会计分录如下：

借：预收账款——兴乐公司   67 800

    贷：主营业务收入——乌金木实木餐桌   60 000

        应交税费——应交增值税（销项税额）   7 800

【例3-2-28】 赣州源玺家具有限公司出售辅助材料一批，价值8 000元，增值税1 360元，款项已收到并存入银行。

账务处理步骤如下：

第一步，确定应借、应贷科目。

该经济业务涉及"银行存款""其他业务收入"和"应交税费——应交增值税（销项税额）"账户。该项经济业务发生后，引起资产和收入、负债三个要素同时增加。出售辅助材料所收到的价款共计9 360元，记入"银行存款"账户的借方，出售辅助材料为该企业的其他业务，记入"其他业务收入"的贷方。

第二步，编制会计分录。

赣州源玺家具有限公司编制的会计分录如下：

借：银行存款   9 360

    贷：其他业务收入   8 000

        应交税费——应交增值税（销项税额）   1 360

四、结转销售产品成本业务的账务处理

企业在确认销售商品、提供劳务等主营业务收入、其他业务收入后，一般在月末会将已销售商品、已提供劳务的成本转入主营业务成本、其他业务成本中，借记"主营业务成本""其他业务成本"等账户，贷记"库存商品""原材料"等账户。

现以赣州源玺家具有限公司为例说明月底企业结转销售产品成本业务的账务处理。

【例3-2-29】 根据产品销售成本计算单，赣州源玺家具有限公司本月销售乌金木实木

类家具产品成本如下：乌金木单人沙发 97 000 元、乌金木实木床 800 000 元、乌金木实木餐椅 15 000 元、乌金木实木餐桌 42 000 元。

账务处理步骤如下：

第一步，确定应借、应贷科目。

该经济业务涉及"主营业务成本"和"库存商品"账户。销售商品的成本属于主营业务成本，结转已经销售商品的成本，记入"主营业务成本"账户的借方，同时，库存量减少，记入"库存商品"账户的贷方。

第二步，编制会计分录。

赣州源玺家具有限公司编制的会计分录如下：

借：主营业务成本——乌金木单人沙发   97 000
     ——乌金木实木床   800 000
     ——乌金木实木餐椅   15 000
     ——乌金木实木餐桌   42 000
  贷：库存商品——乌金木单人沙发   97 000
     ——乌金木实木床   800 000
     ——乌金木实木餐椅   15 000
     ——乌金木实木餐桌   42 000

【例 3 - 2 - 30】 月底，赣州源玺家具有限公司根据出库单记录的销售辅助材料成本，结转其他业务成本 7 000 元。

账务处理步骤如下：

第一步，确定应借、应贷科目。

该经济业务涉及"其他业务成本"和"原材料"账户。根据出库单记录的材料成本，其他业务成本增加 7 000 元，记入"其他业务成本"账户的借方；另外，原材料成本减少 7 000 元，属于资产的减少，记入"原材料"账户的贷方。

第二步，编制会计分录。

赣州源玺家具有限公司编制的会计分录如下：

借：其他业务成本   7 000
  贷：原材料——辅助材料   7 000

任务 2.6   期间费用的账务处理

一、期间费用的构成

期间费用，是指企业日常活动中发生的、不能直接归属于某个特定成本核算对象，在发生时直接计入当期损益的各项费用，包括管理费用、销售费用和财务费用。

这些费用的发生与当期产品的管理或销售直接相关，而与产品的生产过程无直接关系，费用发生时容易确定其发生时间，但难以判别其所应归属的产品，因而也就不列入产品成本，而在发生时直接计入当期损益。

二、期间费用的账户设置

企业通常设置以下账户对期间费用业务进行会计核算：

（一）"管理费用"账户

管理费用，是指企业为组织和管理生产经营活动所发生的各种费用。包括企业在筹建期间发生的开办费、董事会和行政管理部门在企业的经营管理中发生的或者应由企业统一负担的公司经费（包括行政管理部门职工工资及福利费、物料消耗、低值易耗品摊销、办公费和差旅费等）、工会经费、董事会费（包括董事会成员津贴、会议费和差旅费等）、聘请中介机构费、咨询费（含顾问费）、诉讼费、业务招待费、技术转让费、矿产资源补偿费、研究费、排污费等。

另外，企业生产车间（部门）和行政管理部门等发生的固定资产修理费用等后续支出，也归属于管理费用。

企业通常设置"管理费用"账户对发生的上述费用进行核算。该账户属于损益类账户，可按费用项目明细设置明细账户，进行明细分类核算。

其"T"形账户结构如图3-2-28所示：

借方	管理费用	贷方
本期发生的各项管理费用	期末转入"本年利润"的管理费用	
期末结转后，该账户无余额		

图3-2-28 "管理费用"账户结构

（二）"销售费用"账户

销售费用，是指企业在销售商品和材料、提供劳务的过程中发生的各种费用。包括保险费、包装费、展览费、广告费、商品维修费、预计产品质量保证损失、运输费、装卸费等，以及为销售本企业商品而专设的销售机构（含销售网点、售后服务网点等）的职工薪酬、业务费、折旧费等经营费用。

企业发生的与专设销售机构相关的固定资产修理费用等后续支出也归属于销售费用。

企业通常设置"销售费用"账户对发生的上述费用进行核算。该账户属于损益类账户，可按费用项目明细设置明细账户，进行明细分类核算。

其"T"形账户结构如图3-2-29所示：

借方	销售费用	贷方
本期发生的各项销售费用	期末转入"本年利润"的销售费用	
期末结转后，该账户无余额		

图3-2-29 "销售费用"账户结构

（三）"财务费用"账户

财务费用，是指企业为筹集生产经营所需资金等而发生的筹资费用。包括利息支出（减利息收入）、汇兑损益以及相关的手续费和筹集生产经营资金发生的其他费用等。

企业通常设置"财务费用"账户对发生的上述费用进行核算。该账户属于损益类账户，可按费用项目明细设置明细账户，进行明细分类核算。

其"T"形账户结构如图3-2-30所示：

借方	财务费用	贷方
本期发生的各项财务费用	期末转入"本年利润"的财务费用	
期末结转后，该账户无余额		

图 3－2－30　"财务费用"账户结构

三、期间费用的账务处理

现以赣州源玺家具有限公司为例说明期间费用业务核算的账务处理。

【例 3－2－31】20×2 年 9 月 22 日，赣州源玺家具有限公司管理部门发生以下费用：办公用品费 3 000 元，业务招待费 1 500 元，聘请中介机构费 5 000 元。所有费用均以现金付讫。假设不考虑相关税费。

账务处理步骤如下：

第一步，确定应借、应贷科目。

该经济业务涉及"管理费用"和"库存现金"账户。公司管理部门为组织生产经营活动而发生的各项费用应记入管理费用，借记"管理费用"账户，实际支付的现金贷记"库存现金"账户。

第二步，编制会计分录。

赣州源玺家具有限公司编制的会计分录如下：

借：管理费用——办公用品费　　　　　　　　　　　　　　　　　　3 000
　　　　　　——业务招待费　　　　　　　　　　　　　　　　　　1 500
　　　　　　——中介机构费　　　　　　　　　　　　　　　　　　5 000
　　贷：库存现金　　　　　　　　　　　　　　　　　　　　　　　9 500

【例 3－2－32】20×2 年 10 月 8 日，赣州源玺家具有限公司业务员李思外出采购，从财务预借差旅费 3 000 元。12 日，李思出差回来，经审核，报销差旅费 2 460 元，多余现金退回。

账务处理步骤如下：

第一步，确定应借、应贷科目。

该经济业务涉及"其他应收款""管理费用"和"库存现金"账户。首先，职工预借的差旅费属于企业为职工垫付的款项，应借记"其他应收款"账户，贷记"库存现金"账户。等实际发生差旅报销时，再根据实际可报销的差旅费借记"管理费用"账户，并冲减预借的差旅费，贷记"其他应收款"账户，收到退回的多余借款，则借记"库存现金"账户。

第二步，编制会计分录。

赣州源玺家具有限公司编制的会计分录如下：

（1）李思预借差旅费：

借：其他应收款——李思　　　　　　　　　　　　　　　　　　　　3 000
　　贷：库存现金　　　　　　　　　　　　　　　　　　　　　　　3 000

（2）李思出差回来，报销差旅费：

借：管理费用——差旅费　　　　　　　　　　　　　　　　　　　　2 460

库存现金　　　　　　　　　　　　　　　　　　　　　　540

　　贷：其他应收款——李思　　　　　　　　　　　　　　　　　　3 000

【例3－2－33】20×2年12月31日，赣州源玺家具有限公司将本年管理费用180 000元转入利润账户。

赣州源玺家具有限公司编制的会计分录如下：

借：本年利润　　　　　　　　　　　　　　　　　　　　　180 000

　　贷：管理费用　　　　　　　　　　　　　　　　　　　　　180 000

【例3－2－34】20×2年9月，赣州源玺家具有限公司计提专设销售机构人员工资60 000元，计提销售机构办公设备折旧费30 000元，用银行存款支付广告费150 000元。

账务处理步骤如下：

第一步，确定应借、应贷科目。

该经济业务涉及"销售费用""应付职工薪酬""累计折旧"和"银行存款"账户。公司专设销售机构人员的工资、固定资产折旧以及为了销售产品而发生的广告宣传费应记入销售费用，借记"销售费用"账户，计提的销售机构人员工资，贷记"应付职工薪酬——工资"账户，计提的固定资产累计折旧，贷记"累计折旧"账户，支付的广告费用，贷记"银行存款"账户。

第二步，编制会计分录。

赣州源玺家具有限公司编制的会计分录如下：

借：销售费用——工资　　　　　　　　　　　　　　　　　60 000

　　　　——折旧费　　　　　　　　　　　　　　　　　　30 000

　　　　——广告费　　　　　　　　　　　　　　　　　　150 000

　　贷：应付职工薪酬——工资　　　　　　　　　　　　　　　60 000

　　　　累计折旧　　　　　　　　　　　　　　　　　　　　30 000

　　　　银行存款　　　　　　　　　　　　　　　　　　　　150 000

【例3－2－35】20×2年12月31日，赣州源玺家具有限公司将本年发生的销售费用560 000元转入利润账户。

赣州源玺家具有限公司编制的会计分录如下：

借：本年利润　　　　　　　　　　　　　　　　　　　　　560 000

　　贷：销售费用　　　　　　　　　　　　　　　　　　　　　560 000

【例3－2－36】20×2年10月，赣州源玺家具有限公司用银行存款支付银行手续费1 800元，月末计提本月银行借款利息20 000元。

账务处理步骤如下：

第一步，确定应借、应贷科目。

该经济业务涉及"财务费用""银行存款"和"应付利息"账户。公司为筹集生产经营资金而发生的利息费用及相关手续费应记入管理费用，借记"管理费用"账户，实际支付的手续费，贷记"银行存款"账户，计提但尚未支付的银行借款利息，贷记"应付利息"账户。

第二步，编制会计分录。

赣州源玺家具有限公司编制的会计分录如下：

借：财务费用——手续费   1 800

         ——利息   20 000

    贷：银行存款   1 800

       应付利息   20 000

【例 3 - 2 - 37】 20×2 年 10 月 30 日，赣州源玺家具有限公司收到银行存款利息 2 000 元。

账务处理步骤如下：

第一步，确定应借、应贷科目。

该经济业务涉及"银行存款"和"财务费用"账户。公司收到的存款利息应冲减财务费用，贷记"财务费用"账户，实际收到的存款利息借记"银行存款"账户。

第二步，编制会计分录。

赣州源玺家具有限公司编制的会计分录如下：

借：银行存款   2 000

    贷：财务费用   2 000

【例 3 - 2 - 38】 20×2 年 12 月 31 日，赣州源玺家具有限公司将本年发生的财务费用 280 000 元转入利润账户。

赣州源玺家具有限公司编制的会计分录如下：

借：本年利润   280 000

    贷：财务费用   280 000

任务 2.7 利润的形成和分配业务的账务处理

一、利润的形成

（一）业务内容

企业最终的经营成果是一定时期实现的利润，是收入与费用相抵后的差额，差额为正数，表现为企业的利润，差额为负数，表现为企业的亏损。企业实现的利润总额包括营业利润、利润总额和净利润，其中营业利润指由于生产经营活动所取得的利润，是企业利润的主要来源；净利润是企业一定期间的利润总额扣除所得税费用后的财务成果。

营业利润、利润总额和净利润三者的关系用公式表示如下：

营业利润 = 营业收入 - 营业成本 - 税金及附加 - 销售费用 - 管理费用 - 财务费用 + 其他收益 + 投资收益（- 投资损失）+ 公允价值变动收益（- 公允价值变动损失）+ 资产减值损失（损失以 - 表示）+ 资产处置收益（- 资产处置损失）

其中：

营业收入 = 主营业务收入 + 其他业务收入

营业成本 = 主营业务成本 + 其他业务成本

利润总额 = 营业利润 + 营业外收入 - 营业外支出

净利润 = 利润总额 - 所得税费用

（二）账户设置

企业通常设置以下账户对利润形成业务进行会计核算：

1."本年利润"账户

该账户属于所有者权益类账户，用以核算企业当期实现的净利润（或发生的净亏损）。企业期（月）末结转利润时，应将各损益类账户的金额转入本账户，结平各损益类账户。

其"T"形账户结构如图3－2－31所示：

借方	本年利润	贷方
企业期末转入： 　　主营业务成本 　　税金及附加 　　其他业务成本 　　管理费用 　　财务费用 　　销售费用 　　营业外支出 　　投资损失 　　所得税费用等		企业期末转入： 　　主营业务收入 　　其他业务收入 　　营业外收入 　　投资收益等
年终结转前期末余额： 　　反映企业年初到本期末累计发生的净亏损		年终结转前期末余额： 　　反映企业年初到本期末累计实现的净利润

图3－2－31 "本年利润"账户结构

年度终了，应将本年收入和支出相抵后结出的本年实现的净利润（或发生的净亏损），转入"利润分配——未分配利润"账户贷方（或借方），结转后本账户无余额。

2."投资收益"账户

该账户属于损益类账户，用以核算企业确认的投资收益或投资损失。该账户可按投资项目设置明细账户，进行明细分类核算。

其"T"形账户结构如图3－2－32所示：

借方	投资收益	贷方
发生的投资损失 期末转入"本年利润"账户的投资净收益		实现的投资收益 期末转入"本年利润"账户的投资净损失
		期末结转后，该账户无余额

图3－2－32 "投资收益"账户结构

3."营业外收入"账户

该账户属于损益类账户，用以核算企业发生的各项营业外收入，主要包括与企业日常活动无关的政府补助、盘盈利得、捐赠利得等。该账户可按营业外收入项目设置明细账户，进行明细分类核算。

其"T"形账户结构如图3－2－33所示：

借方	营业外收入	贷方
会计期末转入"本年利润"账户的营业外收入额	营业外收入的实现，即营业外收入的增加额	
	期末结转后，该账户无余额	

图 3 - 2 - 33　"营业外收入"账户结构

4. "营业外支出"账户

该账户属于损益类账户，用以核算企业发生的各项营业外支出，包括公益性捐赠支出、非常损失、盘亏损失、非流动资产毁损报废损失等。该账户可按支出项目设置明细账户，进行明细分类核算。

其"T"形账户结构如图 3 - 2 - 34 所示：

借方	营业外支出	贷方
营业外支出的发生，即营业外支出的增加额	期末转入"本年利润"账户的营业外支出额	
期末结转后，该账户无余额		

图 3 - 2 - 34　"营业外支出"账户结构

5. "所得税费用"账户

该账户属于损益类账户，用以核算企业确认的应从当期利润总额中扣除的所得税费用。

其"T"形账户结构如图 3 - 2 - 35 所示：

借方	所得税费用	贷方
企业应计入当期损益的所得税费用	企业期末转入"本年利润"账户的所得税费用	
期末结转后，该账户无余额		

图 3 - 2 - 35　"所得税费用"账户结构

（三）账务处理

会计期末结转各项收入时，借记"主营业务收入""其他业务收入""营业外收入"等账户，贷记"本年利润"账户；结转各项支出时，借记"本年利润"账户，贷记"主营业务成本""税金及附加""其他业务成本""管理费用""财务费用""销售费用""资产减值损失""营业外支出""所得税费用"等账户。

【例 3 - 2 - 39】假定赣州源玺家具有限公司 20 × 2 年有关损益类账户的发生额如表 3 - 2 - 4 所示。

表 3 - 2 - 4　有关损益类账户的发生额

账户	金额	账户	金额
主营业务收入	567 000	主营业务成本	205 000
其他业务收入	45 000	其他业务成本	30 000

续表

账户	金额	账户	金额
投资收益	20 000	税金及附加	43 200
营业外收入	3 000	销售费用	15 000
		管理费用	34 000
		财务费用	5 000
		营业外支出	2 000

要求：期末将上述损益类账户净发生额转入"本年利润"账户。

赣州源玺家具有限公司编制的会计分录如下：

第一步，将本期发生的各项收入转入"本年利润"账户；

借：主营业务收入   567 000

  其他业务收入   45 000

  投资收益   20 000

  营业外收入   3 000

  贷：本年利润   635 000

第二步，将本期发生的各项成本费用转入"本年利润"账户；

借：本年利润   334 200

  贷：主营业务成本   205 000

    其他业务成本   30 000

    税金及附加   43 200

    销售费用   15 000

    管理费用   34 000

    财务费用   5 000

    营业外支出   2 000

第三步，结转后，"本年利润"账户的贷方发生额与借方发生额相比较，可计算出赣州源玺家具有限公司本期实现的利润总额为：

$$635\ 000 - 334\ 200 = 300\ 800（元）$$

【例3-2-40】 承上例，假定所得税税率为25%，计算应交所得税并进行账务处理。

账务处理分析如下：

$$应交所得税 = 300\ 800 × 25\% = 75\ 200（元）$$

赣州源玺家具有限公司编制的会计分录如下：

借：所得税费用   75 200

  贷：应交税费——应交所得税   75 200

将所得税费用结转到"本年利润"账户时，应编制会计分录如下：

借：本年利润   75 200

  贷：所得税费用   75 200

结转当期所得税费用后，该公司本期"本年利润"账户的贷方余额为 225 600 元，为公司实现的净利润。

$$净利润 = 300\ 800 - 75\ 200 = 225\ 600（元）$$

二、利润的分配

（一）业务内容

利润分配是将企业实现的净利润，按照国家财务制度规定的分配形式和分配顺序，在国家、企业和投资者之间进行的分配。利润分配的过程与结果，是关系到所有者的合法权益能否得到保护，企业能否长期、稳定发展的重要问题，为此，企业必须加强利润分配的管理和核算。

企业利润分配的主体一般有国家、投资者、企业和企业内部职工；利润分配的对象主要是企业实现的净利润；利润分配的时间是利润分配义务发生的时间和企业作出决定向内向外分配的时间。

企业对实现的可供分配的利润在企业和投资者之间进行分配。企业可供分配的利润是当期实现的净利润，加上年初未分配利润（或减去年初未弥补亏损）后的余额。

企业向投资者分配利润，应按一定的顺序进行。按照《中华人民共和国公司法》的有关规定，利润分配应按下列顺序进行：

1. 提取法定盈余公积

法定盈余公积按照税后净利润的 10% 提取，法定盈余公积已达注册资本的 50% 时，可不再提取。提取的法定盈余公积用于弥补以前年度亏损或转增资本金，但转增资本金后留存的法定盈余公积不得低于注册资本的 25%。

2. 提取任意盈余公积

任意盈余公积一般要经股东大会决议提取。其他企业也可根据需要提取任意盈余公积。

3. 向投资者分配利润

可供分配的利润减去提取的法定盈余公积，为可供向投资者分配的利润。有限责任公司按固定的出资比例向股东分配利润；股份有限公司按股东持有的股份比例向股东分配股利。

可供分配利润经上述分配后为未分配利润，未分配利润可留待以后年度分配。若企业发生亏损，可按规定用以后年度利润弥补。

（二）账户设置

企业通常设置以下账户对利润分配业务进行会计核算：

1. "利润分配"账户

该账户用来核算企业利润分配（或亏损弥补）以及历年结存的未分配利润额，属于所有者权益类账户。其借方登记企业实际分配的利润额或从"本年利润"账户转入的全年亏损额；其贷方登记从"本年利润"账户转入的全年实现的净利润额或已弥补的亏损额。年终结转后，若为贷方余额，表示历年积存的未分配利润；若为借方余额，表示历年积存的未弥补亏损。

为了提供利润分配的详细情况，企业应设置"提取法定盈余公积""提取任意盈余公积""应付现金股利或利润""未分配利润"等明细账户，进行明细分类核算。

其"T"形账户结构如图 3 - 2 - 36 所示：

借方	利润分配	贷方
年终从"本年利润"账户转入的本年净亏损； 提取法定盈余公积； 提取任意盈余公积； 向投资者分配利润等	年终从"本年利润"账户转入的本年净利润； 用盈余公积补亏的数额； 年终从"提取法定盈余公积""提取任意盈余公积""应付现金股利或利润"等所属明细账户的余额转入	
期末余额：反映历年累积未弥补的亏损数额，即留待以后年度弥补的亏损	期末余额：反映历年累积未分配的利润数额，即可供以后年度分配的利润	

图 3 - 2 - 36 "利润分配"账户结构

2. "盈余公积"账户

该账户用来核算企业从净利润中提取的法定盈余公积和任意盈余公积及其使用情况，属于所有者权益类账户。其贷方登记盈余公积的提取数；其借方登记盈余公积转增资本以及弥补亏损等使用数。期末余额在贷方，表示盈余公积的实际结存数。

该账户可按"法定盈余公积""任意盈余公积"设置明细账户，进行明细分类核算。

其"T"形账户结构如图 3 - 2 - 37 所示：

借方	盈余公积	贷方
实际使用的盈余公积，即盈余公积的减少额	提取的盈余公积，即盈余公积的增加额	
	期末余额：反映企业结余的盈余公积	

图 3 - 2 - 37 "盈余公积"账户结构

3. "应付股利"账户

该账户用来核算企业经董事会或股东大会，或类似机构决议确定分配的现金股利或利润，属于负债类账户。其贷方登记企业应支付的现金股利或利润；其借方登记实际支付的现金股利或利润。期末余额在贷方，反映企业尚未支付的现金股利或利润。

其"T"形账户结构如图 3 - 2 - 38 所示：

借方	应付股利	贷方
实际支付给投资者的股利或利润，即应付股利的减少额	应付给投资者股利或利润的增加额	
	期末余额：反映企业应付未付的现金股利或利润	

图 3 - 2 - 38 "应付股利"账户结构

（三）账务处理

1. 进行利润分配

企业按净利润的 10% 提取的法定盈余公积，借记"利润分配——提取法定盈余公积"账户，贷记"盈余公积——法定盈余公积"账户；按净利润的一定比例提取的任意盈余公积，借记"利润分配——提取任意盈余公积"账户，贷记"盈余公积——任意盈余公积"账户。按应支付的现金股利或利润，借记"利润分配——应付现金股利"账户，贷记"应付股利"账户。

【例 3-2-41】假定赣州源玺家具有限公司全年实现净利润 225 600 元。根据公司分配方案，按净利润的 10% 提取法定盈余公积，按 5% 提取任意盈余公积，按 50% 给投资者分配利润。

赣州源玺家具有限公司编制的会计分录如下：

借：利润分配——提取法定盈余公积   22 560
          ——提取任意盈余公积   11 280
   贷：盈余公积——法定盈余公积   22 560
          ——任意盈余公积   11 280
借：利润分配——应付现金股利   112 800
   贷：应付股利   112 800

2. 结转利润分配账户

年度结束，首先，企业应将当年实现的净利润或亏损，转入"利润分配——未分配利润"账户。结转净利润时，按实际的净利润额，借记"本年利润"账户，贷记"利润分配——未分配利润"账户；结转亏损时，则按实际产生的亏损额，借记"利润分配——未分配利润"账户，贷记"本年利润"账户。其次，将"利润分配"账户的其他明细账户的余额转入"利润分配——未分配利润"账户。结转时，借记"利润分配——未分配利润"账户，贷记"利润分配——提取法定盈余公积、提取任意盈余公积、应付现金股利等"账户。

【例 3-2-42】承上例，赣州源玺家具有限公司将实现的净利润 225 600 元转入"利润分配——未分配利润"账户，并将"利润分配"账户的其他明细账户余额转入"未分配利润"明细。

借：本年利润   225 600
   贷：利润分配——未分配利润   225 600
借：利润分配——未分配利润   146 640
   贷：利润分配——提取法定盈余公积   22 560
          ——提取任意盈余公积   11 280
          ——应付现金股利   112 800

工作任务3 学会填制和审核记账凭证

【任务导入】

小刘大学毕业后在某公司担任助理会计职务。这天，会计老王给小刘布置了一个任务，让她将上个月的记账凭证核查一遍。面对一本本记账凭证，小刘不知从哪开始核对。于是，老王提醒她："对于每一张记账凭证，要看看记账凭证的金额和原始凭证是不是能对上，会计分录是不是登记正确，所附单据是否齐全，签字手续是否齐全，其他各要素，比如摘要、附件数、日期是不是填写正确、完整了。"

小刘听完以后感慨，原来这么一张看似简单的记录里包含了这么多需要注意的内容啊！

【任务分析】

1. 熟悉记账凭证的种类。
2. 掌握收款凭证、付款凭证、转账凭证及通用记账凭证的填制方法。
3. 熟悉记账凭证的审核内容。
4. 了解记账凭证的传递与保管。

任务3.1 记账凭证的种类

一、记账凭证的种类

记账凭证，是指根据审核无误的原始凭证或原始凭证汇总表编制的，根据经济业务内容，确定账户名称、记账方向和金额，作为登记账簿依据的一种会计凭证。记账凭证可按不同的标准分类，按照用途不同可分为专用记账凭证和通用记账凭证；按照填列方式不同可分为单式记账凭证和复式记账凭证。

（一）按凭证的用途不同分类

1. 专用记账凭证

专用记账凭证，是指分类反映经济业务的记账凭证，按其反映的经济业务内容，可分为收款凭证、付款凭证和转账凭证。规模较大、业务量较多的单位一般采用专用记账凭证。

1）收款凭证

收款凭证是指用于记录现金和银行存款收款业务的会计凭证。它可以分为现金收款凭证和银行存款收款凭证，是出纳人员根据库存现金收入业务和银行存款收入业务的原始凭证填制的，据以作为登记现金和银行存款等有关账簿的依据。收款凭证的格式如图3-3-1所示。

收款凭证

借方科目：　　　　　　　　　　　年　　月　　日　　　　　　　　字第　　号
　　　　　　　　　　　　　　　　　　　　　　　　　　　　　　　附件　　张

对方单位	摘要	贷方科目		金额									记账符号
		总账科目	明细科目	千	百	十	万	千	百	十	元	角	分	
														☐
														☐
														☐
														☐
														☐
银行结算方式及票号：			合计											☐

会计主管　　　　　记账　　　　　稽核　　　　　　出纳　　　　　　制证

图 3 - 3 - 1　收款凭证

2）付款凭证

　　付款凭证是指用于记录现金和银行存款付款业务的会计凭证。它可以分为现金付款凭证和银行存款付款凭证，是出纳人员根据库存现金和银行存款付出业务的原始凭证填制的，既是出纳付款的依据，又是企业据以登记现金和银行存款等有关账簿的依据。付款凭证的格式如图 3 - 3 - 2 所示。

付款凭证

贷方科目：　　　　　　　　　　　年　　月　　日　　　　　　　　字第　　号
　　　　　　　　　　　　　　　　　　　　　　　　　　　　　　　附件　　张

对方单位	摘要	借方科目		金额									记账符号
		总账科目	明细科目	千	百	十	万	千	百	十	元	角	分	
														☐
														☐
														☐
														☐
														☐
银行结算方式及票号：			合计											☐

会计主管　　　　　记账　　　　　稽核　　　　　　出纳　　　　　　制证

图 3 - 3 - 2　付款凭证

3）转账凭证

　　转账凭证是指用于记录不涉及现金和银行存款业务的会计凭证。它是根据有关转账业务（即在经济业务发生时，不需要收付现金或银行存款的各项业务）的原始凭证填制的。转账凭证的格式如图 3 - 3 - 3 所示。

转账凭证

字第　号

年　月　日　　　　　　　　　　　　　　附件　张

摘要	总账科目	明细科目	借方金额										记账符号	贷方金额										记账符号
			千	百	十	万	千	百	十	元	角	分		千	百	十	万	千	百	十	元	角	分	
													□											□
													□											□
													□											□
													□											□
													□											□
合计													□											□

会计主管　　　　　记账　　　　　复核　　　　　制证

图3-3-3　转账凭证

2. 通用记账凭证

通用记账凭证，是指对全部经济业务不再区分收款、付款和转账业务，而将所有经济业务统一编号，在同一格式的凭证中进行记录。其格式如图3-3-4所示。通用记账凭证一般在业务比较简单、规模较小、收付业务较少的单位中应用。

记账凭证

字第　号

年　月　日

摘要	总账科目	明细科目	借方金额											贷方金额											记账符号	附单据张
			亿	千	百	十	万	千	百	十	元	角	分	亿	千	百	十	万	千	百	十	元	角	分		
																									□	
																									□	
																									□	
																									□	
																									□	
合计																									□	

会计主管　　　　　记账　　　　　出纳　　　　　复核　　　　　制单

图3-3-4　记账凭证

（二）按凭证的填列方式不同分类

1. 单式记账凭证

单式记账凭证，是指只填列经济业务所涉及的一个会计科目及其金额的记账凭证。对于某项经济业务所涉及的每个会计科目，分别填制记账凭证，借方会计科目应填列在借项记账凭证，贷方会计科目应填列在贷项记账凭证。每张记账凭证中只填列一个会计科目，其对方科目只供参考，不凭以记账。

单式记账凭证反映的科目单一，便于分工记账和按会计科目进行汇总；但一张凭证不能反映每一项经济业务的全貌，填制记账凭证的工作量也比较大，而且出现差错不易查找。

2. 复式记账凭证

复式记账凭证，是指将每一笔经济业务所涉及的全部会计科目及其发生额均在同一张记账凭证中反映的一种记账凭证。上述收款凭证、付款凭证和转账凭证的格式都是复式记账凭证的格式。

复式记账凭证具有账户对应关系清楚，便于了解经济业务的全貌，可以减少记账凭证的数量，减轻登记账簿工作的优点，同时，也便于查账。但复式记账凭证不便于汇总计算每一个会计科目的发生额，不便于分工记账。

二、记账凭证的基本内容

记账凭证种类繁多，格式不一，但其主要作用是对原始凭证进行分类、整理，按照复式记账的要求，运用会计科目，编制会计分录，据以登记账簿。因此，记账凭证必须包括以下基本内容：

（1）记账凭证的名称，如"收款凭证""付款凭证""转账凭证"；

（2）填制记账凭证的日期；

（3）记账凭证的编号；

（4）经济业务事项的内容摘要；

（5）经济业务事项所涉及的会计账户及其记账方向；

（6）经济业务事项的金额；

（7）记账标记；

（8）所附原始凭证张数；

（9）会计主管、记账、审核、出纳、制单等有关人员的签章，收款凭证和付款凭证还应由出纳人员签名或盖章。

任务3.2 记账凭证的填制与审核

一、记账凭证的填制

（一）记账凭证填制的基本要求

（1）记账凭证各项内容必须完整。包括填制凭证的日期、凭证编号、摘要、会计科目、金额、经办人员签章等基本内容。

（2）记账凭证的书写应当清楚、规范。摘要是对经济业务的简要说明，也是登记账簿的重要依据，填写时既要简明，又要确切。

（3）除结账和更正错账可以不附原始凭证外，其他记账凭证必须附原始凭证。记账凭证上应注明所附原始凭证的张数，以便查核。如果根据同一张原始凭证填制数张记账凭证时，可以将原始凭证附在一张主要的记账凭证后面，并在未附原始凭证的记账凭证上注明"附件××张，见第××号记账凭证"。如果原始凭证需要另行保管，则应在附件栏内加以注明。

（4）记账凭证可以根据每一张原始凭证填制，或根据若干张同类原始凭证汇总填制，也可以根据原始凭证汇总表填制，但不得将不同内容和类别的原始凭证汇总填制在一张记账凭证上。

（5）记账凭证应连续编号。记账凭证应由主管该项业务的会计人员，按业务发生的顺序并按不同种类的记账凭证采用"字号编号法"连续编号。

①采用通用记账凭证时，应将所有的记账凭证不分业务内容顺序编号，如记字第 1 号、记字第 2 号、记字第 3 号等。

②采用专用记账凭证时，应按照收款业务、付款业务、转账业务分别按 3 个序列顺序编号，如收字第 1 号、收字第 2 号，付字第 1 号、付字第 2 号，转字第 1 号、转字第 2 号等。

③如果收款凭证和付款凭证进一步分为库存现金收、付款凭证和银行存款收、付款凭证，则所有凭证分别按 5 个序列顺序编号，如现收字第 1 号、银收字第 1 号、现付字第 1 号、银付字第 1 号、转字第 1 号等。

如果一笔经济业务需要填制两张以上（含两张）记账凭证，可以采用"分数编号法"编号。例如，一笔经济业务需要编制两张转账凭证，凭证的顺序号为 20 号，可编转字 $20\frac{1}{2}$ 号、转字 $20\frac{2}{2}$ 号，前面的整数表示业务顺序，分子表示两张转账凭证中的第 1 张和第 2 张。

（6）填制记账凭证若发生错误，应当重新填制。已登记入账的记账凭证在当年内发现填写错误，可以用红字填写一张与原内容相同的记账凭证，在摘要栏注明"注销某月某日某号凭证"字样，同时再用蓝字重新填制一张正确的记账凭证，注明"订正某月某日某号凭证"字样。如果会计科目没有错误，只是金额错误，也可以将正确数字与错误数字之间的差额另编一张调整的记账凭证，调增金额用蓝字，调减金额用红字。发现以前年度记账凭证有误的，应当用蓝字填制一张更正的记账凭证。

（7）在记账凭证上填制完经济业务事项后，如有空行，应当自金额栏最后一笔金额数字下方的空行处至合计数上方的空行处划线注销。

（二）收款凭证的填制要求

收款凭证是用来记录货币资金收款业务的凭证，它是由出纳人员根据审核无误的原始凭证收款后填制的。

满足收款凭证填制要求后的进一步要求如下：

（1）收款凭证左上方所填列的借方科目应是"库存现金"或"银行存款"科目；

（2）"日期"填写的是编制本凭证的日期；

（3）右上角填写编制收款凭证的顺序号；

（4）"摘要"填写对所记录的经济业务的简要说明；

（5）"贷方科目"应填列与"库存现金"或"银行存款"相对应的科目；

（6）"√"是指该凭证已登记账簿的标记，防止经济业务事项重记或漏记；

（7）"金额"是指该项经济业务事项的发生额；

（8）"附件　张"是指收款凭证所附原始凭证的张数；

（9）签章栏分别由有关人员签章，以明确经济责任。

【例 3 - 3 - 1】20×2 年 1 月 13 日，A 公司收到顺丰有限责任公司前欠的货款 50 000 元送存银行。

账务处理分析如下：

企业收到前欠货款并送存银行，"银行存款"增加记入借方；"应收账款"减少记入贷方。会计分录如下：

借：银行存款　　　　　　　　　　　　　　　　　　　　　　　　　　　50 000

　　贷：应收账款——顺丰有限责任公司　　　　　　　　　　　　　　　50 000

填制收款凭证如图 3 - 3 - 5 所示。

收款凭证

银收字第 1 号

借方科目：银行存款　　　　　　　　　20×2 年 01 月 13 日　　　　　　　　附件 1 张

对方单位	摘要	贷方科目		金额									记账符号
		总账科目	明细科目	千	百	十	万	千	百	十	元	角	分	
顺丰有限责任公司	收回前欠货款	应收账款	顺丰有限责任公司			5	0	0	0	0	0	0	0	☐
														☐
														☐
														☐
														☐
银行结算方式及票号：		合计				¥	5	0	0	0	0	0	0	☐

会计主管　　　　记账　　　　稽核 王一天　　　　出纳 张三峰　　　　制证 李 娜

图 3 - 3 - 5　收款凭证—收回前欠货款

（三）付款凭证的填制要求

付款凭证的编制方法与收款凭证基本相同，只是左上角由"借方科目"换为"贷方科目"，凭证中间的"贷方科目"换为"借方科目"。涉及"库存现金"和"银行存款"之间的经济业务，为了避免重复记账，一般只编制付款凭证，不编制收款凭证。

【例 3 - 3 - 2】20×2 年 1 月 20 日，财务部出纳员张三峰开出现金支票一张，从银行提取现金 8 000 元，以备零用。

账务处理分析如下：

企业提现，"库存现金"增加记入借方；"银行存款"减少记入贷方。

会计分录如下：

借：库存现金　　　　　　　　　　　　　　　　　　　　　　　　　　　8 000

　　贷：银行存款　　　　　　　　　　　　　　　　　　　　　　　　　　8 000

填制付款凭证如图 3 - 3 - 6 所示。

（四）转账凭证的填制要求

转账凭证是用以记录与货币资金收付无关的转账业务的凭证。转账凭证的填制与收、付款凭证略有不同，它的应借、应贷科目全部列入记账凭证之内。转账凭证将经济业务中所涉

付款凭证

银付字第 1 号

贷方科目：银行存款　　　　　　　　20×2 年 01 月 20 日　　　　　　　附件 1 张

对方单位	摘要	借方科目		金额										记账符号
		总账科目	明细科目	千	百	十	万	千	百	十	元	角	分	
	提取现金	库存现金					8	0	0	0	0	0	0	☐
														☐
														☐
														☐
														☐
银行结算方式及票号：		合计				¥	8	0	0	0	0	0	0	☐

会计主管　　　　记账　　　　稽核 王一天　　　　出纳 张三峰　　　　制证 李　娜

图 3 – 3 – 6　付款凭证—提取现金

及的全部会计科目按照先借后贷的顺序填入会计科目中的"总账科目"和"明细科目"栏，并按应借、应贷方向分别填入"借方金额"或"贷方金额"栏。其他项目的填写与收、付款凭证相同。

【例 3 – 3 – 3】20×2 年 2 月 1 日，A 公司向光明公司销售甲产品 200 件，单价 500 元，增值税税率 13%。货款暂未收到。

账务处理分析如下：

企业销售产品，"主营业务收入""应交税费——应交增值税（销项税额）"增加，记入贷方；同时，货款未收，"应收账款"增加，记入借方。会计分录如下：

借：应收账款——光明公司　　　　　　　　　　　　　　　　113 000

　　贷：主营业务收入——甲产品　　　　　　　　　　　　　　100 000

　　　　应交税费——应交增值税（销项税额）　　　　　　　　13 000

填制转账凭证如图 3 – 3 – 7 所示。

二、记账凭证的审核

为了保证会计信息的质量，在记账之前应由有关稽核人员对记账凭证进行严格的审核。记账凭证的审核内容主要包括以下几项：

（一）内容是否真实

审核记账凭证是否附有原始凭证，所附原始凭证的内容是否与记账凭证记录的内容一致，记账凭证汇总表与记账凭证的内容是否一致。

（二）项目是否齐全

审核记账凭证各项目的填写是否齐全，如日期、凭证编号、摘要、会计科目、金额、所附原始凭证张数及有关人员签章等。

转账凭证

20×2 年 02 月 01 日

摘要	总账科目	明细科目	借方金额										记账符号	贷方金额										记账符号
			千	百	十	万	千	百	十	元	角	分	□	千	百	十	万	千	百	十	元	角	分	□
销售产品款项未收	应收账款	光明公司			1	1	3	0	0	0	0	0	□											□
	主营业务收入	甲产品											□			1	0	0	0	0	0	0	0	□
	应交税费	应交增值税（销项税额）											□				1	3	0	0	0	0	0	□
													□											□
													□											□
合计			￥	1	1	3	0	0	0	0	0	0	□	￥	1	1	3	0	0	0	0	0	0	□

会计主管　　　　　　记账　　　　　　复核 王一天　　　　　　　　　　　　　制证 李 娜

图 3-3-7　转账凭证—销售产品款项未收

（三）科目是否正确

审核记账凭证应借、应贷科目是否正确，是否有明确的账户对应关系，所使用的会计科目是否符合国家统一的会计制度的规定等。

（四）金额是否正确

审核记账凭证所记录的金额与原始凭证的有关金额是否一致，记账凭证汇总表的金额与记账凭证的金额合计是否相符，原始凭证中的数量、单价、金额计算是否正确等。

（五）书写是否正确

审核记账凭证中的记录文字是否工整、数量是否清晰，是否按规定进行更正等。

在审核过程中，如果发现差错，应及时查明原因，按规定办法及时处理和更正，只有经过审核无误的记账凭证，才能据以登记账簿。如果在填制记账凭证时发生错误，应当重新填制。

任务 3.3　会计凭证的装订与保管

一、会计凭证的传递

会计凭证的传递是指会计凭证从取得或填制时起至归档保管过程中，在单位内部有关部门和人员之间的传送程序。会计凭证的传递是会计核算得以正常、有效进行的前提。

会计凭证的传递应遵循内部控制制度的要求，使传递程序合理有效，同时尽量节约传递时间，减少传递的工作量。单位应该根据具体情况制定每一种凭证的传递程序和方法。

会计凭证的传递一般包括传递程序和传递时间两个方面。企业的生产组织特点、经济业务的内容和要求不同，会计凭证的传递也有所不同。例如，收料单的传递中应规定材料到达企业后多长时间内验收入库，收料单由谁填制，一式几联，各联次的用途是什么，何时传递到会计部门，会计部门由谁负责收料单的审核工作，由谁据以编制记账凭证、登记账簿、整理归档等。会计凭证的传递是否科学严密、有效，对于加强企业内部管理、提高会计信息的质量具有重要影响。

二、会计凭证的保管

会计凭证的保管是指会计凭证记账后的整理、装订、归档和存查工作。对会计凭证的保管既要做到完整无缺，又要便于翻阅查找。其主要要求如下：

（一）会计凭证应定期装订成册，防止散失

会计部门依据会计凭证记账以后，应定期对各种会计凭证进行归类整理，将各种记账凭证按照编号顺序连同会计凭证所附的原始凭证一起加具封面、封底，然后装订成册，在装订线上加贴封签，并由装订人员在装订封签处签名或盖章。从外单位取得的原始凭证遗失时，应取得原签发单位盖有公章的证明，并注明原始凭证的号码、金额、内容等，由经办单位会计机构负责人、会计主管人员和单位负责人批准后，才能代作原始凭证。若确实无法取得证明（如火车票丢失），应由当事人写明详细情况，由经办单位会计机构负责人、会计主管人员和单位负责人批准后代作原始凭证。

（二）会计凭证封面应内容完整、项目齐全

会计凭证封面应注明单位名称、凭证种类、凭证张数、起止号数、年度、月份、会计主管人员、装订人员等有关事项，会计主管人员和保管人员应在封面上签章。

（三）会计凭证应加贴封条，防止被抽换

原始凭证不得外借，其他单位如有特殊原因确实需要使用时，经本单位会计机构负责人、会计主管人员批准可以复印。向外单位提供原始凭证复印件，应在专设的登记簿上登记，并由提供人员和收取人员共同签名或盖章。

（四）原始凭证较多时，可单独装订

原始凭证较多时，可单独装订，但应在凭证封面注明所属记账凭证的日期、编号和种类，同时应在所属的记账凭证上注明"附件另订"及原始凭证的名称和编号，以便查阅。对各种重要的原始凭证，如押金收据、提货单等，以及各种需要随时查阅和退回的单据，应另编目录，并在有关的记账凭证和原始凭证上分别注明日期和编号。

（五）严格遵守会计凭证的保管期限要求，期满前不得任意销毁

略。

三、会计凭证的装订

会计凭证的装订是指把定期整理完毕的会计凭证按照编号顺序，外加封面、封底，装订成册，并在装订线上加贴封签，在封签处加盖会计主管的骑缝图章。

如果采用单式记账凭证，在整理装订会计凭证时，必须保持会计分录的完整。为此，应按会计凭证号码顺序还原装订成册，不得按账户归类装订。对各种重要的原始单据，以及各种需要随时查阅和退回的单据，应另编目录，单独登记保管，并在有关的记账凭证和原始凭证上相互注明日期和编号。

会计凭证装订的要求是既美观大方又便于翻阅，所以在装订时要先设计好装订册数及每册的厚度。一般来说，一本凭证，厚度以1.5~2.0cm为宜，太厚了不便于翻阅核查，大薄

了又不利于站立放置。会计凭证装订册数可根据会计凭证多少来定，原则上以月份为单位装订，每月订成一册或若干册。有些单位业务量小，会计凭证不多，把若干个月份的会计凭证合并订成一册，只要在会计凭证封面注明本册所含的会计凭证月份即可。

项 目 小 结

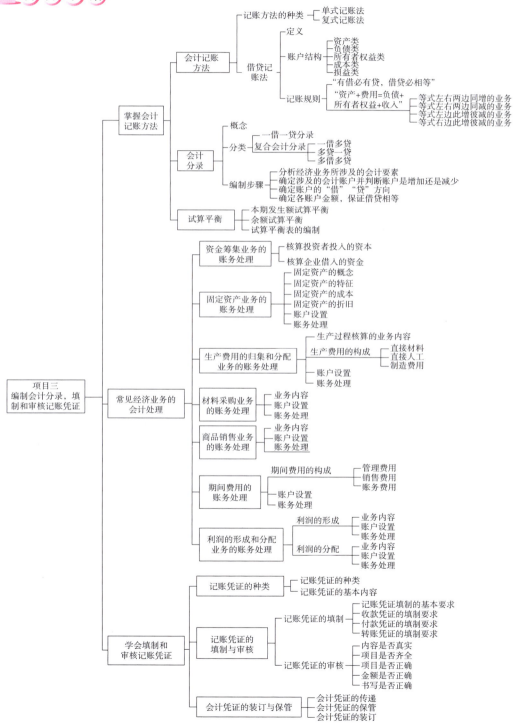

技 能 训 练

一、单项选择题

1. 下列错误不能通过试算平衡发现的是（　　）。

A. 漏记某个会计科目　　　　　　　　B. 重记某个会计科目

C. 错用某个会计科目　　　　　　　　D. 某个会计科目少计金额

2. 下列账户中，期末结转后无余额的账户是（　　）。

A. 实收资本　　　B. 应付账款　　　C. 固定资产　　　D. 管理费用

3. 某企业月初的短期借款账户为贷方余额 60 万元，本月向银行借入期限为 6 个月的借款 20 万元，归还以前的短期借款 30 万元，则本月末短期借款账户的余额为（　　）万元。

A. 贷方 80　　　B. 贷方 50　　　C. 借方 50　　　D. 贷方 30

4. 甲企业"应收账款"科目期初借方余额 40 000 元，本期收回应收的货款 15 000 元，该科目期末为借方余额 60 000 元，则企业本期必定还发生了（　　）。

A. 应收账款增加 20 000 元　　　　　B. 应收账款减少 20 000 元

C. 应收账款增加 35 000 元　　　　　D. 应收账款减少 35 000 元

5. 下列关于借贷记账法下账户的结构，说法错误的是（　　）。

A. 损益类账户和负债类账户结构类似

B. 资产类账户和成本类账户结构相同

C. 所有者权益类账户和损益类账户中的收入类账户结构相似

D. 损益类账户期末结转后一般无余额

6. 发生额试算平衡法下的平衡关系有（　　）。

A. 全部账户的本期借方发生额 = 全部账户的本期贷方发生额

B. 全部账户的本期借方发生额合计 = 全部账户的本期贷方发生额合计

C. 全部账户的期末借方余额 = 全部账户的期末贷方余额

D. 全部账户的期末借方余额合计 = 全部账户的期末贷方余额合计

7. 下列关于负债类及所有者权益类科目期末余额的表述中，正确的是（　　）。

A. 一般在借方　　　　　　　　　　　B. 一般在借方和贷方

C. 一般在贷方　　　　　　　　　　　D. 一般无余额

8. 在借贷记账法下，科目的贷方用来登记（　　）。

A. 大部分收入类科目的减少　　　　　B. 大部分所有者权益类科目的增加

C. 大部分负债类科目的减少　　　　　D. 大部分成本类科目的增加

9. 某一般纳税人企业外购一批原材料，实际支付的价款为 3 000 元，支付增值税 510 元，同时发生运杂费 50 元，则原材料的入账价值为（　　）元。

A. 3 000　　　B. 3 050　　　C. 3 510　　　D. 3 560

10. 某固定资产原值为 250 000 元，预计净残值为 5 000 元，预计可使用 10 年，按年限平均法计提折旧，则其年折旧额为（　　）元。

A. 24 500　　　B. 2 450　　　C. 25 000　　　D. 2 500

11. 下列各项中属于工业企业主营业务收入的是（　　）。

A. 出租固定资产取得的收入　　　　　B. 出售固定资产取得的收入

C. 转让无形资产使用权的使用费收入　　　D. 出售商品取得的收入

12. 企业人力资源管理部门办公大楼的折旧费用应当计入（　　　）。

A. 累计折旧　　　　B. 生产成本　　　　C. 管理费用　　　　D. 销售费用

13. 甲公司 20×2 年年初"利润分配——未分配利润"账户的余额在借方，数额为 50 万元，20×2 年实现净利润 200 万元，提取盈余公积 20 万元，分配利润 50 万元，则 20×2 年年末时未分配利润的数额为（　　　）万元。

A. 130　　　　　　B. 150　　　　　　C. 80　　　　　　D. 180

14. （　　　）账户期末无余额。

A. 本年利润　　　　B. 利润分配　　　　C. 盈余公积　　　　D. 资本公积

15. （　　　）不由"财务费用"科目核算。

A. 利息收入　　　　　　　　　　　B. 利息费用

C. 汇兑损益　　　　　　　　　　　D. 财务部门人员工资

16. 以下经济业务中，应填制转账凭证的是（　　　）。

A. 职工借支差旅费 5 000 元

B. 以现金 2 000 元购买办公用品

C. 销售甲产品收入现金 3 000 元

D. 购入设备一台，价款 60 000 元未付

17. 某企业 20×2 年 9 月 30 日"本年利润"账户的贷方余额为 20 万元，表明（　　　）。

A. 该企业 1—9 月份的净利润为 20 万元

B. 该企业 9 月份的净利润为 20 万元

C. 该企业全年的净利润为 20 万元

D. 该企业 12 月份的净利润为 20 万元

18. 下列不应作为其他业务收入核算的是（　　　）。

A. 产品销售收入　　　　　　　　　B. 材料销售收入

C. 出租无形资产收入　　　　　　　D. 出租固定资产收入

19. 某一般纳税人企业购入甲材料 400 千克、乙材料 600 千克，增值税专用发票上注明甲材料的买价为 16 000 元，乙材料的买价为 18 000 元，增值税为 4 420 元。甲、乙材料共同发生运杂费 4 480 元，其中运费为 4 000 元，运费中允许抵扣的增值税进项税额为 440 元。企业规定按甲、乙材料的重量比例分配采购费用。则甲材料应负担的运杂费为（　　　）元。

A. 1 616　　　　　B. 1 792　　　　　C. 2 424　　　　　D. 2 688

20. 关于会计凭证的保管，下列说法不正确的是（　　　）。

A. 会计凭证应定期装订成册，防止散失

B. 会计主管人员和保管人员应在封面上签章

C. 原始凭证不得外借，其他单位如有特殊原因确实需要使用时，经本单位会计机构负责人、会计主管人员批准，可以复制

D. 经单位领导批准，会计凭证在保管期满前可以销毁

二、多项选择题

1. 会计分录的基本要素包括（　　　）。

A. 记账符号　　　B. 记账时间　　　C. 记账金额　　　D. 科目名称

2. 企业用银行存款偿还应付账款 99 000 元，另用现金偿还应付账款 1 000 元，下列说法正确的有（　　　）。

A. 资产类账户"应付账款"减少 99 000 元，记入该账户的贷方

B. 负债类账户"应付账款"减少 100 000 元，记入该账户的借方

C. 资产类账户"库存现金"减少 1 000 元，记入该账户的借方

D. 资产类账户"银行存款"减少 99 000 元，记入该账户的贷方

3. 下列账户贷方核算增加额的是（　　　）。

A. 主营业务收入　　B. 应付账款　　　　C. 生产成本　　　　D. 管理费用

4. 下列费用应计入管理费用的有（　　　）。

A. 厂部管理人员的工资　　　　　　　B. 车间管理人员的工资

C. 厂部房屋的折旧费　　　　　　　　D. 厂部的办公费

5. 应计入产品成本的费用有（　　　）。

A. 生产工人的工资及福利费　　　　　B. 车间管理人员的工资及福利费

C. 企业管理人员的工资及福利费　　　D. 离退休人员的退休金

6. 企业计算应当支付给职工的工资时所作的会计分录的借方科目可能有（　　　）。

A. 生产成本　　　　B. 制造费用　　　　C. 财务费用　　　　D. 销售费用

7. 下面关于利润核算公式，正确的有（　　　）。

A. 营业收入＝主营业务收入＋其他业务收入

B. 营业利润＝营业收入－营业成本（主营业务成本＋其他业务成本）－税金及附加－销售费用－管理费用－财务费用－资产减值损失＋投资收益

C. 利润总额＝营业利润＋营业外收入－营业外支出

D. 净利润＝利润总额－所得税费用

8. 专用记账凭证按其所反映的经济业务是否与库存现金和银行存款有关，通常可以分为（　　　）。

A. 收款凭证　　　　B. 付款凭证　　　　C. 转账凭证　　　　D. 结算凭证

9. 与单式记账法相比，复式记账法的优点是（　　　）。

A. 对发生的每一项经济业务，只在一个账户中加以登记

B. 可以清楚地反映资金运动的来龙去脉

C. 可以对记录的结果进行试算平衡，以便检查账户记录的正确性

D. 不便于检查账户记录的正确性和完整性

10. 下列关于"生产成本"账户的表述中，不正确的有（　　　）。

A. "生产成本"账户期末肯定无余额

B. "生产成本"账户期末若有余额，肯定在借方

C. "生产成本"账户期末余额代表已完工产品

D. "生产成本"账户期末余额代表本期发生的生产费用总额

11. A 公司原由甲、乙、丙三人投资，三人各投入 100 万元。两年后丁想加入，经协商，甲、乙、丙、丁四人各拥有 100 万元的资本，但丁必须投入 120 万元的银行存款方可拥有 100 万元的资本。若丁以 120 万元投入 A 公司，并已办妥增资手续，则下列表述的项目中能组合在一起形成该项经济业务会计分录的项目是（　　　）。

A. 该笔业务应借记"银行存款"账户 120 万元

B. 该笔业务应贷记"实收资本"账户 100 万元

C. 该笔业务应贷记"资本公积"账户 20 万元

D. 该笔业务应贷记"银行存款"账户 120 万元

12. 期末损益类账户结转时，"本年利润"账户贷方的对应账户分别为（　　　）。

A. 主营业务收入　　　　　　　　　B. 主营业务成本

C. 其他业务收入　　　　　　　　　D. 税金及附加

13. 下列会计科目中，期末结转后一般应无余额的有（　　　）。

A. 管理费用　　　　B. 生产成本　　　　C. 主营业务收入　　　D. 应付账款

14. 以下各项收入，应当计入营业外收入的有（　　　）。

A. 原材料盘盈利得　　　　　　　　B. 固定资产盘盈利得

C. 接收捐赠收入　　　　　　　　　D. 政府补助收入

15. 企业实现的利润要按规定进行分配，即（　　　）。

A. 以所得税形式上交国家　　　　　B. 以盈余公积形式留存企业

C. 以增值税形式上交国家　　　　　D. 以利润形式分配给投资者

16. 某企业 3 月销售一批化妆品，化妆品的成本为 80 万元，为了销售发生推销费用 0.5 万元，化妆品的销售价款为 100 万元，应收取的增值税销项税额为 13 万元，销售该批化妆品应交纳的消费税为 30 万元。根据该项经济业务，下列表述中正确的项目有（　　　）。

A. "主营业务成本"账户应反映借方发生额 80 万元

B. "主营业务收入"账户应反映贷方发生额 100 万元

C. "税金及附加"账户应反映借方发生额 30 万元

D. "销售费用"账户应反映借方发生额 0.5 万元

17. 记账凭证必须具备（　　　）的签名或盖章。

A. 审核人员　　　　B. 会计主管人员　　　　C. 记账人员　　　　D. 制单人员

18. 记账凭证的基本内容包括（　　　）。

A. 记账凭证的名称、填制记账凭证的日期

B. 记账凭证的编号、经济业务事项的内容摘要

C. 经济业务事项所涉及的会计账户及其记账方向

D. 经济业务事项的金额、记账标记

E. 所附原始凭证张数

19. 编制记账凭证的基本要求包括（　　　）。

A. 记账凭证各项内容必须完整

B. 记账凭证应连续编号

C. 记账凭证的书写应清楚、规范

D. 记账凭证可以根据每一张原始凭证填制，或根据若干张同类原始凭证汇总编制，也可以根据原始凭证汇总表填制，但不得将不同内容或类别的原始凭证汇总填制在一张记账凭证上

E. 除结账和更正错误的记账凭证可以不附原始凭证外，其他记账凭证必须附有原始凭证

F. 填制记账凭证时若发生错误，应当重新填制

20. 会计凭证保管的主要要求有（　　　）。

A. 会计凭证应定期装订成册，防止散失

B. 会计凭证封面应内容完整，项目齐全（会计凭证封面应注明单位名称、凭证种类、凭证张数、起止号数、年度、月份、会计主管人员、装订人员等有关事项，会计主管人员和保管人员应在封面上签章）

C. 会计凭证应加贴封条，防止抽换凭证

D. 严格遵守会计凭证的保管期限要求，期满前不得任意销毁

三、判断题

1. 借贷记账法是以"借""贷"作为记账符号，对每一笔经济业务在两个或两个以上相互联系的账户中以相同的方向、相同的金额全面地进行记录的一种复式记账法。　　　　　　　　　　　　　　　　　　　　　　　　　　　　（　　）

2. 在借贷记账法下，一般"借"表示资产、费用、成本的增加和权益、收入的减少，"贷"表示资产、费用、成本的减少和权益、收入的增加。　　　　　（　　）

3. 收入类账户的结构与所有者权益类账户的结构相反。　　　　　　　（　　）

4. 通常会计科目的借方表示增加还是减少，取决于账户的性质和所记录的经济内容的性质。　　　　　　　　　　　　　　　　　　　　　　　　　　　　（　　）

5. 通常制造费用应于期末分配转入各种产品的生产成本。　　　　　　（　　）

6. 购入固定资产业务的会计分录一律应借记"固定资产"账户。　　　（　　）

7. 计提短期借款利息，应贷记"预付账款"。　　　　　　　　　　　（　　）

8. 法定公积累计额达到注册资本的30%以后，可以不再提取。　　　（　　）

9. 企业的未弥补亏损可以用以后年度实现的税前利润进行弥补。　　（　　）

10. 工业企业出租无形资产的收入记入"主营业务收入"科目。　　　（　　）

四、业务题

【工作目标】

训练借贷记账法的运用及试算平衡表的编制。

【工作资料】

启迪公司20×2年3月初各账户期初余额如表3-3-1所示。

表3-3-1　启迪公司20×2年3月初各账户期初余额　　　　　　　　　　　　元

账户名称	借方金额	账户名称	贷方余额
库存现金	3 000	应付账款	77 000
银行存款	200 000	应付职工薪酬	10 000
应收账款	35 000	实收资本	200 000
原材料	49 000		
合计	287 000	合计	287 000

3月份发生下列经济业务：

（1）收到投资人投入的资金200 000元，存入银行。

（2）用库存现金购买一批办公用品，共计 700 元。

（3）收到科达公司偿还前欠货款 35 000 元，款项存入银行。

（4）用银行存款支付前欠腾飞公司采购材料款 50 000 元。

（5）员工陈青竹出差，向财务部门借款 2 000 元，以现金付讫。

（6）陈青竹出差回来，报销差旅费 1 500 元，余款以现金交回。

（7）从工商银行取得短期借款 50 000 元，存入存款账户。

【工作要求】

根据上述经济业务编制会计分录，登记"T"形账户，编制试算平衡表。

五、综合业务题

【工作目标】

训练主要经济业务的会计核算能力。

【工作资料】

惠风有限责任公司是增值税一般纳税人，适用增值税税率为 13%，2024 年 5 月发生下列经济业务：

（1）1 日，向光明公司购进 A 材料 5 000 千克，货款为 21 000 元，注明税额为 2 730元，价税尚未支付，材料尚未验收入库。

（2）8 日，以银行存款 23 730 元偿还前欠光明公司的款项。

（3）10 日，购入不需要安装的设备一台，买价 30 000 元，增值税 5 100 元，发生运杂费 600 元，包装费 400 元，全部款项以转账支票支付。

（4）12 日，本期采购的 A 材料已验收入库。

（5）13 日，生产甲产品耗用 A 材料 1 000 元，生产乙产品耗用 A 材料 1 500 元，车间和厂部各耗用 A 材料 500 元，从仓库领出。

（6）本月甲产品生产工人工资为 5 000 元，乙产品生产工人工资为 6 000 元，车间和行政管理人员工资分别是 5 400 元和 5 800 元，同时按职工工资总额的 10% 计提职工福利费。

（7）16 日，从银行提取现金 16 200 元，并于本日发放工资。

（8）16 日，以现金支付管理部门办公费用 800 元。

（9）20 日，产品完工验收入库，结转完工产品成本，甲产品 125 000 千克为 32 000 元，乙产品 40 000 千克为 26 000 元。

（10）21 日，以银行存款支付产品广告费 5 000 元。

（11）22 日，出售甲产品 1 500 千克，售价 400 元/千克，增值税税率为 13%，价税款已收并存银行。

（12）25 日，向光华厂出售乙产品 2 000 千克，售价 800 元/吨，增值税税率为 13%，价税尚未收到。

（13）31 日，计提应由本月负担，但尚未支付的短期借款利息 2 000 元。

（14）31 日，计提本月固定资产折旧，其中生产车间计提折旧 6 000 元，行政管理部门计提折旧 2 000 元。

（15）31 日，将损益类账户中的收益类账户结转到"本年利润"账户。

（16）31 日，将损益类账户中的费用类账户结转到"本年利润"账户。

（17）31 日，确定本期利润总额，并计算本月应纳所得税，企业所得税税率为 25%。

假定不考虑会计与税法的差异。

（18）根据税后利润的 10% 提取法定盈余公积，剩余利润的 50% 用于向投资者分配利润。

（19）将"利润分配"各明细账户结转入"利润分配——未分配利润"账户。

【工作要求】

根据以上经济业务编制会计分录。

 项 目 评 价 表

项目任务	项目内容	项目完成程度		项目技能掌握程度		
		独立完成	团队完成	优秀	合格	不合格
1. 掌握会计记账方法	1. 会计记账方法					
	2. 会计分录					
	3. 试算平衡					
2. 常见经济业务的会计处理	1. 资金筹集业务的账务处理					
	2. 固定资产业务的账务处理					
	3. 生产费用的归集和分配业务的账务处理					
	4. 材料采购业务的账务处理					
	5. 商品销售业务的账务处理					
	6. 期间费用的账务处理					
	7. 利润的形成和分配业务的账务处理					
3. 学会填制和审核记账凭证	1. 记账凭证的种类					
	2. 记账凭证的填制与审核					
	3. 会计凭证的装订与保管					

项目四 学会汇总经济业务和登记账簿的方法

【知识目标】

1. 了解账簿的作用和种类，了解各类账簿的保管要求和方法。
2. 掌握账簿的设置、格式和登记规则。
3. 掌握对账的内容和要求。
4. 掌握错账更正的方法和适用范围。
5. 掌握结账的要求和方法。

【能力目标】

1. 能正确设置各种账簿，并熟练地进行期初建账。
2. 能正确登记现金日记账和银行存款日记账。
3. 能正确登记总账和各种明细账。
4. 能正确对账和结账。
5. 能选择适当的方法更正错账。
6. 能编制银行存款余额调节表。

【素养目标】

1. 树立脚踏实地、求真务实的意识。
2. 培养严谨认真的工作作风。

【德技并修】

1. 具有坚持准则、提高技能的会计职业道德。
2. 具有辛勤劳动、诚实劳动的劳动精神。
3. 具有一丝不苟、追求卓越的工匠精神。
4. 具有艰苦奋斗、勇于创新的劳模精神。

【项目说明】

本项目旨在让学生掌握基础会计中汇总经济业务和登记账簿的方法。在学习过程中，学生需要了解账簿的种类和作用，了解各类账簿的保管要求和方法，掌握账簿的设置、格式和登记规则，掌握对账、错账更正及结账的规则和方法，掌握各种账簿启用、登记、封账的方法，能编制银行存款余额调节表。

【项目分解】

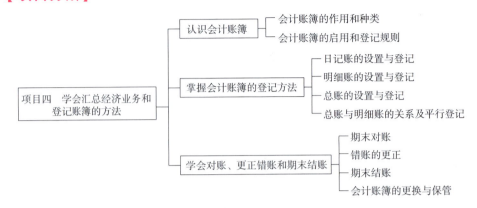

【任务导入】

小刘已经学会用记账凭证来记录发生的经济业务，接下来就要登记账簿了。他咨询小李，应该如何登账呢？小李拿来了库存现金日记账、银行存款日记账、总分类账和三栏式明细账。小刘疑惑了，账簿怎么还分这么多种类呢，到底该选择哪种来登记，又如何登记呢？小李耐心地解释了每种账簿的适用情形和登记方法，小刘顿时觉得：会计工作可真是需要耐心和细致啊！

【任务分析】

1. 了解账簿的种类和作用，了解各类账簿的保管要求和方法。
2. 掌握各种账簿启用、登记、封账的方法，掌握错账更正的方法。

工作任务1　认识会计账簿

一、会计账簿的作用和种类

（一）会计账簿的概念

会计账簿，简称账簿，是指由一定格式的账页组成的，以经过审核的会计凭证为依据，全面、系统、连续地记录各项经济业务的簿籍。会计账簿的外表形式是预先印定某种格式的账页组合即簿籍，会计账簿记录的内容是会计凭证所载各项经济业务数据的系统整理和连续收集。

会计账簿和会计凭证都是记录经济业务的会计资料，但二者记录的方式不同。会计凭证只能反映某一项经济业务的信息资料，对经济业务的记录是零散的，不能全面、连续、系统地反映和监督经济业务内容；会计账簿对经济业务的记录是分类、序时、全面、连续的，能够把分散在会计凭证中的大量核算资料加以集中，形成完整反映一定期间各项经济业务的、系统化的会计信息，为企业经营管理提供系统、完整的核算资料。设置和登记账簿，是编制财务报表的基础，是连接会计凭证和财务报表的中间环节。

（二）会计账簿的基本内容

在实际工作中，由于各种会计账簿所记录的经济业务不同，账簿的外表形式和账页格式也多种多样，但任何账簿的设置与登记都是为了全面、系统、连续地记录各项经济业务，因此，各种账簿都应具备以下基本内容：

1. 封面

封面主要用来标明账簿的名称，如总分类账、各种明细分类账、库存现金日记账（图4-1-1）、库存材料（商品）明细账（图4-1-2）等。

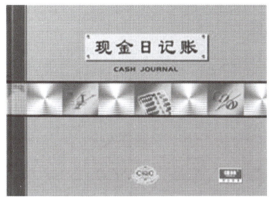

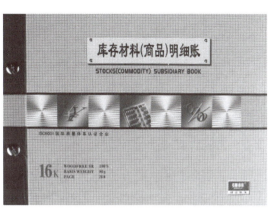

图4-1-1 库存现金日记账　　　　　图4-1-2 库存材料（商品）明细账

2. 扉页

扉页主要指账簿启用及接交表，用来列明会计账簿的使用信息，如单位名称、账簿名称、账簿编号、启用日期、经管人员和接交记录等。账簿启用及接交表格式如表4-1-1所示。

表4-1-1 账簿启用及接交表

单位名称			公　章					
账簿名称	（第　　　册）							
账簿编号								
账簿页数	本账簿共计　　页	（ 本账簿页数 检点人盖章 ）						
启用日期	公元　　年　　月　　日							
经管人员	单位主管		财务主管		复　核		记　账	
	姓名	盖章	姓名	盖章	姓名	盖章	姓名	盖章
接交记录	经管人员		接　管			交　出		
	职别	姓名	年 月 日	盖章		年 月 日		盖章
备注								

3. 账页

账页是账簿用来记录经济业务的主要载体，包括账户的名称、日期栏、凭证种类和编号栏、摘要栏、金额栏，以及总页次和分页次等基本内容，如表4－1－2和表4－1－3所示。

表4－1－2　总分类账

总分类账

总页_____　　分页_____

科目编号_____

科目名称_____

年		凭证号数	摘　要	借方金额										√	贷方金额										√	借或贷	余　额										√
月	日			千	百	十	万	千	百	十	元	角	分		千	百	十	万	千	百	十	元	角	分			千	百	十	万	千	百	十	元	角	分	

表4－1－3　明细账

明细账

总第_____页　分第_____页

____级科目编号及名称_____

____级科目编号及名称_____

年		凭证		摘　要	借方金额											√	贷方金额											√	借或贷	余　额											√
月	日	种类	号数		十	亿	千	百	十	万	千	百	十	元	角	分		十	亿	千	百	十	万	千	百	十	元	角	分			十	亿	千	百	十	万	千	百	十	元	角	分	

（三）会计账簿的分类

企业为了获得不同方面的会计数据，需要设置和登记各种账簿，不同的企业因会计核算和监督的要求不同，使用的账簿也有所差异。会计账簿是由多种账簿构成的体系，各种账簿可以按照用途、账页格式、外形特征等进行分类。

1. 按用途分类

会计账簿按照用途分类，可以分为序时账簿、分类账簿和备查账簿。

1）序时账簿

序时账簿，又称日记账，是指按照经济业务发生的时间先后顺序逐日、逐笔登记的账簿。在我国企业、行政事业单位中，库存现金日记账和银行存款日记账是应用比较广泛的日记账。其格式如表4－1－4和表4－1－5所示。

表 4 - 1 - 4　库存现金日记账

库存现金日记账
　　　　　　　　　　　　　　　　　　　　　　　　　　　第＿＿＿＿＿＿＿页

年		凭证		摘　要	借方金额										✓	贷方金额										✓	余　额										✓
月	日	种类	号数		千	百	十	万	千	百	十	元	角	分		千	百	十	万	千	百	十	元	角	分		千	百	十	万	千	百	十	元	角	分	

表 4 - 1 - 5　银行存款日记账

银行存款日记账

开户行：	第＿＿＿＿＿＿＿页
账　号：	

年		凭证		摘　要	借方金额										✓	贷方金额										✓	余　额										✓
月	日	种类	号数		千	百	十	万	千	百	十	元	角	分		千	百	十	万	千	百	十	元	角	分		千	百	十	万	千	百	十	元	角	分	

2）分类账簿

　　分类账簿，是指按照分类账户设置登记的账簿。分类账簿是会计账簿的主体，也是编制财务报表的主要依据。分类账簿按其反映经济业务的详略程度，可分为总分类账簿和明细分类账簿。

　　总分类账簿，简称总账，是指根据总分类账户开设的，总括地反映某经济活动的账簿；总分类账簿主要为编制财务报表提供直接数据资料，通常采用三栏式，其格式如表 4 - 1 - 2 所示。明细分类账簿，简称明细，是指根据明细分类账户开设的，用来提供明细核算资料的账簿。明细分类账簿可采用的格式主要有三栏式明细账（表 4 - 1 - 3）、多栏式明细账（表 4 - 1 - 6）、数量金额式明细账（表 4 - 1 - 7）等。

表 4 - 1 - 6　多栏式明细账

多栏式明细账

总第＿＿＿＿＿＿　页　分第＿＿＿＿＿＿页
＿＿级科目编号及名称＿＿＿＿＿＿＿＿＿＿
＿＿级科目编号及名称＿＿＿＿＿＿＿＿＿＿

年		凭证号数	摘　要	借　方										贷　方										借或贷	余　额										（　　）方项目																															
月	日			千	百	十	万	千	百	十	元	角	分	千	百	十	万	千	百	十	元	角	分		千	百	十	万	千	百	十	元	角	分	千	百	十	万	千	百	十	元	角	分	千	百	十	万	千	百	十	元	角	分	千	百	十	万	千	百	十	元	角	分

表 4 – 1 – 7　数量金额式明细账

数量金额式明细账　　分页_____　总页_____

最高存量_____　　　　　　　　　　　　编号、名称_____

最低存量_____　储备天数_____　存放地点_____　计量单位_____　规格_____　类别_____

年		凭证		摘要	收入（借方）			发出（贷方）			结存		
月	日	种类	号数		数量	单价	金额 千百十万千百十元角分	数量	单价	金额 千百十万千百十元角分	数量	单价	金额 千百十万千百十元角分

3）备查账簿

备查账簿，又称辅助登记账簿或补充登记账簿，是指对某些在序时账簿和分类账簿中未能记载或记载不全的经济业务进行补充登记的账簿。例如，反映企业租入固定资产的"租入固定资产登记簿"、反映为其他企业代管商品的"代管商品物资登记簿"等。

备查账簿只是对其他账簿记录的一种补充，与其他账簿之间不存在严密的依存和勾稽关系。备查账簿根据企业的实际需要设置，没有固定的格式要求。

2. 按账页格式分类

会计账簿按照账页格式分类，主要分为三栏式账簿、多栏式账簿、数量金额式账簿。

1）三栏式账簿

三栏式账簿是指设有借方、贷方和余额三个金额栏目的账簿。根据账簿摘要栏和借方金额栏之间是否设"对方科目"栏，又分为设对方科目和不设对方科目两种，前者称为设对方科目的三栏式账簿，后者称为不设对方科目的三栏式账簿，也称一般三栏式账簿。

三栏式账页是最简单的一种格式，几乎适用于所有的账簿，金额栏应当分别设"借方""贷方"和"余额"三个栏次。不同的账簿，记账要求即使不同，其格式也不外乎三栏式的变形。各种日记账、总账以及资本、债权债务类明细账都可以采用三栏式账簿。其格式与总账的格式基本相同。

2）多栏式账簿

多栏式账簿是指在账簿的两个金额栏目（借方和贷方）按需要分设若干专栏的账簿。收入、成本、费用明细账一般采用多栏式账簿。

按照专栏设置的具体位置，多栏式账簿又可以细分为借方多栏式账簿、贷方多栏式账簿和借贷方多栏式账簿三种形式。

（1）借方多栏式账簿是指账簿的借方金额栏分设若干专栏的多栏式账簿，一般适用于成本、费用明细账，如生产成本明细账（表 4 – 1 – 8）、管理费用明细账等（表 4 – 1 – 9）。

表 4 – 1 – 8　生产成本明细账

生产成本明细账

总第_____ 页　分第_____页

____一____级科目编号及名称__生产成本__

____二____级科目编号及名称__松木沙发__

年		凭证号数	摘要	借方	贷方	借或贷	余额	（借）方项目		
月	日			千百十万千百十元角分	千百十万千百十元角分		千百十万千百十元角分	直接材料 千百十万千百十元角分	直接人工 千百十万千百十元角分	制造费用 千百十万千百十元角分 千百十万千百十元角分

表 4 – 1 – 9　管理费用明细账

管理费用明细账

总第_____ 页　分第_____页

____一____级科目编号及名称__管理费用__

____级科目编号及名称_____

年		凭证号数	摘要	借方	贷方	借或贷	余额	（借）方项目			
月	日			千百十万千百十元角分	千百十万千百十元角分		千百十万千百十元角分	办公费 千百十万千百十元角分	业务招待费 千百十万千百十元角分	水电费 千百十万千百十元角分	其他 千百十万千百十元角分

（2）贷方多栏式账簿是指账簿的贷方金额栏分设若干专栏的多栏式账簿，一般适用于收入明细账，如主营业务收入明细账等（表 4 – 1 – 10）。

表 4 – 1 – 10　主营业务收入明细账

主营业务收入明细账

总第_____ 页　分第_____页

____一____级科目编号及名称__主营业务收入__

____级科目编号及名称_____

年		凭证号数	摘要	借方	贷方	借或贷	余额	（贷）方项目			
月	日			千百十万千百十元角分	千百十万千百十元角分		千百十万千百十元角分	松木衣柜 千百十万千百十元角分	松木沙发 千百十万千百十元角分	水曲柳木衣柜 千百十万千百十元角分	水曲柳木沙发 千百十万千百十元角分

（3）借贷方多栏式账簿是指账簿的借方金额栏和贷方金额栏分别分设若干专栏的多栏式账簿，最典型的适用对象是一般纳税人使用的应交增值税明细账，如表 4 – 1 – 11 所示。

表 4 – 1 – 11 应交税费——应交增值税明细账

应交税费——应交增值税明细账

总第_____ 页 分第_____ 页

一级科目编号及名称 应交税费

二级科目编号及名称 应交增值税

年		凭证号数	摘 要	（ 借 ）方 项 目				销项税额	（ 贷 ）方 项 目		
月	日			进项税额	已交税金	转出未交增值税	合计		出口退税	进项税额转出	合计

3）数量金额式账簿

数量金额式账簿是指在账簿的借方、贷方和余额三个栏目内，每个栏目再分设数量、单价和金额三个小栏，借以反映财产物资的实物数量和价值量的账簿。原材料、库存商品等明细账一般采用数量金额式账簿，如表 4 – 1 – 7 所示。

3. 按外形特征分类

会计账簿按照外形特征分类，可以分为订本式账簿、活页式账簿、卡片式账簿。

1）订本式账簿

订本式账簿，简称订本账，是指在启用前将编有顺序页码的一定数量账页装订成册的账簿。

订本式账簿的优点是能防止账页散失和抽换账页；其缺点是不能准确为各账户预留账页，且在同一时间内只能由一人登记，不便于记账人员分工协作记账，欠灵活性。因此，订本式账簿一般适用于具有统驭性、重要性，只应该或只需要一个人登记的账簿，总分类账、库存现金日记账和银行存款日记账一般都使用订本式账簿。

2）活页式账簿

活页式账簿，简称活页账，是指将一定数量的账页置于活页夹内，可根据记账内容的变化而随时增加或减少部分账页的账簿。活页式账簿的优点是记账时可以根据实际需要，随时将空白账页装入账簿，或抽去不需要的账页，便于分工记账；缺点是如果管理不善，可能会造成账页散失或故意抽换账页。活页式账簿一般适用于明细分类账。

3）卡片式账簿

卡片式账簿，简称卡片账，是指将一定数量的卡片式账页存放于专设的卡片箱中，可以根据需要随时增添账页的账簿。采用这种账簿，灵活方便，可以使记录的内容详细具体，可以跨年度使用而无须更换账页，也便于分类汇总和根据管理的需要转移卡片，但这种账簿的账页容易散失和被抽换。因此，使用时应在卡片上连续编号，以保证安全。

卡片式账簿一般适应于账页需要随着物资使用或存放地点的转移而重新排列的明细账，如固定资产明细分类账，一般采用卡片式。严格说来，卡片账也是一种活页账，不过它不是装在活页夹中，而是保存在卡片箱内。

在我国，企业一般只对固定资产的核算采用卡片账，也有少数企业在材料核算中使用材料卡片账。

二、会计账簿的启用和登记规则

（一）启用账簿

会计账簿是重要的会计档案，为了保证会计账簿记录的严肃性、合法性和资料的完整性，并明确记账责任，启用会计账簿时应完成以下工作：

1. 填写账簿的封面（或封皮）

账簿封面的主要内容是记账单位的名称和账簿的名称，其中，记账单位的名称应填写全称，如果企业所购账簿的封面已印制账簿的名称，则不需要填写。

2. 填写账簿的扉页

账簿的扉页即账簿启用及接交表，其主要内容和填写要求如下：

（1）单位名称，应填写全称，需与企业公章内容一致。

（2）账簿名称。

（3）账簿编号，规模较大、账簿较多的企业，按照企业档案分配的会计档案编码区域编号；规模较小、账簿较少的企业，则按照总账、现金日记账、银行存款日记账、明细账顺序编号，一般在归档时编号。

（4）账簿页数，启用订本式账簿应当从第一页到最后一页顺序编定页数，不得跳页、缺号；使用活页式账簿应当按账户顺序编号，并须定期装订成册，装订后再按实际使用的账页顺序编定页码，另加目录以便于记明每个账户的名称和页次。

（5）启用日期。

（6）经管人员，包括单位主管、财务主管、复核和记账人员等均应加盖人名章。

（7）接交记录，记账人员或会计机构负责人、会计主管人员调动工作时，应当注明接交日期、接办人员或监交人员姓名，并由接交双方人员签名或盖章。

（8）公章，即企业公章。

账簿扉页的格式与内容如表 4-1-12 所示（以总分类账为例）。

表 4-1-12　账簿启用及接交表

单位名称	赣州源玺家具有限公司					公　　章		
账簿名称	总分类账			（第一册）				
账簿编号	01							
账簿页数	本账簿共计 100 页			本账簿页数 100 检点人盖章 吴靖宜				
启用日期	公元 20X1 年 01 月 01 日							

经管人员	单位主管		财务主管		复　核		记　账	
	姓　名	盖章	姓　名	盖章	姓　名	盖章	姓　名	盖章
	肖弃霖	肖弃霖	吴靖宜	吴靖宜	吴靖宜	吴靖宜	王可	王可

接交记录	经管人员		接　管			交　出		
	职别	姓　名	年	月	日	盖章	年	月	日	盖章
备注								

（二）登记规则

为了保证账簿记录的正确性，必须根据审核无误的会计凭证登记会计账簿，并符合有关法律、行政法规和国家统一的会计制度的规定。

（1）登记会计账簿时，应当将会计凭证日期、编号、业务内容摘要、金额和其他有关资料逐项记入账内。账簿记录中的日期，应该填写记账凭证上的日期；以自制原始凭证（如收料单、领料单等）作为记账依据的，账簿记录中的日期应按有关自制原始凭证上的日期填列。

（2）为了保持账簿记录的持久性，防止涂改，登记账簿必须使用蓝黑墨水或碳素墨水书写，不得使用圆珠笔（银行的复写账簿除外）或者铅笔书写。

以下情况可以使用红墨水记账：

①按照红字冲账的记账凭证，冲销错误记录；

②在不设借、贷等栏的多栏式账页中，登记减少数；

③在三栏式账户的余额栏前，如未印明余额方向，在余额栏内登记负数余额；

④根据国家规定可以用红字登记的其他会计记录。

除上述情况外，不得使用红色墨水登记账簿。

（3）会计账簿应当按照连续编号的页码顺序登记。记账时发生错误或者隔页、缺号、跳行的，应在空页、空行处用红色墨水划对角线注销，或者注明"此页空白"或"此行空白"字样，并由记账人员和会计机构负责人（会计主管人员）在更正处签章。

（4）凡需要结出余额的账户，结出余额后，应当在借或贷栏内注明"借"或"贷"字样，以示余额的方向；对于没有余额的账户，应在借或贷栏内写"平"字，并在余额栏"元"位处用"θ"表示。

库存现金日记账和银行存款日记账必须逐日结出余额。

（5）每一账页登记完毕时，应当结出本页发生额合计及余额，在该账页最末一行摘要栏注明"转次页"或"过次页"，并将这一金额记入下一页第一行有关金额栏内，该行摘要栏注明"承前页"，以保持账簿记录的连续性，便于对账和结账。

（6）账簿记录发生错误时，不得刮擦、挖补或用褪色药水更改字迹，而应采用规定的方法更正。

工作任务2　掌握会计账簿的登记方法

一、日记账的设置与登记

日记账，是指按照经济业务发生或完成的时间先后顺序逐日逐笔登记的账簿。设置日记账的目的，是使经济业务的时间顺序清晰地反映在账簿记录中。在我国，大多数企业一般只设库存现金日记账和银行存款日记账。

（一）库存现金日记账的设置与登记

库存现金日记账是用来序时地反映库存现金收入、支出和结余情况的序时账簿。库存现金日记账的格式主要是三栏式。库存现金日记账必须使用订本账。

三栏式库存现金日记账，设借方、贷方和余额三个金额栏目。由出纳人员根据库存现金收款凭证、库存现金付款凭证以及银行存款付款凭证，按照库存现金收、付款业务和银行存款付款业务（从银行提取现金）发生的时间先后顺序逐日逐笔登记。

三栏式库存现金日记账的登记方法如下：

1. 日期栏

日期栏，是记账凭证的日期，应与库存现金实际收付日期一致。

2. 凭证栏

凭证栏，是登记入账的收付款凭证的种类和编号，如"库存现金收（付）款凭证"，简写为"现收（付）"；"银行存款收（付）款凭证"，简写为"银收（付）"，"收款凭证"简写为"收"，"通用记账凭证"简写为"记"。凭证栏还应登记凭证的编号数，以便于查账和核对。

3. 摘要栏

摘要栏，简要说明登记入账的经济业务的内容。

4. 对方科目栏

对方科目栏，有的库存现金日记账设有对方科目栏，是库存现金收入的来源科目或支出的用途科目，即该笔业务与本项记录（库存现金收入或支出）对应的应记科目名称。如从银行提取现金，其对方科目为"银行存款"。

5. 借方栏

借方栏，即实收库存现金的金额（记账凭证中库存现金科目借方金额）及每日收入合计数和每月合计数。

6. 贷方栏

贷方栏，即实付库存现金的金额（记账凭证中库存现金科目贷方金额）及每日合计数和每月合计数。

7. 余额栏

余额栏，即每日（月）终了实际结存的库存现金。

每日终了，应分别计算库存现金收入和支出的合计数，并结出余额，同时将余额与出纳人员的库存现金核对。如账款不符，应查明原因，记录备案。月终同样要计算库存现金收、支和结存的合计数。

库存现金日记账的登记格式如表4-2-1所示。

（二）银行存款日记账的设置与登记

银行存款日记账是用来序时地反映银行存款收入、支出和结余情况的序时账簿。银行存款日记账的格式主要是三栏式。银行存款日记账必须使用订本账，应按企业在银行开立的账户和币种分别设置，每个银行账户设置一本日记账。

三栏式银行存款日记账设借方、贷方和余额三个金额栏目，由出纳人员根据银行存款收款凭证、银行存款付款凭证以及库存现金付款凭证，按照银行存款收、付款业务和库存现金付款业务（将现金存入银行）发生的时间先后顺序逐日逐笔登记。

银行存款日记账的登记方法与库存现金日记账的登记方法基本相同，其登记格式如表4-2-2和表4-2-3所示。

表4-2-1 库存现金日记账

登记日期　填列凭证的种类和编号　简要说明经济业务的内容　填列增加额　填列减少额　计算余额

库存现金日记账

第 015 页

20X1年 月	日	凭证 种类	号数	摘　要	借方金额	√	贷方金额	√	余　额	√
12	01			承前页	1 180 000 00		117 500 00		2 600 00	
12	03	记	003	报销差旅费			1 200 00		1 400 00	
12	05	记	007	报销办公费			900 00		500 00	
12	15	记	025	从银行提取现金	10 000 00				10 500 00	
12	23	记	038	报销业务招待费			7 000 00		3 500 00	
12	27	记	044	报销洗车费			1 000 00		2 500 00	
12	31			本月合计	10 000 00		10 100 00		2 500 00	
12	31			本年累计	1 280 000 00		1 276 000 00		2 500 00	
12	31			结转下年						

表4-2-2 银行存款日记账

银行存款日记账

第 024 页

开户行: 交通银行赣州分行
账　号: 0428796457895216842

20X1年 月	日	凭证 种类	号数	摘　要	借方金额	√	贷方金额	√	余　额	√
12	01			承前页	65 652 417 69		61 521 391 08		4 594 561 42	
12	03	记	004	购入原材料			2 400 000 00		2 194 561 42	
12	05	记	006	收田前欠货款	3 000 000 00				5 194 561 42	
12	07	记	010	支付运费			300 000 00		4 894 561 42	
12	08	记	012	缴纳税费			200 000 00		4 694 561 42	
12	10	记	015	发放工资			2 354 160 00		2 340 401 42	
12	12	记	016	缴纳社会保险费和工会经费			61 200 00		2 279 201 42	
12	12	记	017	缴纳住房公积金			282 499 20		1 996 702 22	
12	13	记	023	销售商品	7 020 000 00				9 016 702 22	
12	16	记	027	支付广告费			101 600 00		8 915 102 22	
12	18	记	030	购入原材料			7 241 876 25		1 673 225 97	
12	20	记	031	销售原材料	10 000 000 00				2 673 225 97	
12	22	记	036	支付职工培训费			600 000 00		2 073 225 97	
12	24	记	041	偿还前欠货款			1 000 000 00		1 073 225 97	
12	26	记	043	支付顾问费			50 000 00		1 023 225 97	
12	27	记	046	支付电话费			1 624 83		1 021 601 14	
12	27			过次页	75 672 417 69		75 114 351 36		1 021 601 14	

表 4 - 2 - 3　银行存款日记账

银行存款日记账

开户行：交通银行赣州分行
账　号：0428759645789521 6842

第 025 页

20X1年 月 日	凭证 种类	凭证 号数	摘要	借方金额 千百十万千百十元角分	√	贷方金额 千百十万千百十元角分	√	余额 千百十万千百十元角分	√
12 27			承前页	7 5 6 7 2 4 1 7 6 9		7 5 1 1 4 3 5 1 3 6		1 0 2 1 6 0 1 1 4	
12 28	记	048	销售商品	3 0 0 0 0 0 0 0 0 0				4 0 2 1 6 0 1 1 4	
12 31	记	052	支付借款利息			3 0 0 0 0 0 0		3 9 9 1 6 0 1 1 4	
12 31	记	053	收回前欠货款	5 0 0 0 0 0 0 0 0 0				8 9 9 1 6 0 1 1 4	
12 31	记	054	支付并分配水费			1 1 0 0 0 0 0		8 9 8 0 6 0 1 1 4	
12 31	记	055	支付并分配电费			3 6 0 0 0 0 0		8 9 4 4 6 0 1 1 4	
12 31			本月合计	1 8 0 2 0 0 0 0 0 0 0		1 3 6 6 9 9 6 0 2 8		8 9 4 4 6 0 1 1 4	
12 31			本年累计	8 3 6 7 2 4 1 7 6 9		7 5 1 9 1 3 5 1 3 6		8 9 4 4 6 0 1 1 4	
12 31			结转下年					8 9 4 4 6 0 1 1 4	

二、明细账的设置与登记

明细分类账是根据有关明细分类账户设置并登记的账簿。它能提供交易或事项比较详细、具体的核算资料，以弥补总账所提供核算资料的不足。因此，各单位在设置总账的同时，还应设置必要的明细账。明细分类账一般采用活页式账簿、卡片式账簿。明细分类账一般根据记账凭证和相应的原始凭证来登记。

（一）三栏式明细账的设置与登记

三栏式明细账（三栏式账页），是设有借方、贷方和余额三个栏目，用以分类核算各项经济业务，提供详细核算资料的账簿，其格式与三栏式总账格式相同。三栏式明细账的登记格式如表 4 - 2 - 4 所示。

表 4 - 2 - 4　三栏式明细账

应收账款 明细账

总第 50 页 分第 12 页
二级科目编号及名称　应收账款
三级科目编号及名称　华艺家具

20X1年 月 日	凭证 种类	凭证 号数	摘要	借方金额 十亿千百十万千百十元角分	√	贷方金额 十亿千百十万千百十元角分	√	借或贷	余额 十亿千百十万千百十元角分	√
11 16			承前页	1 0 8 7 6 3 2 0 0 0		8 1 5 7 2 4 0 0 0		借	3 0 0 0 0 0 0 0 0	
11 16	记	032	收回前欠货款			2 0 0 0 0 0 0 0 0		借	1 0 0 0 0 0 0 0 0	
12 01	记	002	销售商品	2 0 0 0 0 0 0 0 0				借	3 0 0 0 0 0 0 0 0	
12 05	记	006	收回前欠货款			3 0 0 0 0 0 0 0 0		平	0 0 0	
12 31			本年累计	1 2 8 7 6 3 2 0 0 0		1 3 1 5 7 2 4 0 0 0		平	0 0 0	

（二）多栏式明细账的设置与登记

多栏式明细账（即多栏式账页）将属于同一个总账科目的各个明细科目合并在一张账

页上进行登记，即在这种格式账页的借方或贷方金额栏内按照明细项目设若干专栏。这种格式适用于收入、成本、费用类科目的明细核算。

多栏式明细账的登记格式如表4－2－5所示。

表4－2－5　多栏式明细账

生产成本 明细账

总第 50 页　分第 10 页

一 级科目编号及名称　生产成本
二 级科目编号及名称　松木沙发

20X1年		凭证号数	摘要	借方	贷方	借或贷	余额	直接材料	直接人工	制造费用	(借)方项目
月	日										
12	31		承前页	1 267 200.00	1 050 000.00	借	4 200 000.00	300 000.00	700 000.00	500 000.00	
12	31	记049	结转发出材料成本	1 200 000.00		借	5 400 000.00	1 200 000.00			
12	31	记056	分配职工薪酬	154 760.00		借	6 947 60.00		154 760.00		
12	31	记057	分配制造费用	350 000.00		借	729 760.00			350 000.00	
12	31	记058	结转完工产品成本		4 800 000.00	借	2 497 60.00	2 880 000.00	1 344 000.00	576 000.00	
12	31		本月合计	3 097 60.00	4 800 000.00	借	2 497 60.00	1 680 000.00	2 036 000.00	2 260 000.00	
12	31		本年累计	15 859 60.00	15 300 000.00	借	2 497 60.00	1 320 000.00	9 036 000.00	2 740 000.00	
12	31		结转下年			借	2 497 60.00	1 320 000.00	9 036 000.00	2 740 000.00	

（三）数量金额式明细账的设置与登记

数量金额式明细账（即数量金额式账页）适用于既要进行金额核算又要进行数量核算的账户，如原材料、库存商品等存货账户，其借方（收入）、贷方（发出）和余额（结存）都分别设有数量、单价和金额三个专栏。数量金额式账页提供了企业有关财产物资数量和金额收、发、存的详细资料，从而能加强财产物资的实物管理和使用监督，保证财产物资的安全完整。

数量金额式明细账的登记格式如表4－2－6所示。

表4－2－6　数量金额式明细账

原材料明细账

分页 07　总页 50

最高存量 2000.00
最低存量 500.00　储备天数
存放地点 1号仓库　计量单位 m³
编号、名称 松木
规格
类别 原料及主要材料

20X1年		凭证		摘要	收入（借方）			发出（贷方）			结存		
月	日	种类	号数		数量	单价	金额	数量	单价	金额	数量	单价	金额
12	01			承前页	4800.00		19 200 000.00	4000.00		16 000 000.00	800.00	4000.00	3 200 000.00
12	07	记	011	购入原材料	500.00	4000.00	2 000 000.00				1300.00	4000.00	5 200 000.00
12	31	记	049	结转发出材料成本				600.00	4000.00	2 400 000.00	700.00	4000.00	2 800 000.00
12	31			本月合计	500.00		2 000 000.00	600.00		2 400 000.00	700.00	4000.00	2 800 000.00
12	31			本年累计	5300.00		21 200 000.00	4600.00		18 400 000.00	700.00	4000.00	2 800 000.00
12	31			结转下年							700.00	4000.00	2 800 000.00

三、总账的设置与登记

总分类账是指按照总分类账户分类登记以提供总括会计信息的账簿。总分类账最常用的格式为三栏式，设有借方、贷方和余额三个金额栏目。

总分类账的登记方法是由各单位所采用的账务处理程序来决定的，一般有以下三种方法：一是直接根据记账凭证逐笔登记总分类账，这种方法适用于经济业务少的小型单位；二是先根据记账凭证定期编制汇总记账凭证，然后根据汇总记账凭证登记总分类账，这种方法适用于经济业务多的大中型单位；三是先根据记账凭证定期编制科目汇总表，然后根据科目汇总表登记总分类账，这种方法适用于经济业务多的大中型单位。

下面介绍最常用的两种登记总账的方法，即直接根据记账凭证逐笔登记总分类账和根据科目汇总表登记总分类账。

（一）直接根据记账凭证逐笔登记总分类账

这种方式是把记账凭证逐笔登记在总分类账上，它是会计账务处理程序中最基本的一种核算形式，其他账务处理程序基本上是在这种处理程序的形式上发展和演变而来的。该方法下总分类账的登记格式如表 4 - 2 - 7 所示。

表 4 - 2 - 7　总分类账

总分类账

总页 __100__　分页 __01__
科目编号 __4001__
科目名称 __实收资本__

20X1年 月	日	凭证 号数	摘要	借方金额 千 百 十 万 千 百 十 元 角 分	√	贷方金额 千 百 十 万 千 百 十 元 角 分	√	借或贷	余额 千 百 十 万 千 百 十 元 角 分	√
12	01		承前页			5 0 0 0 0 0 0		贷	5 0 0 0 0 0 0	
12	02	记02	收到科瑞公司投资款			5 0 0 0 0 0 0		贷	5 5 0 0 0 0 0	
12	06	记04	收到腾达公司投资款			1 0 0 0 0 0 0		贷	6 5 0 0 0 0 0	
12	08	记05	收到乐佳公司投资款			1 0 0 0 0 0 0		贷	7 5 0 0 0 0 0	
12	31		本月合计			7 0 0 0 0 0 0		贷	7 5 0 0 0 0 0	
12	31		本年累计			7 5 0 0 0 0 0		贷	7 5 0 0 0 0 0	
12	31		结转下年			7 5 0 0 0 0 0		贷	7 5 0 0 0 0 0	

知识链接

记账凭证账务处理程序是指对发生的经济业务事项，都要根据原始凭证或汇总原始凭证编制记账凭证，然后直接根据记账凭证逐笔登记总分类账的一种账务处理程序。它是最基本的账务处理程序。

（1）根据原始凭证编制汇总原始凭证。

（2）根据原始凭证或汇总原始凭证，编制记账凭证。

（3）根据收款凭证、付款凭证逐笔登记库存现金日记账和银行存款日记账。

（4）根据原始凭证、汇总原始凭证和记账凭证，登记各种明细分类账。

（5）根据记账凭证逐笔登记总分类账。

（6）期末，将库存现金日记账、银行存款日记账和明细分类账的余额同有关总分类账的余额核对相符。

（7）期末，根据总分类账和明细分类账的记录，编制财务报表。

记账凭证账务处理程序简单明了，易于理解，总分类账可以较详细地反映经济业务的发生情况。其缺点是：登记总分类账的工作量较大。该账务处理程序适用于规模较小、经济业务量较少的单位。

（二）根据科目汇总表登记总分类账

科目汇总表是根据专用记账凭证或通用记账凭证汇总编制的。具体来说，科目汇总表是按照相同的账户进行归类，定期分别汇总每一账户的借、贷方发生额编制而成的。

科目汇总表的编制时间应该根据企业业务量的多少来确定，一般是按月、旬或15天汇总一次。根据科目汇总表登记总分类账时，只需要将该表中汇总的各个科目的本期借方、贷方发生额的合计数，分次或月末一次记入相应总分类账的借方或贷方。

科目汇总表的具体编制方法如下：

（1）把一定时期内全部记账凭证按照相同科目归类（可借助于"T"形账户作为工作底稿）。

（2）计算每一个会计科目的本期借方发生额和本期贷方发生额。

（3）将各科目的本期借方发生额和本期贷方发生额填入科目汇总表相关栏内，并分别计算出借方、贷方发生额合计数，进行试算平衡。

以科目汇总表为登记依据时，总分类账的登记格式如表4-2-8所示。

表4-2-8 总分类账

总分类账

总页 100　分页 04
科目编号 1002
科目名称 银行存款

20X1年		凭证号数	摘　要	借方金额										√	贷方金额										√	借或贷	余　额										√
月	日			千	百	十	万	千	百	十	元	角	分		千	百	十	万	千	百	十	元	角	分			千	百	十	万	千	百	十	元	角	分	
12	01		承前页	6	5	6	5	2	4	1	7	6	9		6	1	5	2	1	3	9	1	0	8		借		4	5	9	4	5	6	1	4	2	
12	31	科汇12	12月份科目汇总表	1	8	0	2	0	0	0	0	0	0		1	3	6	6	9	9	6	0	2	8		借		8	9	4	4	6	0	1	1	4	
12	31		本年累计	8	3	6	7	2	4	1	7	6	9		7	5	1	9	1	3	5	1	3	6		借		8	9	4	4	6	0	1	1	4	
12	31		结转下年																							借		8	9	4	4	6	0	1	1	4	

> **知识链接**
>
> 科目汇总表账务处理程序是根据记账凭证定期编制科目汇总表，再根据科目汇总表登记总分类账的一种账务处理程序。
>
> （1）根据原始凭证编制汇总原始凭证。
>
> （2）根据原始凭证或汇总原始凭证编制记账凭证。
>
> （3）根据收款凭证、付款凭证逐笔登记库存现金日记账和银行存款日记账。
>
> （4）根据原始凭证、汇总原始凭证和记账凭证登记各种明细分类账。
>
> （5）根据各种记账凭证编制科目汇总表。
>
> （6）根据科目汇总表登记总分类账。
>
> （7）期末，将库存现金日记账、银行存款日记账和明细分类账的余额同有关总分类账额核对相符。
>
> （8）期末，根据总分类账和明细分类账的记录，编制财务报表。

科目汇总表也称记账凭证汇总表，它是将一定时期的全部记账凭证按会计科目汇总编制的汇总记账凭证。它集中反映了企业一定时期经济业务的发生情况，便于分析登记总账。规模较大、经济业务较多的单位多采用科目汇总表方式，其格式如表4-2-9所示。

表 4 – 2 – 9　科目汇总表

年　月　日至　月　日　　　　　　　　凭证号：1 –　号　　　　　　　　科汇第　号

会计科目	借方金额	贷方金额	会计科目	借方金额	贷方金额
合计			合计		

财会主管：　　　　　　记账：　　　　　　复核：　　　　　　制表：

编制科目汇总表，就是将一定时期内所有的会计科目合并同类项，即对相同的会计科目进行金额汇总。如编制 20×2 年 12 月 1 日至 31 日的科目汇总表，就应该将这 31 天内涉及的会计科目填入汇总表中，然后分别将每个科目的借方和贷方金额加总，填入科目汇总表中的借方金额和贷方金额，再将所有会计科目本期借方发生额与贷方发生额合计，形成一张 20×2 年 12 月 1 日至 31 日的所有会计科目汇总的平衡表。经审核无误后，可用于登记总账。

在实际工作中，可以通过编制"T"形账户对本期各个会计科目的发生额进行汇总，也可以直接对每个会计科目进行加总计算填列。

科目汇总表账务处理程序减轻了登记总分类账的工作量，并可做到试算平衡，简明易懂，方便易学。其缺点是：科目汇总表不能反映账户对应关系，不便于查对账目。它适用于经济业务较多的单位。

四、总账与明细账的关系及平行登记

（一）总分类账与明细分类账的关系

1. 总分类账与明细分类账的联系

（1）两者所反映的经济业务内容相同，如总分类账"原材料"与其所属的明细分类账"原料及主要材料""辅助材料"等都记录原材料的收入、发出和结存。

（2）两者记账的原始依据相同，都是以"收料单""领料单"和"发出材料汇总表"等原始凭证为依据的。

2. 总分类账与明细分类账的区别

（1）两者反映经济业务内容的详细程度不同，总分类账户提供某科目增减变化的总括情况，而明细分类账户提供该科目增减变化的详细情况，总分类账户只反映价值量信息，有的明细分类账户还反映实物量信息。

（2）两者的作用不同，总分类账户所核算的数据资料是所属明细分类账户所核算数据资料的综合，对所属明细分类账户起统驭作用；明细分类账户所核算的数据资料是对总分类账户核算的补充，起补充和详细说明作用。

（二）总分类账与明细分类账的平行登记

平行登记，是指对所发生的每项经济业务都要以会计凭证为依据，一方面记入有关总分类账户，另一方面记入所辖明细分类账户的方法。

总分类账户与明细分类账户平行登记的要点如下：

1. 记账方向相同

在总分类账户及其所辖明细分类账户中登记同一项经济业务时，方向应当相同。即在总分类账户中记入借方，在其所辖的明细分类账户中也应记入借方；在总分类账户中记入贷方，在其所辖的明细分类账户中也应记入贷方。

需要说明的是，多栏式收入明细账因不设借方专栏，发生退货冲减收入时，用红字在"主营业务收入"明细账户的贷方登记；多栏式费用明细账因不设贷方专栏，发生应冲减费用的业务（如收到存款利息应冲减"财务费用"账户）时，用红字在"财务费用"明细账户的借方登记。

2. 记账期间一致

同一项经济业务，记入总分类账户和所辖明细分类账户的具体时间可以有先后，但应在同一会计期间记入总分类账户和所辖明细分类账户。

3. 记账金额相等

每一笔经济业务，记入总分类账户的金额必须与记入其所辖的一个或几个明细分类账户的金额合计数相等。即记入总分类账户的借方金额应与记入其所属各明细分类账户借方金额（包括用红字记入贷方的金额）之和相等，记入总分类账户的贷方金额应与记入其所属各明细分类账户贷方金额（包括用红字记入借方的金额）之和相等。

由于总分类账户与其所属明细分类账户必须平行登记，因而总分类账户与其所属各明细分类账户的金额之间存在下列关系：

总分类账户期初借（贷）方余额 = 所属各明细分类账户期初借（贷）方余额之和

总分类账户本期借方发生额 = 所属各明细分类账户本期借方发生额之和

总分类账户本期贷方发生额 = 所属各明细分类账户本期贷方发生额之和

总分类账户期末借（贷）方余额 = 所属各明细分类账户期末借（贷）方余额之和

【例 4-2-1】赣州源玺家具有限公司 20×1 年 12 月"应付账款"总分类账期初余额为 5 000 000 元，所属明细分类账户"应付账款——森豪木材"和"应付账款——江西百强"的期初余额分别为 4 000 000 元和 1 000 000 元。假设本月涉及"应付账款"账户的经济业务只有两笔，相关记账凭证如表 4-2-10 和表 4-2-11 所示，请据此登记"应付账款"总分类账和明细分类账。

表 4-2-10 记账凭证

记账凭证

20×1 年 12 月 16 日　　　　　　　　记 字第 026 号

摘要	会计科目		借方金额										贷方金额										√
	总账科目	明细科目	亿	千	百	十	万	千	百	十	元	角	分	亿	千	百	十	万	千	百	十	元	角	分	
购入材料款未付	原材料	松木			6	0	0	0	0	0	0	0													
	应交税费	应交增值税				9	6	0	0	0	0	0													
	应付账款	森豪木材													6	9	6	0	0	0	0	0	0	
合计				¥	6	9	6	0	0	0	0	0			¥	6	9	6	0	0	0	0	0	

会计主管：　　　记账：　　　出纳：　　　审核：　　　制单：王可

表 4 - 2 - 11　记账凭证

记账凭证

20×1 年 12 月 24 日　　　　　　　　　　记 字第 *041* 号

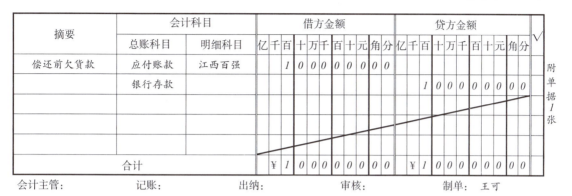

摘要	会计科目		借方金额	贷方金额	√
	总账科目	明细科目	亿 千 百 十 万 千 百 十 元 角 分	亿 千 百 十 万 千 百 十 元 角 分	
偿还前欠货款	应付账款	江西百强	1 0 0 0 0 0 0 0 0		附单据 1 张
	银行存款			1 0 0 0 0 0 0 0 0	
合计			¥ 1 0 0 0 0 0 0 0 0	¥ 1 0 0 0 0 0 0 0 0	

会计主管：　　　记账：　　　　出纳：　　　　审核：　　　　制单：*王可*

根据以上资料，登记"应付账款"总分类账和明细分类账，如表 4 - 2 - 12 ~ 表 4 - 2 - 14 所示。

表 4 - 2 - 12　总分类账

总分类账

总页 *100*　分页 *25*
科目编号 *2202*
科目名称 *应付账款*

20X1年		凭证号数	摘　　要	借方金额	√	贷方金额	√	借或贷	余　　额	√
月	日			千 百 十 万 千 百 十 元 角 分		千 百 十 万 千 百 十 元 角 分			千 百 十 万 千 百 十 元 角 分	
12	01		承前页	9 0 0 0 0 0 0 0		1 1 0 0 0 0 0 0 0		借	5 0 0 0 0 0 0 0	
12	31	科汇12	12月份科目汇总表	1 0 0 0 0 0 0 0		6 9 6 0 0 0 0 0		借	4 6 9 6 0 0 0 0	
12	31		本年累计	1 0 0 0 0 0 0 0 0		1 1 6 9 6 0 0 0 0		借	4 6 9 6 0 0 0 0	
12	31		结转下年					借	4 6 9 6 0 0 0 0	

表 4 - 2 - 13　应付账款明细账

应付账款 明细账

总第 *60* 页 分第 *16* 页
二 级科目编号及名称　*应付账款*
三 级科目编号及名称　*森豪木材*

20X1年		凭证		摘　　要	借方金额	√	贷方金额	√	借或贷	余　　额	√
月	日	种类	号数		十 亿 千 百 十 万 千 百 十 元 角 分		十 亿 千 百 十 万 千 百 十 元 角 分			十 亿 千 百 十 万 千 百 十 元 角 分	
12	1			承前页	5 0 0 0 0 0 0 0		6 5 0 0 0 0 0 0		贷	4 0 0 0 0 0 0 0	
12	16	记	026	购入材料款未付			6 9 6 0 0 0 0		贷	4 6 9 6 0 0 0 0	
12	31			本年累计	5 0 0 0 0 0 0 0		7 1 9 6 0 0 0 0		贷	4 6 9 6 0 0 0 0	
12	31			结转下年					贷	4 6 9 6 0 0 0 0	

表 4-2-14 应付账款明细账

应付账款 明细账

总第 __61__ 页 分第 __17__ 页
二级科目编号及名称 __应付账款__
二级科目编号及名称 __江西百强__

20X1年 月	日	凭证 种类	号数	摘要	借方金额 十亿千百十万千百十元角分	√	贷方金额 十亿千百十万千百十元角分	√	借或贷	余额 十亿千百十万千百十元角分	√
12	1			承前页	4 0 0 0 0 0 0 0 0		4 5 0 0 0 0 0 0 0		贷	1 0 0 0 0 0 0 0 0	
12	24	记	041	偿还前欠货款	1 0 0 0 0 0 0 0 0				平	0 0 0	
12	31			本年累计	5 0 0 0 0 0 0 0 0		4 5 0 0 0 0 0 0 0		平	0 0 0	

 工作任务3　学会对账、更正错账和期末结账

一、期末对账

（一）对账的概念和内容

对账，是指对账簿记录所进行的核对，也就是核对账目。对账工作一般在记账之后结账之前，即在月末进行。对账一般分为账证核对、账账核对、账实核对。

1. 账证核对

账证核对，是指将账簿记录与会计凭证核对，核对账簿记录与原始凭证、记账凭证的时间、凭证字号、内容、金额等是否一致，记账方向是否相符，做到账证相符。

2. 账账核对

账账核对的内容主要包括以下几项：

1）总分类账簿之间的核对

按照"资产＝负债＋所有者权益"这一会计等式和"有借必有贷、借贷必相等"的记账规则，总分类账簿各账户的期初余额、本期发生额和期末余额之间存在对应平衡关系，各账户的期末借方余额合计和贷方余额合计也存在平衡关系。通过这种等式和平衡关系，可以检查总账记录是否正确、完整。

2）总分类账簿与所辖明细分类账簿之间的核对

总分类账各账户的期末余额应与其所辖各明细分类账的期末余额之和核对相符。

3）总分类账簿与序时账簿之间的核对

总分类账簿与序时账簿之间的核对主要是指库存现金总账和银行存款总账的期末余额，与库存现金日记账和银行存款日记账的期末余额之间的核对。

4）明细分类账簿之间的核对

例如，会计机构有关实物资产的明细账与财产物资保管部门或使用部门的明细账定期核对，以检查余额是否相符。核对方法一般是由财产物资保管部门或使用部门定期编制收发结存汇总表报会计机构核对。

3. 账实核对

账实核对，是指各项财产物资、债权债务等账面余额与实有数额之间的核对。账实核对的内容主要包括以下几项：

（1）库存现金日记账账面余额与现金实际库存数逐日核对是否相符。

（2）银行存款日记账账面余额与银行对账单余额定期核对是否相符。

（3）各项财产物资明细账账面余额与财产物资实有数额定期核对是否相符。

（4）有关债权债务明细账账面余额与对方单位债权债务账面记录核对是否相符。

在实际会计核算工作中，账实核对一般是通过财产清查工作进行的。

（二）财产清查

财产清查，是指通过对货币资金、实物资产和往来款项等财产物资进行盘点或核对，确定其实存数，查明账存数与实存数是否相符的一种专门方法。企业应当建立健全财产物资清查制度，加强管理，以保证财产物资核算的真实性。

1. 财产清查的种类

（1）按照清查范围，财产清查可分为全面清查和局部清查。全面清查，是指对所有的财产进行全面的盘点和核对。局部清查，是指根据需要只对部分财产进行盘点和核对。

（2）按照清查的时间，财产清查可分为定期清查和不定期清查。定期清查是指按照预先计划安排的时间对财产进行的盘点和核对。不定期清查是指事前不规定清查日期，而是根据特殊需要临时进行的盘点和核对。

（3）按照清查的执行系统分类，财产清查可分为内部清查和外部清查。内部清查是指由本单位内部自行组织清查工作小组所进行的财产清查工作。大多数财产清查都是内部清查。外部清查是指由上级主管部门、审计机关、司法部门、注册会计师根据国家有关规定或情况需要对本单位所进行的财产清查。一般来讲，进行外部清查时应有本单位相关人员参加。

2. 财产清查的方法

由于货币资金、实物、往来款项的特点各有不同，在进行财产清查时，应采用与其特点和管理要求相适应的方法。

1）库存现金的清查

库存现金的清查，是通过实地盘点的方法，确定库存现金的实存数，再与现金日记账的账面余额核对，以查明盈亏情况。为明确责任，盘点时，出纳员必须在场，重点清查现金是否短缺或以白条抵充现金等非法挪用舞弊现象或库存现金有无超过限额等。盘点结束后，根据盘点结果编制库存现金盘点报告表，如表4-3-1所示，并由盘点人员与出纳共同签名盖章。

表4-3-1　库存现金盘点报告表

单位名称：　　　　　　　　　　　　　　　　　　　　　　　　年　月　日

实存金额	账存金额	对比结果		备注
		长款	短款	

会计主管：　　　　　　　盘点人员：　　　　　　　出纳：　　　　　　　制单：

2）银行存款的清查

银行存款的清查，由于它无法进行实地盘点，清查方式则是采用与开户银行核对账目的方法进行的，即将本单位的银行存款日记账与开户银行转来的对账单逐笔进行核对。

但即使双方记账都没有错误，银行存款日记账的余额和银行对账单的余额也往往不一致。不一致的原因通常有两种：一是由于某一方记账有错误；二是存在未达账项。所谓未达账项，是指企业与银行，由于凭证传递的时间差而造成的一方已经登记入账，另一方尚未登记入账的账项。未达账项主要有以下四种情况：

（1）企业已收，银行未收。

企业送存银行的款项，企业已做存款增加入账，但银行尚未入账，如：收到外单位的转账支票等。

（2）企业已付，银行未付。

企业开出支票或其他付款凭证，企业已作为存款减少入账，但银行尚未付款，未记账，如：企业已开出支票而持票人尚未向银行提现或转账等。

（3）银行已收，企业未收。

银行代企业收进的款项，银行已作为企业的存款增加入账，但企业尚未收到通知，因而未入账，如：委托银行收款等。

（4）银行已付，企业未付。

银行代企业支付的款项，银行已作为企业存款的减少入账，但企业尚未收到通知，因而未入账，如：借款利息的扣付、托收未承付等。

存在未达账项时，为了查明双方账目是否正确，应通过编制银行存款余额调节表（表4-3-2）来进行核对，银行存款余额调节表的编制方法，一般是在企业与银行双方的账面余额基础上，各自加上对方已收，本单位未收的款项，减去对方已付而本单位未付的款项。其计算公式如下：

企业银行存款日记账余额 + 银行已收企业未收款 − 银行已付企业未付款 =

银行对账单存款余额 + 企业已收银行未收款 − 企业已付银行未付款

表4-3-2 银行存款余额调节表

年 月 日

项目	金额	项目	金额
企业银行存款日记账余额 加：银行已收，企业未收 减：银行已付，企业未付		银行对账单余额 加：企业已收，银行未收 减：企业已付，银行未付	
调整后企业银行存款日记账余额		调整后银行对账单余额	

主管会计： 制表人：

如果调节后双方余额相等，则一般说明双方记账无差错；如果不相等，则表明企业和银行一方或双方记账有差错，应进一步核对，查明原因予以更正。

知识链接

银行存款余额调节表的编制方法

首先，在银行存款日记账账面余额和银行对账单余额的基础上分别补记对方已入账而本单位尚未入账的账项金额。

然后，核对经调整后双方的余额是否相等。

如经调节后双方账面余额相等，表明双方所记账目相符；否则，说明单位或银行记账有错误，应查明原因，及时处理。

小提示

（1）采用银行存款余额调节表的方法进行调节后，所得的调节后的余额是企业银行存款的实有金额，也是企业实际可以动用的金额。

（2）银行存款余额调节表只能起到对账的作用，不能作为单位调整银行存款账面余额的记账依据。因为未达账项并不是错账或漏记账，所以无须进行任何账务处理，待实际收到银行转来的有关收、付款结算凭证等相关凭证之后，再视为正常业务进行账务处理。

（3）银行存款的清查方法也适用于银行借款的清查。

3）实物资产的清查

实物资产的清查，是指对各类材料、商品、在产品、半成品、产成品、周转材料等的清查。由于其实物形态不同，体积、重量、码放方式各异，需要采用不同的方法进行清查。一般而言，实物资产的清查方法有以下两种：

（1）实地盘点法。

实地盘点法是指在财产物资堆放现场进行逐一清点数量或用计量仪器确定实存数的一种方法。这种方法适用范围广、要求严格、数字准确可靠、清查质量高，但工作量大，易于清点的财产物资，如原材料、产成品、机器设备等的盘点。

（2）技术推算盘点法。

技术推算盘点法是指利用技术方法，如量方计尺等对财产物资的实存数进行推算的一种方法。这种方法适用于大量成堆，难以逐一清点的财产物资，如露天堆放的煤、沙石等。

为了明确经济责任，进行财产物资的盘点时，有关财产物资的保管人员必须在场，并参加盘点工作。对各项财产物资的盘点结果，应逐一如实地登记在盘存单上，如表4-3-3所示，并由参加盘点的人员和实物保管人员共同签章生效。盘存单是记录各项财产物资实存数量盘点的书面证明，也是财产清查工作的原始凭证之一。

表4-3-3 盘存单

单位名称： 财产类别： 年 月 日 存放地点： 编号：

编号	名称	计量单位	数量	单价	金额	备注

盘点人： 保管人：

盘点完毕，将盘存单中所记录的实存数额与账面结存余额核对，当发现某些财产物资账实不符时，应填制实存账存对比表，如表4-3-4所示，确定财产物资盘盈或盘亏的数额。实存账存对比表是财产清查的重要报表，是调整账面记录的原始凭证，也是分析盈亏原因、明确经济责任的重要依据，应严肃认真地填报。

表4-3-4 实存账存对比表

单位名称：　　　　　　　　　　　年　月　日

编号	名称	规格	单位	单价	实存		账存		差异				备注
									盘盈		盘亏		
					数量	金额	数量	金额	数量	金额	数量	金额	

公司负责人：　　　　　　　财务负责人：　　　　　　　制表人：

4）往来款项的清查

往来款项的清查，即核对各种债权、债务明细账的账面余额与债权、债务人的账面记录是否相符，主要包括对各种应收、应付款和预收、预付款及其他应收、应付款的清查。往来款项一般采取函证核对法进行清查，即通过信件同经济往来单位核对账目的方法。首先应检查本单位各项应收、应付款账簿记录是否正确、完整。查明本单位记录正确无误后，再编制对账单，可通过信函寄交对方，即函证信，如表4-3-5所示。对账单可以编制一式两联：一联由对方单位留存，另一联作为回执单。对方单位如果核对后相符，应在回执单上盖章并退回本单位，如果数字不符，应在回执单上注明不符情况或另抄对账单退回，作为进一步核对的依据。

表4-3-5 函证信

_____（单位名称）：

本公司与贵单位的业务往来款项有下列各项目，为了清对账目，特函请查证，是否相符，请在回执联中注明后盖章寄回。

年　月　日

单位：	地址：		编号：
会计科目名称	截止日期	经济事项摘要	账面余额

清查人员签章：　　　　　　　　　　　经管人员签章：

清查完毕，应根据各个往来单位寄回的回执单，汇总填制往来款项清查报告表，如表4-3-6所示，列示清查的具体情况及结果。

表 4 - 3 - 6　往来款项清查报告表

明细账户名	账面应收金额	清查情况		发生日期	对方不同意付款原因		备注
		对方同意付款金额	对方不同意付款金额		按合同规定拒付金额	争执中的款项	

清查人员签章:　　　　　　　　　　　　　　　　经管人员签章:

3. 财产清查结果的处理

为了反映和监督企业在财产清查过程中查明的各种财产物资的盘盈、盘亏、毁损及其处理情况,应设置"待处理财产损溢"账户(但固定资产盘盈和毁损应分别通过"以前年度损益调整""固定资产清理"账户核算)。该账户属于双重性质的资产类账户,下设"待处理流动资产损溢"和"待处理非流动资产损溢"两个明细分类账户,进行明细分类核算。该账户的借方登记待处理财产物资盘亏数或毁损数和批准转销的待处理财产物资盘盈数;贷方登记待处理财产物资盘盈数和批准转销的待处理财产物资盘亏数或毁损数。"待处理财产损溢"账户的结构如图 4 - 3 - 1 所示。

借方　　　　　　　　　　　　待处理财产损溢　　　　　　　　　　　　贷方
①待处理财产物资盘亏数或损毁数 ②批准转销的待处理财产物资盘盈数	①待处理财产物资盘盈数 ②批准转销的待处理财产物资盘亏数或损毁数

图 4 - 3 - 1　"待处理财产损溢"账户的结构

1) 库存现金清查结果的账务处理

审批前,现金溢余时,应借记"库存现金"科目,贷记"待处理财产损溢——待处理流动资产损溢"科目;现金短缺时,应借记"待处理财产损溢——待处理流动资产损溢"科目,贷记"库存现金"科目。

审批后,对于盘盈的现金,如果应支付给有关人员,应借记"待处理财产损溢——待处理流动资产损溢"科目,贷记"库存现金"科目;如果无法查明原因,经批准后,应借记"待处理财产损溢——待处理流动资产损溢"科目,贷记"营业外收入"科目。对于短缺的现金,如果是由有关责任人的原因造成的,应借记"其他应收款"科目,贷记"待处理财产损溢——待处理流动资产损溢"科目;无法查明原因的,经主管领导批准后,借记"管理费用"科目,贷记"待处理财产损溢——待处理流动资产损溢"科目。

【例 4 - 3 - 1】赣州源玺家具有限公司对库存现金进行清查时,发现溢余 300 元。原因待查。

公司应作会计分录如下:

借:库存现金　　　　　　　　　　　　　　　　　　　　　　　300
　　贷:待处理财产损溢——待处理流动资产损溢　　　　　　　　　　　300

以后无法查明现金溢余原因，经批准转入营业外收入，账务处理如下：

借：待处理财产损溢——待处理流动资产损溢   300

    贷：营业外收入——现金溢余   300

【例4-3-2】赣州源玺家具有限公司对库存现金进行清查时，发现短缺350元。原因待查。

公司应作会计分录如下：

借：待处理财产损溢——待处理流动资产损溢   350

    贷：库存现金   350

经调查后，公司总经理办公室决定，其中300元是由出纳李飞的责任导致的短缺，其余50元无法查明原因，由公司承担。账务处理如下：

借：其他应收款——李飞   300

    管理费用   50

    贷：待处理财产损溢——待处理流动资产损溢   350

2）存货清查结果的账务处理

审批前，盘盈各种材料、库存商品等存货时，借记"原材料""库存商品"等科目，贷记"待处理财产损溢——待处理流动资产损溢"科目；盘亏、毁损各种材料、库存商品等存货时，借记"待处理财产损溢——待处理流动资产损溢"科目，贷记"原材料""库存商品""应交税费——应交增值税（进项税额转出）"等科目。

审批后，对于盘盈的存货，应借记"待处理财产损溢——待处理流动资产损溢"科目，贷记"管理费用"科目。

对于盘亏的存货，应及时查明原因，按管理权限报经批准后，区别情况作出账务处理。

（1）属于自然损耗产生的定额内损耗，经批准后转作管理费用。借记"管理费用"账户，贷记"待处理财产损溢——待处理流动资产损溢"账户。

（2）属于计量收发差错和管理不善等原因造成的存货短缺或毁损，应先扣除残料价值、可以收回的保险赔偿和过失人的赔偿，然后将净损失计入管理费用。即按残料价值，借记"原材料"等账户，按可收回的保险赔偿，借记"其他应收款"账户，按"待处理财产损溢"账户余额，贷记"待处理财产损溢——待处理流动资产损溢"账户，按上述借贷差额，借记"管理费用"账户。

（3）属于自然灾害等不可抗拒的原因造成的存货毁损，应先扣除残料价值和可以收回的保险赔偿，然后将净损失转作营业外支出。按残料价值，借记"原材料"等账户，按可收回的保险赔偿，借记"其他应收款"账户，按"待处理财产损溢"账户余额，贷记"待处理财产损溢——待处理流动资产损溢"账户，按上述借贷差额，借记"营业外支出——非常损失"账户。

【例4-3-3】赣州源玺家具有限公司在20×2年10月的财产清查中盘盈甲材料15千克，实际单位成本是30元/千克。经查明是由于收发计量上的错误所造成的。

公司应作会计分录如下：

（1）审批前，发现盘盈时：

借：原材料——甲材料   450

    贷：待处理财产损溢——待处理流动资产损溢   450

（2）审批后，报经批准转销时：

借：待处理财产损溢——待处理流动资产损溢　　　　　　　　　　　　　450

　　贷：管理费用　　　　　　　　　　　　　　　　　　　　　　　　　　　　450

【例4-3-4】赣州源玺家具有限公司在20×2年11月的财产清查中发现盘亏A产品4 050元。经调查批准，A产品3 000元属于自然灾害造成的损失，1 000元属于保管员谢宇的保管责任，由保管员赔偿，其余部分计入本期管理费用。企业应编制会计分录如下：

（1）审批前，发现盘亏时：

借：待处理财产损溢——待处理流动资产损溢　　　　　　　　　　　　4 050

　　贷：库存商品——A产品　　　　　　　　　　　　　　　　　　　　　　4 050

（2）审批后，报经批准转销时：

借：营业外支出——非常损失　　　　　　　　　　　　　　　　　　　3 000

　　其他应收款——谢宇　　　　　　　　　　　　　　　　　　　　　　1 000

　　管理费用　　　　　　　　　　　　　　　　　　　　　　　　　　　　50

　　贷：待处理财产损溢——待处理流动资产损溢　　　　　　　　　　　　4 050

3）固定资产清查结果的账务处理

审批前，对于盘盈的固定资产，属于记账差错，应进行前期差错更正。盘盈固定资产的价值在"以前年度损益调整"科目核算，应按照盘盈固定资产的重置成本，借记"固定资产"科目，贷记"以前年度损益调整"科目。对于盘亏的固定资产，借记"待处理财产损溢——待处理固定资产损溢""累计折旧"等科目，贷记"固定资产"科目。

审批后，对于盘盈的固定资产，应借记"以前年度损益调整"科目，贷记"盈余公积""利润分配"科目。对于盘亏的固定资产，应由有关责任人及保险公司赔偿的，应借记"其他应收款"科目，对于盘亏的净损失，应借记"营业外支出"科目，同时贷记"待处理财产损溢——待处理固定资产损溢"科目。

【例4-3-5】赣州源玺家具有限公司在20×2年11月的财产清查中发现一台未入账的设备，估计其重置成本为50 000元。公司根据固定资产盈亏报告表补办交接手续，并报有关部门审批后作为前期差错处理。本公司按净利润的10%计提法定盈余公积（此处不考虑所得税），假定不考虑增值税等因素。公司应作账务处理如下：

（1）审批前，发现盘盈时：

借：固定资产　　　　　　　　　　　　　　　　　　　　　　　　　50 000

　　贷：以前年度损益调整　　　　　　　　　　　　　　　　　　　　　　50 000

（2）审批后：

借：以前年度损益调整　　　　　　　　　　　　　　　　　　　　　50 000

　　贷：盈余公积——法定盈余公积　　　　　　　　　　　　　　　　　　5 000

　　　　利润分配——未分配利润　　　　　　　　　　　　　　　　　　45 000

【例4-3-6】赣州源玺家具有限公司在财产清查中发现盘亏一台设备，经查账面原值为90 000元，已计提折旧10 000元，应由大洋保险公司赔偿20 000元，假定不考虑增值税等因素。公司应作账务处理如下：

（1）审批前，发现盘亏时：

借：待处理财产损溢——待处理固定资产损溢 80 000

累计折旧 10 000

贷：固定资产 90 000

（2）审批后：

借：其他应收款——大洋保险公司 20 000

营业外支出 60 000

贷：待处理财产损溢——待处理固定资产损溢 80 000

4）往来款项清查结果的账务处理

对于企业因债权单位撤销等原因而产生无法支付的应付款项，不需要通过"待处理财产损溢"账户进行核算，应按其账面价值记入"营业外收入"账户。对于长期未能收回的应收账款（坏账），要按既定的程序予以核销，也不需要通过"待处理财产损溢"账户进行核算，应冲减"应收账款"账户。

【例4-3-7】赣州源玺家具有限公司在财产清查中发现，企业前欠远大公司的一笔应付账款15 000元，因债权单位已不存在，无法支付，按规定予以转销。公司应编制的会计分录如下：

借：应付账款——远大公司 15 000

贷：营业外收入 15 000

【例4-3-8】赣州源玺家具有限公司在财产清查中发现应收晨星公司的"应收账款"20 000元确实无法收回，根据有关规定列入坏账损失。公司应编制的会计分录如下：

借：坏账准备 20 000

贷：应收账款——晨星公司 20 000

知识链接

坏账是指企业无法收回或收回的可能性极小的应收款项。企业应当定期或者至少每年年度终了，对应收款项进行全面检查，预计各项应收款项可能发生的坏账，对于没有把握收回的应收款项，应当计提坏账准备。"坏账准备"是备抵账户，用以核算企业提取的坏账准备。

企业进行应收款项坏账账务处理时，应设置"信用减值损失"账户。计提坏账准备时，借记"信用减值损失"账户，贷记"坏账准备"账户。期末，企业应将"信用减值损失"账户余额转入"本年利润"账户，转入后无余额。

企业对坏账损失的核算采用备抵法。备抵法是指采用一定的方法按期（至少每年年末）估计坏账损失，提取坏账准备并转作当期费用，实际发生坏账时，直接冲减已计提坏账准备，同时转销相应应收账款余额的一种处理方法。在备抵法下，企业每期期末要估计坏账损失，计提坏账准备。对于已确认为坏账的应收款项，并不意味着企业放弃了追索权，一旦重新收回，应及时入账。

二、错账的更正

（一）错账的概念与种类

1. 错账的概念

错账是指一项经济业务因填制记账凭证产生的错误，或填制的记账凭证无误但过账错误，从而使会计账簿记录发生的错误。任何错账都会影响会计信息的真实性和准确性，因此都应查清原因并用规定的方法更正，更正错误后的会计信息方可对外报告。

2. 错账的种类

错账的种类因产生错账的原因不同而不同，按产生错账的原因不同，错账可分为记账凭证填制错误引起的错账和过账失误引起的错账。前者按错误性质又可分为借贷双方同时多计相等金额、借贷双方同时少记相等金额、借或贷一方多计或少计金额、金额正确但借贷方向记反或科目填写错误；后者则包括记错账户、借贷金额记反方向或某方金额记反方向、金额错记或漏记。

按错误对会计账户记录借贷平衡的影响可分为影响借贷平衡的错账和不影响借贷平衡的错账。

（二）错账查找方法

账簿记录借贷平衡是记账正确性的基本要求，对影响借贷平衡的错账，可采用下列方法查找引起错误的具体凭证或具体账户：

1. 差数法

差数法是指按照错账的差额来查找错账的方法。试算平衡中，借贷方发生额不相等的原因很可能是因某项经济业务漏记借方或贷方而引起的，因此，首先要按照借贷方的差额查找有相同金额的记账凭证，核对是否漏记某方金额。

2. 尾数法

尾数法是指对发生的错账只查对尾数的一种方法。若借贷方相差金额有角分数，则可按照差数的角分数查对有相同角分数的记账凭证，核实是否漏记该记账凭证中某方金额。通过尾数法可以缩小查找范围，提高查错效率。

3. 除 2 法

当记账凭证的借方或贷方金额错记账户方向时，则试算平衡时借贷方差额是该记账凭证金额的两倍。因此，将借贷方差额除以 2，如果某记账凭证的金额与其商数相同，应核对该记账凭证的借方或贷方是否记反方向。

4. 除 9 法

除 9 法是指以借贷方差额除以 9，按其商数（或调整值）来查找错账的方法。适用于以下三种情况：

1）金额缩小

若登账时某记账凭证借方或贷方金额被缩小（如 900 记为 90），则借贷方差额必然是账户错登金额的 9 倍，将差数除以 9，与其商数相同金额的某账户的某笔记录数可能是错记数。如 900 记为 90，借贷方差额 810，除以 9 的商数为 90，90 即为账户错登数，通过记账数与凭证核对即可查证。

2）金额扩大

若登账时某记账凭证借方或贷方金额被扩大（如 90 记为 900），则借贷方差额必然是被错登金额的 9 倍，将差数除以 9，与其商数相同金额的记账凭证可能是被错记的。如 90 记为 900，借贷方差额 810，除以 9 的商数为 90，90 即为错登账的记账凭证金额。

3）邻数颠倒

若登账时某记账凭证借方或贷方金额被颠倒数位，会使借贷方金额发生与"9"相关的差异，通过计算、调整可帮助查找错误源。

若颠倒后记入账户的金额大于应记金额（如 23 记为 32），则以账户借贷方差额除以 9，用其商数连加"11"，直到找出颠倒的数字为止。如 23 记为 32，借贷方差额为 9，除以 9 的商数加上 11 等于 12，继续连加 11 等于 23，23 即为错登账的记账凭证金额。

若颠倒后记入账户的金额小于应记金额（如 32 记为 23），则以账户借贷方差额除以 9，用其商数连减"11"，取绝对值，直到找出颠倒的数字为止。如 32 记为 23，借贷方差额为 9，除以 9 的商数减去 11 等于 -10，继续连减两个 11 等于 -32，取绝对值为 32，即为错登账的记账凭证金额。

（三）错账更正方法

在记账过程中，可能由于种种原因会使账簿记录发生错误。对于发生的账簿记录错误，应当采用正确、规范的方法予以更正，不得涂改、挖补、刮擦或者用药水消除字迹，不得重新抄写。错账更正的方法一般有划线更正法、红字更正法和补充登记法三种。

1. 划线更正法

在结账前发现账簿记录有文字或数字错误，而记账凭证没有错误，应当采用划线更正法。

更正方法是：可在错误的文字或数字上划一条红线，在红线的上方填写正确的文字或数字，并由记账人员和会计机构负责人（会计主管人员）在更正处盖章，以明确责任。

需要注意的是，更正时不得只划掉错误数字，应将全部数字划掉，并保持原有数字清晰可辨，以便审查。例如，把"6 327"元误记为"9 327"元时，应将错误数字"9 327"全部用红线划去注销后，写上正确的数字"6 327"，而不能只删改一个"9"字。如记账凭证中的文字或数字发生错误，在尚未过账前，也可用划线更正法更正。

【例 4-3-9】赣州源玺家具有限公司 20×1 年 12 月库存现金日记账如表 4-3-7 所示，如果 12 月 3 日报销差旅费的业务金额"1 200"元误登成"1 000"元，记账凭证填制无误，请据此更正会计账簿记录。

更正后的库存现金日记账如表 4-3-7 所示。

表4-3-7 库存现金日记账

库存现金日记账

第 015 页

20X1年		凭证		摘 要	借方金额										√	贷方金额										√	余 额										√
月	日	种类	号数		千	百	十	万	千	百	十	元	角	分		千	百	十	万	千	百	十	元	角	分		千	百	十	万	千	百	十	元	角	分	
12	01			承前页		1	1	8	0	0	0	0	0				1	1	7	5	0	0	0	0					2	6	0	0	0	0		
12	03	记	003	报销差旅费											吴靖宜			1	2	0	0	0	0	李莹				1	4	0	0	0	0		
12	05	记	007	报销办公费																9	0	0	0	0					5	0	0	0	0		
12	15	记	025	从银行提取现金				1	0	0	0	0	0															1	0	5	0	0	0		
12	23	记	038	报销业务招待费																7	0	0	0	0					3	5	0	0	0		
12	27	记	044	报销洗车费																1	0	0	0	0					2	5	0	0	0		
12	31			本月合计				1	0	0	0	0	0						1	0	1	0	0	0					2	5	0	0	0		
12	31			本年累计		1	2	8	0	0	0	0	0				1	2	7	5	0	0	0	0					2	5	0	0	0		
12	31			结转下年																										2	5	0	0	0		

2. 红字更正法

红字更正法，是指用红字冲销原有错误的凭证记录及账户记录，以更正或调整账簿记录的一种方法。适用于以下两种情形：

（1）记账后发现记账凭证中的应借、应贷会计科目有错误所引起的记账错误。

更正方法是：用红字填制一张与原记账凭证完全相同的记账凭证，在摘要栏内写明"注销某月某日某号凭证"，并据以用红字登记入账，以示注销原记账凭证，然后用蓝字填制一张正确的记账凭证，并据以用蓝字登记入账。

【例4-3-10】 20×1年12月5日，赣州源玺家具有限公司行政办公室张坤钦同志报销办公费900元，出纳以现金支付报销款。假设会计人员在填制记账凭证时，错记入"银行存款"科目，并已登记入账。

①原错误记账凭证如表4-3-8所示，贷方科目错误，并已登记入账。

表4-3-8 记账凭证

记账凭证

20×1年12月05日 记 字第 007 号

摘要	会计科目		借方金额										贷方金额										√	
	总账科目	明细科目	亿	千	百	十	万	千	百	十	元	角	分	亿	千	百	十	万	千	百	十	元	角	分	
报销办公费	管理费用	办公费						9	0	0	0	0													附单据2张
	银行存款																		9	0	0	0	0	
合计								¥	9	0	0	0	0						¥	9	0	0	0	0	

会计主管： 记账： 出纳： 审核： 制单：王可

②发现错误后，先用红字填制一张与原记账凭证完全相同的记账凭证，并据以用红字登记入账，以示注销原记账凭证，该红字记账凭证如表4-3-9所示。

表4-3-9 记账凭证

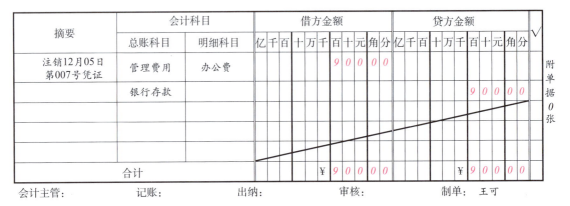

记账凭证

20×1年12月05日　　　　　　　　　　　　记 字第 008 号

摘要	会计科目		借方金额											贷方金额											√	
	总账科目	明细科目	亿	千	百	十	万	千	百	十	元	角	分	亿	千	百	十	万	千	百	十	元	角	分		
注销12月05日第007号凭证	管理费用	办公费						9	0	0	0	0														附单据0张
	银行存款																		9	0	0	0	0		
合计								¥	9	0	0	0	0						¥	9	0	0	0	0		

会计主管：　　　记账：　　　出纳：　　　审核：　　　制单：王可

③再用蓝字填制一张正确的记账凭证，并据以用蓝字登记入账，该蓝字记账凭证如表4-3-10所示。

表4-3-10 记账凭证

记账凭证

20×1年12月05日　　　　　　　　　　　　记 字第 009 号

摘要	会计科目		借方金额											贷方金额											√	
	总账科目	明细科目	亿	千	百	十	万	千	百	十	元	角	分	亿	千	百	十	万	千	百	十	元	角	分		
补记12月05日第007号凭证	管理费用	办公费						9	0	0	0	0														附单据0张
	库存现金																		9	0	0	0	0		
合计								¥	9	0	0	0	0						¥	9	0	0	0	0		

会计主管：　　　记账：　　　出纳：　　　审核：　　　制单：王可

以上三张记账凭证涉及的账簿记录如表4-3-11～表4-3-13所示。

表 4 – 3 – 11　管理费用明细账

管理费用明细账

总第 __70__ 页　分第 __20__ 页
借科目编号及名称　**管理费用**
贷科目编号及名称

20X1年 月	日	凭证号数	摘要	借方	贷方	借或贷	余额	（借）方项目 办公费	业务招待费	水电费	差旅费
12	01		承前页	6150000000		平	000				
12	03	记003	报销差旅费		120000	借	120000				120000
12	05	记007	报销办公费	90000		借	210000	90000			
12	05	记008	注销12月05第007号凭证		90000	借	120000	90000			
12	05	记009	补记12月05第007号凭证	90000		借	210000	90000			

表 4 – 3 – 12　库存现金日记账

库存现金日记账　　　　第 __015__ 页

20X1年 月	日	凭证 种类	号数	摘要	借方金额	√	贷方金额	√	余额	√
12	01			承前页	118000000		117500000		2600000	
12	03	记	003	报销差旅费			120000		1400000	
12	05	记	009	补记12月05第007号凭证（办公费）			90000		500000	

表 4 – 3 – 13　银行存款日记账

银行存款日记账　　　　第 __024__ 页

开户行：　交通银行赣州分行
账　号：　0428759645789521 6842

20X1年 月	日	凭证 种类	号数	摘要	借方金额	√	贷方金额	√	余额	√
12	01			承前页	656524 1769		615213 9108		45945 6142	
12	03	记	004	购入原材料			24000000		21945 6142	
12	05	记	006	收回前欠贷款	300000000				51945 6142	
12	05	记	007	报销办公费			90000		51936 6142	
12	05	记	008	注销12月05第007号凭证			90000		51945 6142	

（2）记账后发现记账凭证和账簿记录中应借、应贷会计科目无误，只是所记金额大于应记金额所引起的记账错误。

更正方法是：按多记的金额用红字填制一张与原记账凭证应借、应贷科目完全相同的记账凭证，在摘要栏内写明"冲销某月某日某号凭证多记金额"，以冲销多记的金额，并据以用红字登记入账。

【例 4 – 3 – 11】承【例 4 – 3 – 10】，假设会计人员填制的记账凭证如表 4 – 3 – 14 所示，并已经据此登记账簿。

表 4 - 3 - 14 记账凭证

记账凭证

20×1 年 12 月 05 日　　　　　　　　　　　记 字第 007 号

摘要	会计科目		借方金额											贷方金额											√
	总账科目	明细科目	亿	千	百	十	万	千	百	十	元	角	分	亿	千	百	十	万	千	百	十	元	角	分	
报销办公费	管理费用	办公费					1	0	0	0	0	0													附单据2张
	库存现金																	1	0	0	0	0	0	
合计						¥	1	0	0	0	0	0					¥	1	0	0	0	0	0		

会计主管：　　　记账：　　　出纳：　　　审核：　　　制单：王可

由于记账凭证和账簿记录中应借、应贷会计科目无误，只是所记金额 1 000 元大于应记金额 900 元所引起的记账错误。在这种情况下，只需要按多记的金额 100 元用红字填制一张与原记账凭证应借、应贷科目完全相同的记账凭证，在摘要栏内写明"冲销 12 月 05 日第007 号凭证多记金额"，以冲销多记的 100 元，并据以用红字登记入账。

该红字记账凭证如表 4 - 3 - 15 所示。

表 4 - 3 - 15 记账凭证

记账凭证

20×1 年 12 月 05 日　　　　　　　　　　　记 字第 008 号

摘要	会计科目		借方金额											贷方金额											√
	总账科目	明细科目	亿	千	百	十	万	千	百	十	元	角	分	亿	千	百	十	万	千	百	十	元	角	分	
冲销12月05日第007号凭证多记金额	管理费用	办公费						1	0	0	0	0													附单据0张
	库存现金																		1	0	0	0	0	
合计							¥	1	0	0	0	0						¥	1	0	0	0	0		

会计主管：　　　记账：　　　出纳：　　　审核：　　　制单：王可

以上两张记账凭证涉及的账簿记录如表 4 - 3 - 16 和表 4 - 3 - 17 所示。

表4-3-16　管理费用明细账

管理费用明细账

总第 **70** 页　分第 **20** 页

一、级科目编号及名称　**管理费用**

二、级科目编号及名称

20X1年		凭证号数	摘要	借方	贷方	借或贷	余额	（借）方项目			
月	日			千百十万千百十元角分	千百十万千百十元角分		千百十万千百十元角分	办公费	业务招待费	水电费	差旅费
12	01		承前页	6 1 5 0 0 0 0 0	6 1 5 0 0 0 0 0	平	0 0 0				
12	03	记003	报销差旅费	1 2 0 0 0 0		借	1 2 0 0 0 0				1 2 0 0 0 0
12	05	记007	报销办公费	1 0 0 0 0 0		借	2 2 0 0 0 0	1 0 0 0 0 0			
12	05	记008	冲销12月05日第007号凭证多记金额		1 0 0 0 0	借	2 1 0 0 0 0	1 0 0 0 0			

表4-3-17　库存现金日记账

库存现金日记账

第 **015** 页

20X1年		凭证		摘要	借方金额	√	贷方金额	√	余额	√
月	日	种类	号数		千百十万千百十元角分		千百十万千百十元角分		千百十万千百十元角分	
12	01			承前页	1 1 8 0 0 0 0 0		1 1 7 5 0 0 0 0		2 6 0 0 0 0	
12	03	记	003	报销差旅费			1 2 0 0 0 0		1 4 0 0 0 0	
12	05	记	007	报销办公费			1 0 0 0 0 0		4 0 0 0 0	
12	05	记	008	冲销12月05日第007号凭证多记金额			1 0 0 0 0		5 0 0 0 0	

3. 补充登记法

补充登记法，是指用蓝字补记金额，以更正原错误账簿记录的一种方法。记账后发现记账凭证和账簿记录中应借、应贷会计科目无误，只是所记金额小于应记金额时，应当采用补充登记法。

更正方法是：按少记的金额用蓝字填制一张与原记账凭证应借、应贷科目完全相同的记账凭证，在摘要栏内写明"补记某月某日某号凭证少记金额"，以补充少记的金额，并据以用蓝字登记入账。

【例4-3-12】承【例4-3-11】，假设会计人员填制的记账凭证如表4-3-18所示，并已经据此登记账簿。

表4-3-18　记账凭证

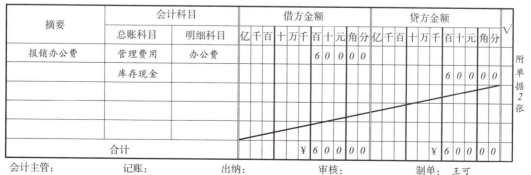

记账凭证

20×1 年 12 月 05 日　　　　记 字第 **007** 号

摘要	会计科目		借方金额	贷方金额	√
	总账科目	明细科目	亿千百十万千百十元角分	亿千百十万千百十元角分	
报销办公费	管理费用	办公费	6 0 0 0 0		附单据2张
	库存现金			6 0 0 0 0	
合计			￥6 0 0 0 0	￥6 0 0 0 0	

会计主管：　　　记账：　　　出纳：　　　审核：　　　制单：王可

由于记账凭证和账簿记录中应借、应贷会计科目无误，只是所记金额600元小于应记金额900元所引起的记账错误。在这种情况下，只需要按少记的金额300元用蓝字填制一张与原记账凭证应借、应贷科目完全相同的记账凭证，在摘要栏内写明"补记12月05日第007号凭证少记金额"，以补充少记的300元，并据以用蓝字登记入账。

该蓝字记账凭证如表4-3-19所示。

表4-3-19 记账凭证

记账凭证

20×1年12月05日   记 字第 008 号

摘要	会计科目		借方金额	贷方金额	√
	总账科目	明细科目	亿千百十万千百十元角分	亿千百十万千百十元角分	
补记12月05日第007号凭证少记金额	管理费用	办公费	3 0 0 0 0		附单据0张
	库存现金			3 0 0 0 0	
合计			¥3 0 0 0 0	¥3 0 0 0 0	

会计主管: 记账: 出纳: 审核: 制单: 王可

以上两张记账凭证涉及的账簿记录如表4-3-20和表4-3-21所示。

表4-3-20 管理费用明细账

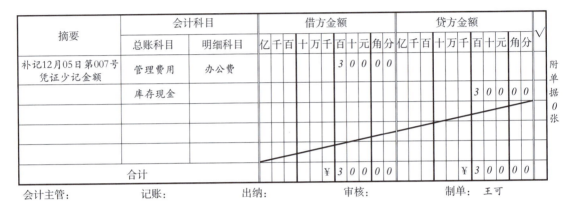

表4-3-21 库存现金日记账

库存现金日记账

第 015 页

20X1年		凭证		摘 要	借方金额	√	贷方金额	√	余 额	√
月	日	种类	号数		千百十万千百十元角分		千百十万千百十元角分		千百十万千百十元角分	
12	01			承前页	1 1 8 0 0 0 0 0		1 1 7 5 0 0 0 0		2 6 0 0 0 0	
12	03	记	003	报销差旅费			1 2 0 0 0 0		1 4 0 0 0 0	
12	05	记	007	报销办公费			6 0 0 0 0		8 0 0 0 0	
12	05	记	008	补记12月05日第007号凭证少记金额			3 0 0 0 0		5 0 0 0 0	

三、期末结账

结账是将账簿记录定期结算清楚的会计工作。在一定时期结束时（如月末、季末或年末），为编制财务报表，需要进行结账，具体包括月结、季结和年结。

结账的内容通常包括两个方面：一是结清各种损益类账户，并据以计算确定本期利润；二是结出各资产、负债和所有者权益类账户的本期发生额合计和期末余额。

（一）结账的程序

（1）结账前，将本期发生的经济业务全部登记入账，并保证其正确性。对于发现的错误，应采用适当的方法更正。

（2）在本期经济业务全面入账的基础上，根据权责发生制的要求，调整有关账项，合理确定应计入本期的收入和费用。

（3）将各损益类账户余额全部转入"本年利润"账户，结平所有损益类账户。

（4）结出资产、负债和所有者权益类账户的本期发生额和余额，并转入下期。

上述工作完成后，就可以根据总分类账和明细分类账的本期发生额和期末余额，分别进行试算平衡。

（二）结账的方法

结账的方法如下：

（1）对不需按月结计本期发生额的账户，如各项应收、应付款明细账和各项财产物资明细账等，每次记账以后，都要随时结出余额，每月最后一笔余额是月末余额。月末结账时，只需要在最后一笔经济业务记录下面通栏划单红线，不需要再次结计余额。

（2）库存现金日记账、银行存款日记账和需要按月结计发生额的收入、费用等明细账，每月结账时，要在最后一笔经济业务记录下面通栏划单红线，结出本月发生额和余额，在摘要栏内注明"本月合计"字样，并在下面通栏划单红线。

（3）对于需要结计本年累计发生额的明细账户，每月结账时，应在"本月合计"行下结出自年初起至本月末止的累计发生额，登记在月份发生额下面，在摘要栏内注明"本年累计"字样，并在下面通栏划单红线。12月末的"本年累计"就是全年累计发生额，全年累计发生额下面通栏划双红线。

（4）总账账户平时只需结出月末余额。年终结账时，为了总括地反映全年各项资金运动的全貌，核对账目，要将所有总账账户结出全年发生额和年末余额，在摘要栏内注明"本年累计"字样，并在合计数下面通栏划双红线。

（5）年度终了结账时，有余额的账户，应将其余额结转下年，并在摘要栏注明"结转下年"字样；在下一会计年度新建有关账户的第一行余额栏内填写上年结转的余额，并在摘要栏注明"上年结转"字样，使年末有余额账户的余额如实地在账户中加以反映，以免混淆有余额的账户和无余额的账户。

四、会计账簿的更换与保管

（一）会计账簿的更换

会计账簿的更换通常在新会计年度建账时进行。不同的会计账簿更换的要求有所不同。总账、日记账和大部分明细账每年都应更换一次新账。部分财产物资明细账和债权债务明细账，如固定资产明细账、应收账款明细账等，可以跨年度继续使用，各种备查账簿也可以跨年度继续使用，不必每年更换新账。

需要更换的账簿要在年度终了更换，并将各账户的余额结转到新的年度，即在新年度的会计账簿中的第一行余额栏内填上上年结转的余额，并注明方向，同时在摘要栏内注明"上年结转"字样。

（二）会计账簿的保管

1. 归档保管

各种会计账簿应当按年度分类归档，编造目录，妥善保管。既保证在需要时迅速查阅，又保证各种账簿的安全和完整。

在年度终了，结转下年，建立新账后，一般都要把旧账送交总账会计集中统一管理，也可暂由本单位财务会计部门保管1年，期满之后，由财务会计部门编造清册移交本单位的档案部门保管。

2. 日常保管

会计账簿的日常保管主要包括以下几点：

（1）各种会计账簿要分工明确，并指定专人保管，一般是谁负责登记，谁就负责保管。

（2）会计账簿未经本单位领导或会计部门负责人允许，非经管人员不得翻阅查看会计账簿。

（3）会计账簿除需要与外单位核对账目外，一律不准携带外出，对需要携带外出的账簿，必须经本单位领导和会计部门负责人批准，并指定专人负责，不准交给其他人员保管，以保证账簿安全和防止任意涂改账簿等现象的发生。

3. 到期销毁

按现行《会计档案管理办法》（2016年1月1日起施行）的规定，会计账簿的保管期限为：总账、明细账、日记账、其他辅助性账簿的保管期限为30年，固定资产卡片在该项固定资产报废清理后保管5年。保管期满可以销毁，销毁时应事先书面申报并附销毁清册，经批准后由会计部门与档案管理部门共同办理。销毁清册应永久保存。

项目小结

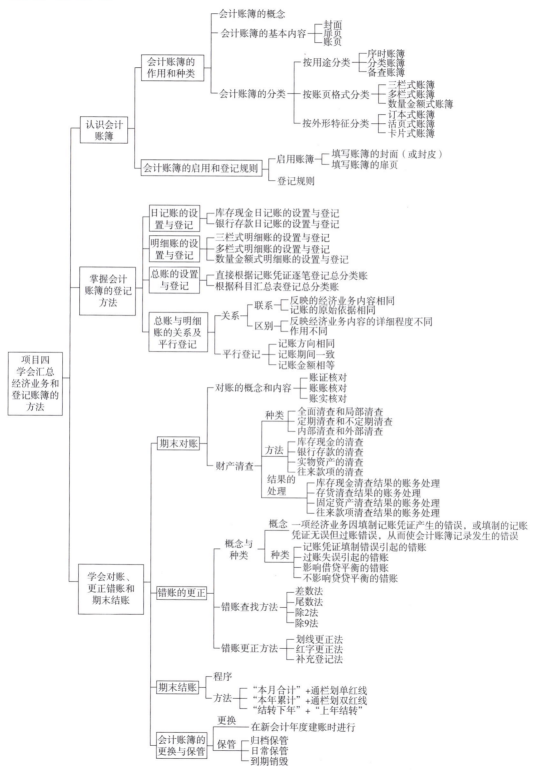

技 能 训 练

一、单项选择题

1. 汇总记账凭证账务处理程序与科目汇总表账务处理程序的相同点是（　　）。

A. 登记总账的依据相同　　　　　　B. 记账凭证的汇总方法相同

C. 保持了账户间的对应关系　　　　D. 简化了登记总分类账的工作量

2. 会计报表是根据（　　）资料编制的。

A. 日记账、总账和明细账　　　　　B. 日记账和明细账

C. 明细账和总账　　　　　　　　　D. 日记账和总账

3. 规模较大、经济业务量较多的单位适用的账务处理程序是（　　）。

A. 记账凭证账务处理程序　　　　　B. 汇总记账凭证账务处理程序

C. 多栏式日记账账务处理程序　　　D. 日记账账务处理程序

4. 科目汇总表账务处理程序的缺点是（　　）。

A. 科目汇总表的编制和使用较为简便，易学易做

B. 不能清晰地反映各科目之间的对应关系

C. 可以大大减少登记总分类账的工作量

D. 科目汇总表可以起到试算平衡的作用，保证总账登记的正确性

5. 以下属于汇总记账凭证账务处理程序主要缺点的是（　　）。

A. 登记总账的工作量较大

B. 转账凭证较多时，编制汇总转账凭证的工作量较大

C. 不便于体现账户间的对应关系

D. 不便于进行账目的核对

6. 下列属于记账凭证账务处理程序优点的是（　　）。

A. 总分类账反映经济业务较详细　　B. 减轻了登记总分类账的工作量

C. 有利于会计核算的日常分工　　　D. 便于核对账目和进行试算平衡

7. 科目汇总表是依据（　　）编制的。

A. 记账凭证　　　　　　　　　　　B. 原始凭证

C. 原始凭证汇总表　　　　　　　　D. 各种总账

8. 规模较小、业务量较少的单位适用（　　）。

A. 记账凭证账务处理程序　　　　　B. 汇总记账凭证账务处理程序

C. 多栏式日记账账务处理程序　　　D. 科目汇总表账务处理程序

9. 汇总记账凭证是依据（　　）编制的。

A. 记账凭证　　　　　　　　　　　B. 原始凭证

C. 原始凭证汇总表　　　　　　　　D. 各种总账

二、多项选择题

1. 下列不属于科目汇总表账务处理程序优点的有（　　）。

A. 便于反映各账户间的对应关系　　B. 便于进行试算平衡

C. 便于检查核对账目　　　　　　　D. 简化登记总账的工作量

2. 对于汇总记账凭证核算方式，下列说法错误的有（　　）。

A. 登记总账的工作量大

B. 不能体现账户之间的对应关系

C. 明细账与总账无法核对

D. 当转账凭证较多时，汇总转账凭证的编制工作量较大

3. 以下属于记账凭证账务处理程序优点的有（　　）。

A. 简单明了、易于理解

B. 总分类账可较详细地记录经济业务发生的情况

C. 便于进行会计目的试算平衡

D. 减轻了登记总分类账的工作量

4. 在各种账务处理程序下，登记明细账的依据可能有（　　）。

A. 原始凭证　　　　　　　　　　B. 汇总原始凭证

C. 记账凭证　　　　　　　　　　D. 汇总记账凭证

5. 账务处理程序又称会计核算组织程序，是指（　　）相结合。

A. 会计凭证　　　B. 会计账簿　　　C. 报表　　　　D. 会计科目

6. 不同的账务处理程序所具有的相同之处有（　　）。

A. 编制记账凭证的直接依据相同

B. 编制会计报表的直接依据相同

C. 登记明细分类账的直接依据相同

D. 登记总分类账的直接依据相同

7. 在不同的账务处理程序下，登记总账的依据可以有（　　）。

A. 记账凭证　　　B. 汇总记账凭证　　C. 科目汇总表　　D. 汇总原始凭证

8. 在常见的账务处理程序中，共同的账务处理工作有（　　）。

A. 均应填制和取得原始凭证　　　　B. 均应编制记账凭证

C. 均应填制汇总记账凭证　　　　　D. 均应设置和登记总账

9. 账务处理程序规定了（　　）。

A. 账簿组织及登记方法　　　　　　B. 账簿编制步骤和方法

C. 记账程序和方法　　　　　　　　D. 凭证组织及填制方法

10. 以记账凭证为依据，按科目贷方设置，将借方科目归类汇总的凭证编制法有（　　）。

A. 汇总收款凭证编制法　　　　　　B. 汇总付款凭证编制法

C. 汇总转账凭证编制法　　　　　　D. 科目汇总表编制法

三、判断题

1. 科目汇总表账务处理程序能科学地反映账户的对应关系，并且便于账目核对。（　　）

2. 记账凭证账务处理程序的特点是直接根据记账凭证逐笔登记总分类账，是最基本的账务处理程序。（　　）

3. 会计报表是根据总分类账、明细分类账和日记分类账的记录定期编制的。（　　）

4. 汇总记账凭证账务处理程序和科目汇总表账务处理程序都适用于经济业务较多的单位。（　　）

5. 所有会计账务处理程序，第一步都是必须将全部原始凭证汇总编制为汇总原始凭证。

（ ）

6. 现金日记账和银行存款日记账不论在何种会计核算形式下，都是根据收款凭证和付款凭证逐日逐笔顺序登记的。（ ）

7. 汇总记账凭证账务处理程序的主要特点是直接根据各种记账凭证登记总账。（ ）

8. 记账凭证账务处理程序既能保持账户的对应关系，又能减轻登记总分类账的工作量。

（ ）

9. 科目汇总表不仅可以起到试算平衡的作用，还可以反映账户之间的对应关系。

（ ）

10. 在不同的账务处理程序下，登记总账的依据可以是记账凭证、汇总记账凭证、科目汇总表。（ ）

四、综合实训

（一）实训一

【实训目标】

训练现金日记账和银行存款日记账的登记方法。

【实训资料】

浙江鸿青有限公司 2023 年 7 月 30 日银行存款日记账余额为 560 000 元；现金日记账余额为 13 000 元。7 月份发生下列银行存款和现金收付业务：

1. 1 日，投资者投入货币资金 500 000 元，存入银行（银收 1 号）。

2. 1 日，以银行存款 250 000 元归还短期借款（付 1 号）

3. 5 日，从银行提取现金 30 000 元备用（银付 3 号）。

4. 7 日，用银行存款上缴销售税金为 1 400 元（银付 2 号）。

5. 8 日，将现金 21 000 元存入银行（现付 1 号）。

6. 9 日，用现金暂付职工差旅费 3 000 元（现付 2 号）。

7. 11 日，收到应收账款 360 000 元，存入银行（银收 2 号）。

8. 12 日，以银行存款 50 000 元支付购买材料款（银付 4 号）。

9. 12 日，用银行存款 450 元支付购买材料运输费（银付 5 号）。

10. 15 日，从银行提取现金 65 000 元，准备发放工资（银付 6 号）。

11. 15 日，用现金 65 000 元发放职工工资（现付 3 号）。

12. 18 日，以银行存款支付本月电费 4 500 元（银付 7 号）。

13. 20 日，销售产品一批，货款 116 000 元存入银行（银收 3 号）。

14. 25 日，用银行存款支付销售费用 12 700 元（银付 8 号）。

15. 30 日，以银行存款 68 000 元偿付应付账款（银付 9 号）。

（二）实训二

【实训要求】

1. 开设现金日记账和银行存款日记账。

2. 编制记账凭证，并据以登记现金日记账与银行存款日记账。

3. 月末结出现金日记账与银行存款日记账的本期发生额和期末余额。

【实训目标】

训练错账的更正方法。

【实训资料】

1. 浙江鸿青有限公司2023年8月底在对账过程中，发现以下经济业务往来中记账出现了错误。

（1）从银行取得借款540 000元，借款期限为10个月，已经存入银行。

（2）生产车间为生产A产品领用原材料85 000元。

（3）以现金780元购买了行政管理部门的办公用品。

（4）东方股份有限公司向本公司投资新机器一台，价值213 000元。

（5）经计算本月应缴所得税为21 000元。

2. 根据上述经济业务在记账凭证中编制会计分录如下：

（1）借：银行存款　　　　　　　　　　　　　　　　　450 000
　　　　　贷：短期借款　　　　　　　　　　　　　　　　　　450 000

（2）借：制造费用　　　　　　　　　　　　　　　　　　85 000
　　　　　贷：原材料　　　　　　　　　　　　　　　　　　　85 000

（3）借：管理费用　　　　　　　　　　　　　　　　　　　870
　　　　　贷：库存现金　　　　　　　　　　　　　　　　　　　870

（4）借：固定资产　　　　　　　　　　　　　　　　　231 000
　　　　　贷：实收资本　　　　　　　　　　　　　　　　　　231 000

（5）借：应交税费——应交所得税　　　　　　　　　　21 000
　　　　　贷：银行存款　　　　　　　　　　　　　　　　　　21 000

3. 根据上述会计分录登记账簿如图4-3-2所示。

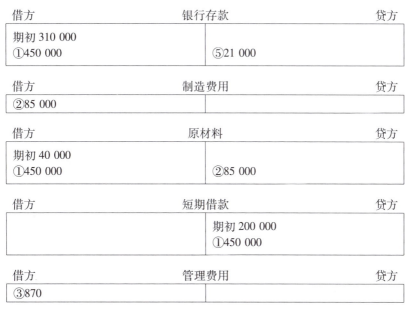

图4-3-2　登记账簿

借方	库存现金	贷方
期初 800	③870	

借方	固定资产	贷方
期初 15 000 ④231 000	期初 200 000 ①450 000	

借方	实收资本	贷方
	期初 1 000 000 ④231 000	

借方	应交税费	贷方
⑤21 000	期初 3 100	

图 4 - 3 - 2　登记账簿（续）

【实训要求】

（1）说明每笔经济业务错误的性质与更正方法；

（2）编制错账更正的会计分录；

（3）根据更正后的会计分录登记账簿。

 项 目 评 价 表

项目任务	项目内容	项目完成程度		项目技能掌握程度		
		独立完成	团队完成	优秀	合格	不合格
1. 认识会计账簿	1. 会计账簿的作用和种类					
	2. 会计账簿的启用和登记规则					
2. 掌握会计账簿的登记方法	1. 日记账的设置与登记					
	2. 明细账的设置与登记					
	3. 总账的设置与登记					
	4. 总账与明细账的关系及平行登记					
3. 学会对账、更正错账和期末结账	1. 期末对账					
	2. 错账的更正					
	3. 期末结账					
	4. 会计账簿的更换与保管					

项目五　学会编制财务报告，对外提供有用的经济信息

🌸【知识目标】 ⬚⬚⬚⬚⬚⬚⬚⬚⬚⬚⬚⬚

1. 了解财务报告的意义、种类和编制方法。
2. 掌握资产负债表的概念、作用、结构、内容和编制方法。
3. 掌握利润表的概念、作用、结构、内容和编制方法。

🌸【能力目标】 ⬚⬚⬚⬚⬚⬚⬚⬚⬚⬚⬚⬚

1. 培养学生根据会计资料编制财务报告的能力。
2. 培养学生分析财务报告的能力。

🌸【素养目标】 ⬚⬚⬚⬚⬚⬚⬚⬚⬚⬚⬚⬚

1. 培养学生的团队协作能力和沟通能力。
2. 培养学生爱岗敬业、诚实守信、廉洁自律、客观公正的品行。

🌸【德技并修】 ⬚⬚⬚⬚⬚⬚⬚⬚⬚⬚⬚⬚

编制财务报告是企业财务人员的最后一项工作，财务报告事关企业真实经营成果的披露，对企业投资者、债权人等信息相关人至关重要。上市公司财务报表造假，会导致公司制定错误的计划、误导投资人和股民、危害国家财政税收、扰乱市场经济秩序、不利于注册会计师等会计人员进步，危害巨大。所以，财务人员要提供真实可信的财务报告。

🌸【项目说明】 ⬚⬚⬚⬚⬚⬚⬚⬚⬚⬚⬚⬚

财务报告包括会计报表、会计报表附注和财务情况说明书，一套完整的财务报告包括资产负债表、利润表、所有者权益变动表等。编制财务报告是建立在其他会计方法应用成果基础上的，也是最终实现财务会计目标的主要手段。财务报告是会计循环中的最后一个环节，也是最为关键的一个环节。

【项目分解】

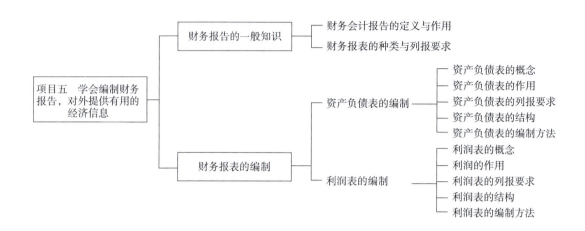

工作任务1 财务报告的一般知识

【任务导入】

瑞幸咖啡（以下简称瑞幸）主要经营饮品及食品系列，除咖啡、茶饮外，出售坚果、轻食和零食。其注册地在开曼群岛，2017年10月开了第一家门店，之后开始迅速扩张，截至2018年5月，已经拥有500多家门店，经过两年的迅速发展，经境外监管机构注册发行证券并在美国纳斯达克股票市场上市，成为世界范围内从成立到IPO最快的公司。

2020年年初，做空机构浑水公司发布了一篇长达89页的瑞幸做空报告，指出自2019年第3季度以来，瑞幸咖啡夸大了其门店每日的销售额、每件商品的净售价、广告费用以及"其他产品"的收入贡献，营造出单店盈利的假象，掩盖单店亏损的事实。2020年4月2日晚，瑞幸主动承认财务报表造假，发布公告称：公司2019年2季度至4季度期间，与虚假交易相关的总销售金额约为人民币22亿元。在此期间，相关的成本和费用也因虚假交易而大幅膨胀。消息一出，瑞幸股价当日暴跌75.57%，市值蒸发超65亿美元，盘中共8次触发熔断。到4月7日停牌前，瑞幸的股价收报4.39美元，市值仅余11.11亿美元。瑞幸并不是第一家遭浑水做空的中国公司，其先后做空了东方纸业、绿诺国际、中国高速频道、多元环球水务、嘉汉林业、分众传媒、新东方、网秦、展讯通信、辉山乳业等公司，但此次造假事件对中国企业及证券市场在国际声誉都带来了较大负面影响。

——摘自《瑞幸咖啡财务造假事件的分析及启示》寇鑫　崔彩萍

【任务分析】

可见，作为反映企业经营成果的财务报表，对企业产生的影响至关重要。会计账簿只能记录企业在一段时期内发生的经济业务，为了全面向企业的管理者、投资人、债务人等信息相关人提供与企业财务状况、经营成果和现金流量等有关会计信息，会计人员还需要根据会计账簿的记录编制财务会计报告，也可供非财务人员使用。

一、财务会计报告的定义与作用

（一）财务会计报告的定义与构成

1. 财务会计报告的定义

财务会计报告，又称为财务报告，是指企业对外提供的反映企业某一特定日期的财务状况和某一会计期间的财务状况、经营成果、现金流量等会计信息的文件。

2. 财务会计报告的构成

财务会计报告由会计报表、会计报表附注组成，即"四表一注"。

1）会计报表

会计报表也称为财务报表，按其反映的内容不同，分为资产负债表、利润表、现金流量表、所有者权益变动表，是财务报告的主体部分。通过表格的形式反映最直观的财务信息，每一张报表都能从不同方面提供与信息使用者进行经济决策相关的有效信息。

资产负债表属于静态报表，是反映企业在某一特定日期的财务状况的财务报表，是一种静态报表。

利润表属于动态报表，是反映企业在一定会计期间的经营成果的财务报表，是一种动态报表。

现金流量表，是反映企业在一定会计期间现金和现金等价物流入流出的年度财务报表，是一种动态报表。通过现金流量表，报表使用者可以了解现金流量的影响因素，评价企业的营利质量、支付能力、偿债能力等，预测企业未来的现金流量，提供决策依据。

所有者权益变动表，是反映构成所有者权益各组成部分当期增减变动情况的财务报表，是一种动态报表。

2）报表附注

报表附注是指每一份财务报表所附的、对财务报表中所列示项目的详细情况等所作的进一步说明，是财务报表的重要组成部分。包括重要会计政策、会计估计变更的说明，报表中重要项目的明细资料等。

财务报告的构成如图 5-1-1 所示。

图 5-1-1　财务报告的构成

（二）财务会计报告的作用

企业编制的财务报告主要是为管理层、投资人、债务人、社会公众等信息相关者使用，提供有用信息。财务报告有以下几个作用：

1. 为单位内部的经营管理者提供必要的信息

通过财务会计报告，可以使经营管理人员掌握本单位经济活动、财务收支和财务成果的全部情况，分析本单位在经营活动中的优势，查明问题存在的原因，不断改进经营管理工作，以便正确地进行经营理财决策，提高经济效益。

2. 有助于投资者和债权人作出投资和贷款决策

企业提供的财务报告，可以使投资者了解其所投资的企业的财务状况、经营成果等信息，并据以考核企业管理层履行受托责任的情况，有助于投资者作出是否投资或者撤回投资的决策，以及是否继续聘用现任管理层等决策。债权人可以从财务报告中看出企业的偿债能力、现金保障能力，作出是否向企业贷款或者收回贷款的决策。

3. 有助于政府部门作出宏观经济调控等决策

财务报告能够为政府宏观经济管理部门提供资源分配和税费征缴基数等方面的信息，有助于政府经济管理部门进行宏观经济调控，加强宏观经济管理。通过对会计报表的逐级汇总，便于国家掌握国民经济的发展速度。所以，各企业的财务报告是国家经济管理部门制定宏观经济管理政策和经济决策的重要信息来源。

二、财务报表的种类与列报要求

（一）财务报表的种类

1. 按财务报表编报时间不同，财务报表分为中期财务报表和年度财务报表

中期财务报表是以短于一个完整的会计年度的报告期间为基础编制的，包括月报、季报和半年报等。中期财务报表至少应包括资产负债表、利润表、现金流量表和附注，三种中期财务报表的格式和内容应当与年度财务报表一致，中期财务报表中的附注披露可以适当简略。

年度财务报表是以一个完整的会计年度的报告期间为基础编制的，一般在年度终了时编制。年度财务报表应包括资产负债表、利润表、现金流量表、所有者权益变动表和附注。

2. 按财务报表编报主体不同，财务报表分为个别财务报表和合并财务报表

个别财务报表是由企业在其自身交易事项的会计基础上，对账簿记录进行加工和整理而编制的财务报表，主要反映企业自身的财务状况、经营成果和现金流量等。合并财务报表是以母公司和子公司组成的集团为会计主体，根据母子公司的财务报表，由母公司编制的综合反映企业集团财务状况、经营成果和现金流量的财务报表。

（二）财务报表列报的基本要求

财务报表列报是指将企业发生的交易或事项在报表中列示和在附注中披露，财务报表列报应当遵循如下要求：

1. 遵循各项会计准则进行确认和计量

企业应当根据实际发生的交易和事项，遵循各项会计准则的规定进行确认和计量，并在此基础上编制财务报表。

2. 以企业持续经营为列报基础

持续经营是会计的基本前提，是会计确认、计量及进行财务报告的基础。

3. 项目列报遵循重要性原则

重要性应当根据企业所处的具体环境，从项目的性质和金额两方面予以判断。如果在合理预期下，财务报表某项目的省略或报错会影响报表使用者作出经济决策，则该项目具有重要性。根据重要性列报要注意以下几点事项：

（1）判断项目性质的重要性，应当考虑该项目的性质上是否属于企业日常活动，是否显著影响企业的财务状况、经营成果和现金流量等因素；判断项目金额大小的重要性，应当考虑该项目金额占资产总额、负债总额、所有者权益总额、营业收入总额、营业成本总额、净利润、综合收益总额等直接相关项目金额的比重或所属报表单列项目金额的比重。

（2）性质或功能不同的项目，应当在财务报表中单独列报，但不具有重要性的项目除外；性质或功能类似的项目，其所属类别具有重要性的，应当按其类别在财务报表中单独列报。

（3）某些项目的重要性程度不足以在资产负债表、利润表、现金流量表或所有者权益变动表中单独列示，但对附注却具有重要性，则应当在附注中单独披露。

4. 列报的一致性

财务报表项目的列报应当在各个会计期间保持一致，不得随意变更。不仅是项目名称的一致，还包括项目的分类、排列顺序等方面的一致。

5. 财务报表项目金额间不得相互抵消

财务报表项目应当以总额列报，资产和负债、收入和费用不能相互抵消，但其他会计准则另有规定的除外。

6. 遵循财务报表表首的列报要求

即在财务报表显著位置（如表首）至少披露下列各项重要信息：

（1）编报企业的名称。

（2）资产负债表日或财务报表涵盖的会计期间。

（3）人民币金额单位。

（4）财务报表是合并财务报表的，应当予以标明。

7. 遵循报告期间规定的要求

企业至少应当编制年度财务报表。年度财务报表的期间短于一年的（如企业属于在本年度中新成立的），应当披露年度财务报表的涵盖期间，以及短于一年的原因。当期财务报表的列报，至少应当提供所有列报项目上一个可比会计期间的比较数据，以及与理解当期财务报表相关的说明。

工作任务 2　财务报表的编制

【任务导入】

以南康家具有限公司会计人员的身份，编制公司 2021 年度的利润表、2021 年 12 月 31 日的资产负债表。请问需要做哪些准备工作？

【任务分析】

财务报表的编制，需要经过以下几个步骤：

1. 先审核原始凭证，对审核无误后的记账凭证盖章，再编号（总字号）。
2. 根据记账凭证按编号登记各类分类账、校对，做到借贷平衡、相符。
3. 编制"T"形账，根据记账凭证登记账簿。
4. "T"形账登记好了，将各科目借贷发生额与各类分类账核对，做到借贷平衡、相符。
5. 编制科目汇总表（根据各科目发生额登记）。
6. 登记总账（根据科目汇总表登记）。
7. 编制报表。损益表，根据总账编制；资产负债表，根据总账与明细账编制。

一、资产负债表的编制

（一）资产负债表的概念

资产负债是反映企业在某一特定日期的财务状况的财务报表，即月末、季末、年末报表，属于静态报表。

（二）资产负债表的作用

（1）资产负债表可以提供某一日期的资产总额及其结构，表明企业拥有或控制的资源及其分布情况。

（2）资产负债表可以提供某一日期的负债总额及其结构，表明企业未来需要用多少资产或劳务清偿债务以及清偿时间。

（3）资产负债表可以反映所有者所拥有的权益，据以判断资产保值、增值的情况以及对负债的保障程度。

（三）资产负债表的列报要求

资产负债表应当按照资产、负债和所有者权益三大类别分别列报，满足"资产＝负债＋所有者权益"的会计等式，列报相关项目的合计数。

1. 资产的列报

资产的列报应按照流动性，分为流动资产、非流动资产列示。

1）流动资产

流动资产是指预计在一个正常营业周期中变现、出售或耗用，或者主要为交易目的持有，或者预计在资产负债表日起一年内变现的资产，或者自资产负债表日起一年内交换其他资产或者清偿负债的能力不受限制的现金或现金等价物。通常包括：货币资金、交易性金融资产、衍生金融资产、应收票据及应收账款、预付款项、其他应收款、存货、合同资产、持有待售资产和一年内到期的非流动资产。

2）非流动资产

非流动资产是指流动资产以外的资产。通常包括：债权投资、其他债权投资、长期应收款、长期股权投资、其他权益工具投资、其他非流动金融资产、投资性房地产、固定资产、在建工程、无形资产等。

2. 负债的列报

负债的列报和资产一样，按照流动性，分为流动负债、非流动负债列示。

1）流动负债

流动负债是指预计在一个正常营业周期中清偿，或者主要为交易目的持有，或者预计在资产负债表日起一年内到期应予以清偿的负债。通常包括：短期借款、交易性金融负债、衍生金融负债、应付票据及应付账款、应交税费、其他应付款、一年内到期的非流动资产等。

2）非流动负债

非流动负债是指流动负债以外的负债，通常包括：长期借款、应付债券、长期应付款、预计负债、递延所得税负债等。

3. 所有者权益的列报

所有者权益是企业资产扣除负债后的剩余权益，一般按照实收资本、资本公积、盈余公积和未分配利润等列示。

（四）资产负债表的结构

资产负债表一般由表头、表体两部分组成。表头部分应列明报表名称、编制单位名称、资产负债表日、报表编号和计量单位；表体部分是资产负债表的主体，列示了反映企业财务状况的各个项目。

资产负债表的表体格式一般有两种：报告式资产负债表和账户式资产负债表。报告式资产负债表是上下结构，上半部分列示资产各项目，下半部分列示负债和所有者权益各项目。账户式资产负债表是左右结构，左边列示资产各项目，右边列示负债和所有者权益各项目，不管采用什么格式，资产各项目的合计等于负债和所有者权益各项目的合计这一会计等式不变。

我国的资产负债表采用账户式结构，资产各项目的合计等于负债和所有者权益各项目的合计，即资产负债表左方和右方平衡。满足："资产 = 负债 + 所有者权益"的会计等式，可以反映资产、负债、所有者权益之间的内在关系。各项资产和负债项目按照流动性，分为流动资产和非流动资产、流动负债和非流动负债列报。所有者权益类项目按照稳定性排列，分为实收资本、资本公积、盈余公积和未分配利润列报。我国企业资产负债表的具体格式如表 5-2-1 所示。

表 5-2-1　资产负债表

会企 01 表

编制单位：　　　　　　　　　　　　　　____年　月　日　　　　　　　　　　　　单位：元

资产	期末余额	年初余额	负债和所有者权益（或股东权益）	期末余额	年初余额
流动资产：			流动负债：		
货币资金			短期借款		
交易性金融资产			交易性金融负债		
衍生金融资产			衍生金融负债		

续表

资产	期末余额	年初余额	负债和所有者权益（或股东权益）	期末余额	年初余额
应收票据及应收账款			应付票据及应付账款		
预付款项			预收款项		
其他应收款			合同负债		
存货			应付职工薪酬		
合同资产			应交税费		
持有待售资产			其他应付款		
一年内到期的非流动资产			持有待售负债		
其他流动资产			一年内到期的非流动负债		
流动资产合计			其他流动负债		
非流动资产：			流动负债合计		
债权投资			非流动负债：		
其他债权投资			长期借款		
长期应收款			应付债券		
长期股权投资			其中：优先股		
其他权益工具投资			永续债		
其他非流动金融资产			长期应付款		
投资性房地产			预计负债		
固定资产			递延收益		
在建工程			递延所得税负债		
生产性生物资产			其他非流动负债		
油气资产			非流动负债合计		
无形资产			负债合计		
开发支出			所有者权益（或股东权益）：		
商誉			实收资本（或股本）		
长期待摊费用			其他权益工具		
递延所得税资产			其中：优先股		
其他非流动资产			永续债		
非流动资产合计			资本公积		
			减：库存股		
			其他综合收益		
			盈余公积		

续表

资产	期末余额	年初余额	负债和所有者权益（或股东权益）	期末余额	年初余额
			未分配利润		
			所有者权益（或股东权益）合计		
资产总计			负债和所有者权益（或股东权益）总计		

（五）资产负债表的编制方法

资产负债表的各项目均需填列"年初余额"和"期末余额"两栏。

1. "年初余额"栏的填列方法

资产负债表的"年初余额"栏内各项数字，应根据上年年末资产负债表的"期末余额"栏内所列数字填列。如果上年度资产负债表规定的各个项目的名称与内容与本年度不一致，应按照本年度规定对上年年末资产负债表各项目名称和数字进行调整，填入年度本表"年初余额"栏内。

2. "期末余额"栏的填列方法

资产负债表的"期末余额"栏内各项数字，一般应根据资产、负债和所有者权益类账户的期末余额填列。

下面介绍资产负债表各主要项目的内容和填列方法。（有个别项目省略）

1）资产类主要项目的内容和"期末余额"栏的填列方法

（1）"货币资金"项目，反映企业库存现金、银行存款、外埠存款等的合计数。本项目应根据"库存现金""银行存款""其他货币资金"科目期末余额的合计数填列。

【例5-2-1】2021年12月31日，南康家具有限公司"库存现金"科目余额为2 500元，"银行存款"科目余额为8 944 601.14元，"其他货币资金"科目余额为200 000元。

南康家具有限公司2021年12月31日资产负债表中"货币资金"的列报金额＝2 500＋8 944 601.14＋200 000＝9 147 101.14≈9 147 101（元）。

（2）"交易性金融资产"项目，反映企业为交易目的所持有的债券投资、股票投资、基金投资等交易性金融资产的公允价值，本项目应根据"交易性金融资产"科目的相关明细科目期末余额分析填列。

（3）"应收票据及应收账款"项目，反映企业资产负债表日以摊余成本计量的、企业因销售商品、提供劳务等经营活动应收取的款项，以及收到的商业汇票，包括银行承兑汇票和商业承兑汇票。该项目应根据"应收账款"和"应收票据"科目期末借方余额减去"坏账准备"科目中相关坏账准备期末余额后的金额填列。

【例5-2-2】2021年12月31日，南康家具有限公司的"应收账款"和"应收票据"科目期末余额为7 000 000元，"坏账准备"科目中有关应收票据及应收账款计提的坏账准备余额为400 000元。

南康家具有限公司2021年12月31日资产负债表中的"应收票据及应收账款"的列报金额＝7 000 000－400 000＝6 600 000（元）。

（4）"预付款项"项目，反映企业按照购货合同规定预付给供应单位的款项等，本项目应根据"预付账款"和"应付账款"科目所属各明细科目的期末借方余额合计数，减去"坏账准备"科目中有关预付账款计提的坏账准备期末余额后的金额填列。如"预付账款"科目所属明细科目期末有贷方余额的，应在资产负债表"应付票据及应付账款"项目内填列。

（5）"其他应收款"项目，反映企业除应收票据及应收账款、预付账款等经营活动以外的其他各种应收、暂付的款项。本项目应根据"应收利息""应收股利""其他应收款"科目的期末余额合计数，减去"坏账准备"科目中相关坏账准备期末余额后的金额填列。

（6）"存货"项目，反映企业期末在库、在途和加工中的各种存货的可变现净值或成本（成本与可变现净值孰低）。存货包括各种材料、商品、在产品、半成品、包装物、低值易耗品、委托代销商品等。本项目应根据"材料采购""原材料""低值易耗品""库存商品""生产成本"等科目的期末余额合计数，减去"存货跌价准备""受托代销商品款"科目期末余额后的金额填列。材料采用计划成本核算，库存商品采用计划成本核算或售价核算的企业，还应按加或减材料成本差异、商品进销差价后的金额填列。

【例 5 – 2 – 3】2021 年 12 月 31 日，南康家具有限公司有关科目余额如下："发出商品"科目借方余额为 2 000 000 元，"原材料"科目借方余额为 3 000 000 元，"周转材料"科目借方余额为 20 000 元，"存货跌价准备"科目贷方余额为 80 000 元，"生产成本"科目借方余额为 3 500 000 元。

南康家具有限公司 2021 年 12 月 31 日资产负债表中"存货"项目的列报金额 = 2 000 000 + 3 000 000 + 20 000 – 80 000 + 3 500 000 = 8 440 000（元）。

（7）"合同资产"项目，反映企业按照《企业会计准则第 14 号——收入》（2017 年修订）的相关规定，根据企业履行合约义务与客户付款直接的关系在资产负债表中列示合同资产。本项目应根据相关明细科目期末余额分析填列。

（8）"持有待售资产"项目，反映资产负债表日划分为持有待售类别的非流动资产及划分为持有待售类别的处置组中的流动资产和非流动资产的期末账面价值。该项目应根据"持有待售资产"科目的期末余额减去"持有待售资产减值准备"科目的期末余额后的金额填列。

（9）"一年内到期的非流动资产"项目，反映企业将与一年内到期的非流动资产项目金额。本项目应根据有关科目的期末余额填列。

（10）"债权投资"项目，反映资产负债表日企业以摊余成本计量的长期债权投资的期末账面价值。该项目应根据"债权投资"科目的相关明细科目余额，减去"债权投资减值准备"科目中的相关减值准备的期末余额后的金额分析填列。自资产负债表日起一年内到期的长期债权投资的期末账面价值，在"一年内到期的非流动资产"项目反映。企业购入的以摊余成本计量的一年内到期的债权投资的期末账面价值，在"其他流动资产"项目反映。

（11）"其他债权投资"项目，反映资产负债表日企业分类为以公允价值计量且其变动计入其他综合收益的长期债权投资的期末账面价值。该项目应根据"其他债权投资"科目的相关明细科目期末余额分析填列。

（12）"长期应收款"项目，反映企业融资租赁产生的应收款项和采用延期方式分期收取的实质上具有融资性质的销售商品和提供劳务等经营活动产生的应收款项。本项目应根据

"长期应收款"科目的期末余额，减去相应的"未实现融资收益"科目和"坏账准备"科目所属相关明细科目期末余额后的金额填列。

（13）"长期股权投资"项目，反映投资方对被投资单位实施控制重大影响的权益性投资，以及对其合营企业的权益性投资。本项目应根据"长期股权投资"科目的期末余额，减去"长期股权投资减值准备"科目的期末余额后的金额填列。

（14）"其他权益工具投资"项目，反映资产负债表日企业指定为以公允价值计量且其变动计入其他综合收益的非交易性权益工具投资的期末账面价值，该项目应根据"其他权益工具投资"科目的期末余额填列。

（15）"固定资产"项目，反映资产负债表日企业固定资产的期末账面价值和企业尚未清理完毕的固定资产清理净损益。该项目应根据"固定资产"科目的期末余额，减去"累计折旧"和"固定资产减值准备"科目的期末余额后的金额，以及"固定资产清理"科目的期末余额填列。

【例 5-2-4】2021 年 12 月 31 日，南康家具有限公司"固定资产"科目借方余额为 15 000 000 元，"累计折旧"为 4 000 000 元，"固定资产减值准备"科目贷方余额为 800 000 元。

南康家具有限公司 2021 年 12 月 31 日资产负债表中"固定资产"项目的列报金额 = 15 000 000 - 4 000 000 - 800 000 = 10 200 000（元）。

（16）"在建工程"项目，反映资产负债表日企业尚未达到预定可使用状态的在建工程的期末账面价值和企业为在建工程准备的各种物资的期末账面价值。该项目应根据"在建工程"科目的期末余额，减去"在建工程减值准备"科目的期末余额后的金额，以及"工程物资"科目的期末余额减去"工程物资减值准备"科目的期末余额后的金额填列。

（17）"无形资产"项目，反映企业持有的专利权、非专利技术、商标权、著作权、土地使用权等无形资产的成本减去累计摊销和减值准备后的净值。本项目应根据"无形资产"科目的期末余额，减去"累计摊销"和"无形资产减值准备"科目的期末余额后的金额填列。

（18）"开发支出"项目，反映企业开发无形资产过程中能够资本化形成无形资产成本的支出部分。本项目应根据"研发支出"科目中所属的"资本化支出"明细科目的期末余额填列。

（19）"长期待摊费用"项目，反映企业已经发生但应由本期和以后各期负担的分摊期限在一年以上的各项费用。长期待摊费用中在一年内（含一年）摊销的部分，在资产负债表"一年内到期的非流动资产"项目填列，应根据"长期待摊费用"科目的期末余额，减去将于一年内（含一年）摊销的数额后的金额分析填列。

（20）"递延所得税资产"项目，反映企业根据所得税准则确认的可抵扣暂时性差异产生的所得税资产。本项目应根据"递延所得税资产"科目的期末余额填列。

（21）"其他非流动资产"项目，反映企业除上述非流动资产以外的其他非流动资产，本项目应根据有关科目的期末余额填列。

2）负债类主要项目的内容和"期末余额"栏的填列方法

（1）"短期借款"项目，反映企业向银行或其他金融机构等借入的期限在一年以下（含一年）的各种借款。本项目应根据"短期借款"科目的期末余额填列。

（2）"交易性金融负债"项目，反映企业资产负债表日承担的交易性金融负债，以及企业持有的直接指定为以公允价值计量且其变动计入当期损益的金融负债的期末账面价值。该项目应根据"交易性金融负债"科目的相关明细科目期末余额填列。

（3）"应付票据及应付账款"项目，反映资产负债表日企业因购买材料商品和接受劳务等经营活动应支付的款项，以及开出、承兑的商业汇票，包括银行承兑汇票和商业承兑汇票。该项目应根据"应付票据"科目的期末余额，以及"应付账款"和"预付账款"科目所属的相关明细科目的期末贷方余额合计数填列。

【例5-2-5】2021年12月31日，南康家具有限公司"应付账款"期末贷方余额为4 696 000元，"应付票据"科目期末贷方余额为2 000 000元。

南康家具有限公司2021年12月31日资产负债表中"应付票据及应付账款"项目的列报金额＝4 696 000＋2 000 000＝6 696 000（元）。

（4）"预收款项"项目，反映企业按照供货合同规定预收供应单位的款项。本项目应根据"预收账款"和"应收账款"科目所属各明细科目的期末贷方余额合计数填列。如"预收账款"科目所属明细科目期末有借方余额的，应在资产负债表"应收票据及应收账款"项目填列。

（5）"合同负债"项目，反映企业按照《企业会计准则第14号——收入》（2017年修订）的相关规定，根据本企业履行合约义务与客户付款之间的关系在资产负债表中列示合同负债。"合同负债"项目应根据"合同负债"的相关明细科目期末余额分析填列。

（6）"应付职工薪酬"项目，反映企业为获得职工提供的劳务或解除劳动关系而给予的各种形式的报酬或补偿。企业提供给职工配偶、子女、受赡养人、已故员工遗属及其他受益人等的福利，也属于职工薪酬。职工薪酬主要包括短期薪酬、离职后福利、辞退福利和其他长期职工福利。本项目应根据"应付职工薪酬"科目所属各明细科目的期末贷方余额分析填列。

（7）"应交税费"项目，反映企业按照税法规定计算应缴纳的各种税费，包括增值税、消费税、城市维护建设税、教育费附加、企业所得税、资源税、土地增值税、房产税、城镇土地使用税、车船税、矿产资源补偿费等。企业代扣代缴的个人所得税，也通过本项目列示。企业所缴纳的税金不需要预计应交数的，如印花税、耕地占用税等不在本项目列示。本项目应根据应交税费科目的期末贷方余额填列。如"应交税费"科目，期末为借方余额的应以"－"号填列。

（8）"其他应付款"项目，反映企业除应付票据、应付账款、预收账款、应付职工薪酬、应交税费等经营活动以外的其他各项应付、暂收款项。本项目应根据"应付利息""应付股利""其他应付款"科目的期末余额合计数填列。

（9）"持有待售负债"项目，反映资产负债表日处置组中与划分为持有待售类别的资产直接相关的负债的期末账面价值。本项目应根据"持有待售负债"科目的期末余额填列。

（10）"一年内到期的非流动负债"项目，反映企业非流动负债中将于资产负债表日后一年内到期部分的金额，如将于一年内偿还的长期借款。本项目应根据有关科目的期末余额分析填列。

（11）"长期借款"项目，反映企业向银行或其他金融机构借入的期限在一年以上（不含一年）的各项借款。本项目应根据"长期借款"科目的期末余额，扣除"长期借款"科目所属的明细科目中将在资产负债表日起一年内到期且企业不能自主地将清偿义务展期的长期借款后的金额计算填列。

（12）"应付债券"项目，反映企业为筹集长期资金而发行的债券本息。本项目应根据"应付债券"科目的期末余额分析填列。

（13）"长期应付款"项目，反映企业除了长期借款和应付债券以外的其他各种长期应付款。主要有应付补偿贸易引进设备款、采用分期付款方式购入固定资产和无形资产发生的应付账款、应付融资租入固定资产租赁费等。本项目应根据"长期应付款"科目的期末余额，减去相关的"未确认融资费用"科目的期末余额后的金额，以及"专项应付款"科目的期末余额，再减去所属相关明细科目中将于一年内到期的部分后的金额填列。

（14）"预计负债"项目，反映企业根据或有事项等相关准则确认的各项预计负债，包括对外提供担保、未决诉讼、产品质量保证、重组义务以及固定资产和矿区权益弃置义务等产生的预计负债。本项目应根据"预计负债"科目的期末余额填列。

（15）"递延收益"项目，反映企业尚待确认的收入或收益。本项目核算包括企业根据政府补助准则确认的应在以后期间计入当期损益的政府补助金额、售后租回形成融资租赁的售价与资产账面价值差额等其他递延性收入。本项目应根据"递延收益"科目的期末余额填列。

（16）"递延所得税负债"项目，反映企业根据所得税准则确认的应纳税暂时性差异产生的所得税负债。本项目应根据"递延所得税负债"科目的期末余额填列。

（17）"其他非流动负债"项目，反映企业除以上非流动负债以外的其他非流动负债。本项目应根据有关科目期末余额，减去将于一年内（含一年）到期偿还数后的余额分析填列。非流动负债各项目中将于一年内（含一年）到期的非流动负债，应在"一年内到期的非流动负债"项目内反映。

3）所有者权益类主要项目的内容和"期末余额"栏的填列方法

（1）"实收资本（或股本）"项目，反映企业各投资者实际投入的资本（或股本）总额。本项目应根据"实收资本（或股本）"科目的期末余额填列。

【例5-2-6】承接【例5-2-5】，南康家具有限公司是生产高档家具的增值税一般纳税人，于2016年5月成立，注册资本为人民币20 000 000元，2021年5月1日接受江西舒宜家居有限公司投资5 000 000元，已由律师事务所出具验资报告。该资本至2021年12月31日未发生变动。

南康家具有限公司2021年12月31日资产负债表中"实收资本（或股本）"项目的列报金额 = 20 000 000 + 5 000 000 = 25 000 000（元）。

（2）"其他权益工具"项目，反映企业发行的除普通股以外分类为权益工具的金融工具的账面价值，并下设"优先股"和"永续债"两个项目，分别反映企业发行的分类为权益工具的优先股和永续债的账面价值。

（3）"资本公积"项目，反映企业收到投资者出资超出其在注册资本或股本中所占的份额，直接计入所有者权益的利得和损失，本项目应根据"资本公积"科目的期末余额填列。

（4）"其他综合收益"项目，反映企业其他综合收益的期末余额。本项目应根据"其他综合收益"科目的期末余额填列。

（5）"盈余公积"项目，反映企业盈余公积的期末余额，本项目应根据"盈余公积"科目的期末余额填列。

（6）"未分配利润"项目，反映企业尚未分配的利润。未分配利润，是指企业实现的净利润经过弥补亏损，提取盈余公积和向投资者分配利润后留存在企业的历年结存的利润，本项目应根据"本年利润"科目和"利润分配"科目的余额计算填列。未弥补的亏损，在本项目内以"－"号填列。

【例 5－2－7】南康家具有限公司编制的 2021 年 12 月 31 日的资产负债表如表 5－2－2 所示。

表 5－2－2　资产负债表

会企 01 表

编制单位：南康家具有限公司　　　　2021　年　12　月　31　日　　　　单位：元

资产	期末余额	年初余额	负债和所有者权益（或股东权益）	期末余额	年初余额
流动资产：			流动负债：		
货币资金	9 147 101		短期借款	500 000	
交易性金融资产			交易性金融负债		
衍生金融资产			衍生金融负债		
应收票据及应收账款	6 600 000		应付票据及应付账款	6 696 000	
预付款项	2 700 000		预收款项	1 600 000	
其他应收款	608 870		合同负债		
存货	8 440 000		应付职工薪酬	3 500 000	
合同资产			应交税费	1 200 000	
持有待售资产			其他应付款	4 050 000	
一年内到期的非流动资产			持有待售负债		
其他流动资产	659 900		一年内到期的非流动负债		
流动资产合计	28 155 871		其他流动负债	658 000	
非流动资产：			流动负债合计	18 204 000	
债权投资			非流动负债：		
其他债权投资			长期借款	3 000 000	
长期应收款	3 075 500		应付债券		

续表

资产	期末余额	年初余额	负债和所有者权益（或股东权益）	期末余额	年初余额
长期股权投资			其中：优先股		
其他权益工具投资			永续债		
其他非流动金融资产			长期应付款	7 600 000	
投资性房地产			预计负债		
固定资产	10 200 000		递延收益		
在建工程	1 010 000		递延所得税负债		
生产性生物资产			其他非流动负债		
油气资产			非流动负债合计	10 600 000	
无形资产	11 080 000		负债合计	28 804 000	
开发支出			所有者权益（或股东权益）：		
商誉			实收资本（或股本）	25 000 000	
长期待摊费用	7 000 000		其他权益工具		
递延所得税资产			其中：优先股		
其他非流动资产	2 382 629		永续债		
非流动资产合计	44 748 129		资本公积	8 000 000	
			减：库存股		
			其他综合收益		
			盈余公积	1 500 000	
			未分配利润	9 600 000	
			所有者权益（或股东权益）合计	44 100 000	
资产总计	72 904 000		负债和所有者权益（或股东权益）总计	72 904 000	

二、利润表的编制

（一）利润表的概念

利润表又称损益表，是反映企业在一定会计期间的经营成果的财务报表。它是在记账凭证、账簿等会计资料的基础上进一步确认企业一定会计期间经营成果的结构性表述，综合反映企业利润的实现过程和利润的来源及构成情况，是对企业一定会计期间经营绩效的综述。

（二）利润表的作用

利润表的主要作用如下：

（1）利润表可以反映企业一定会计期间收入的实现情况。

（2）利润表可以反映企业一定会计期间费用的耗费情况。

（3）利润表可以反映企业经济活动成果的实现情况，据以判断资本保值增值等情况。

（三）利润表的列报要求

利润表的列报要求如下：

（1）企业在利润表中应当对费用按照功能分为营业成本、管理费用、销售费用和财务费用等。

（2）利润表至少应当单独列示反映下列会计项目，但其他会计准则另有规定的除外：营业利润（营业收入、营业成本、税金及附加、销售费用、管理费用、研发费用、财务费用、投资收益、公允价值变动损益、资产减值损失、资产处置收益）、利润总额（营业利润+营业外收入−营业外支出）、净利润（利润总额−所得税费用）、其他综合收益的税后净额、综合收益总额、每股收益等。

（四）利润表的结构

利润表一般由表头、表体两部分组成。表头部分应列明报表名称、编制单位名称、编制日期、报表编号和计量单位。表体部分是利润表的主体，列示了形成经营成果的各个项目和计算过程。

利润表的结构有单步式和多步式两种，单步式利润表是将当期所有的收入列在一起，所有的费用列在一起，然后将两者相减得出当期净损益。我国企业的利润表采用多步式格式，即通过对当期的收入、费用、支出项目按性质加以归类，按利润形成的主要环节列示一些中间性利润指标，分步计算当期净损益，以便财务报表使用者理解企业经营成果的不同来源。

为了使财务报表使用者通过比较不同期间利润的实现情况，判断企业经营成果的未来发展趋势，企业需要提供比较利润表。为此，利润表还需把各项目再分为"本期金额"和"上期金额"两栏分别填列。我国企业利润表的格式如表5−2−3所示。

表5−2−3 利润表

会企02表

编制单位：　　　　　　　　　　　　　　　年　　月　　　　　　　　　　　单位：元

项目	本期金额	上期金额
一、营业收入		
减：营业成本		
税金及附加		
销售费用		
管理费用		
研发费用		
财务费用		
其中：利息费用		
利息收入		
资产减值损失		

项目	本期金额	上期金额
信用减值损失		
加：其他收益		
投资收益（损失以"－"号填列）		
其中：对联营企业和合营企业的投资收益		
净敞口套期收益（损失以"－"号填列）		
公允价值变动收益（损失以"－"号填列）		
资产处置收益（损失以"－"号填列）		
二、营业利润（亏损以"－"号填列）		
加：营业外收入		
减：营业外支出		
三、利润总额（亏损总额以"－"号填列）		
减：所得税费用		
四、净利润（净亏损以"－"号填列）		
（一）持续经营净利润（净亏损以"－"号填列）		
（二）终止经营净利润（净亏损以"－"号填列）		
五、其他综合收益的税后净额		
（一）不能重分类进损益的其他综合收益		
1. 重新计量设定受益计划变动额		
2. 权益法下不能转损益的其他综合收益		
3. 其他权益工具投资公允价值变动		
4. 企业自身信用风险公允价值变动		
……		
（二）将重分类进损益的其他综合收益		
1. 权益法下可转损益的其他综合收益		
2. 其他债权投资公允价值变动		
3. 金融资产重分类计入其他综合收益的金额		
4. 其他债权投资信用减值准备		
5. 现金流量套期储备		
6. 外币财务报表折算差额		
……		
六、综合收益总额		
七、每股收益：		
（一）基本每股收益		
（二）稀释每股收益		

（五）利润表的编制方法

利润表的编制原理是"收入－费用＝利润"的会计平衡公式和收入与费用的配比原则。企业在生产经营中不断地取得各项收入，同时发生各种费用，收入减去费用，剩余的部分就是企业的盈利，企业取得的收入和发生的相关费用的对比情况，就是企业的经营成果。

利润表把各项目分为"本期金额"和"上期金额"两栏分别填列。

1. "上期金额"栏的填列方法

"上期金额"栏应根据上年该期利润表"本期金额"栏内所列数字填列，如果上年该期利润表规定的各个项目的名称和内容同本期不一致，应对上年该期利润表各项目的名称和数字按本期的规定进行调整，填入利润表"上期金额"栏内。

2. "本期金额"栏的填列方法

利润表中"本期金额"栏反映各项目的本期实际发生数，下面介绍利润表各主要项目的内容和填列方法（有个别项目省略）：

（1）"营业收入"项目，反映企业经营主要业务和其他业务所确认的收入总额。本项目应根据"主营业务收入"和"其他业务收入"科目的发生额分析填列。

（2）"营业成本"项目，反映企业经营主要业务和其他业务所发生的成本总额。本项目应根据"主营业务成本"和"其他业务成本"科目的发生额分析填列。

（3）"税金及附加"项目，反映企业经营业务应负担的消费税、城市维护建设税、教育费附加、资源税、土地增值税、房产税、车船税、城镇土地使用税、印花税等相关税费。本项目应根据"税金及附加"科目的发生额分析填列。

（4）"销售费用"项目，反映企业在销售商品过程中发生的包装费、广告费等费用和为销售本企业商品而专设的销售机构的职工薪酬、业务费等经营费用。本项目应根据"销售费用"科目的发生额分析填列。

（5）"管理费用"项目，反映企业为组织和管理生产经营发生的管理费用。本项目应根据"管理费用"科目的发生额分析填列。

（6）"研发费用"项目，反映企业进行研究与开发过程中发生的费用化支出。本项目应根据"管理费用"科目下的"研发费用"明细科目的发生额分析填列。

（7）"财务费用"项目，反映企业为筹集生产经营所需资金等而发生的筹资费用。本项目应根据"财务费用"科目的发生额分析填列。其中，"利息费用"项目，反映企业为筹集生产经营所需资金等而发生的应予费用化的利息支出，该项目应根据"财务费用"科目的相关明细科目的发生额分析填列。"利息收入"项目，反映企业确认的利息收入，该项目应根据"财务费用"科目的相关明细科目的发生额分析填列。

（8）"资产减值损失"项目，反映企业各项资产发生的减值损失。本项目应根据"资产减值损失"科目的发生额分析填列。

（9）"信用减值损失"项目，反映企业计提的各项金融工具减值准备所形成的预期信用损失。该项目应根据"信用减值损失"科目的发生额分析填列。

（10）"其他收益"项目，反映企业计入其他收益的政府补助，以及其他与日常活动相关且计入其他收益的收益。本项目应根据"其他收益"科目的发生额分析填列。

（11）"投资收益"项目，反映企业以各种方式对外投资所取得的收益。本项目应根据"投资收益"科目的发生额分析填列。如为投资损失，以"－"号填列。

（12）"公允价值变动收益"项目，反映企业应当计入当期损益的资产或负债公允价值变动收益。本项目应根据"公允价值变动损益"科目的发生额分析填列。如为净损失，以"－"号填列。

（13）"资产处置收益"项目，反映企业出售划分为持有待售的非流动资产或处置组时确认的处置利得或损失，以及处置未划分为持有待售的固定资产、在建工程等而产生的处置利得或损失，债务重组中因处置非流动资产产生的利得或损失，非货币性资产交换中换出非流动资产产生的利得或损失也包括在本项目内。本项目应根据"资产处置损失"科目的发生额分析填列。如为处置损失，以"－"号填列。

（14）"营业利润"项目，反映企业实现的营业利润。如为亏损，以"－"号填列。

（15）"营业外收入"项目，反映企业发生的除营业利润以外的收益，主要包括债务重组利得、与企业日常活动无关的政府补助、盘盈利得、捐赠利得等。本项目应根据"营业外收入"科目的发生额分析填列。

（16）"营业外支出"项目，反映企业发生的与经营业务无直接关系的各项支出，主要包括债务重组损失、公益性捐赠支出、非常损失、盘亏损失、非流动资产毁损报废损失等。本项目应根据"营业外支出"科目的发生额分析填列。

（17）"利润总额"项目，反映企业实现的利润。若为亏损，以"－"号填列。

（18）"所得税费用"项目，反映企业应从当期利润总额中扣除的所得税费用。本项目应根据"所得税费用"科目的发生额分析填列。

（19）"净利润"项目，反映企业实现的净利润。如为亏损，则以"－"号填列。

（20）"其他综合收益的税后净额"项目，反映企业根据《企业会计准则》规定未在损益中确认的各项利得和损失扣除所得税影响后的净额。

（21）"综合收益总额"项目，反映企业净利润与其他综合收益的合计金额。

（22）"每股收益"项目，包括"基本每股收益"和"稀释每股收益"两项指标，反映普通股或潜在普通股已公开交易的企业，以及正处在公开发行普通股或潜在普通股过程中的企业的每股收益信息。

【例5－2－8】南康家具有限公司编制的2021年度的利润表如表5－2－4所示。

表5－2－4 利润表

会企02表

编制单位：南康家具有限公司　　　　　2021年　　　　　单位：元

项目	本期金额	上期金额
一、营业收入	57 730 000	
减：营业成本	33 200 000	
税金及附加	670 000	
销售费用	2 135 700	
管理费用	2 010 000	
研发费用		
财务费用	100 800	

续表

项目	本期金额	上期金额
其中：利息费用		
利息收入		
资产减值损失		
信用减值损失		
加：其他收益		
投资收益（损失以"－"号填列）		
其中：对联营企业和合营企业的投资收益		
净敞口套期收益（损失以"－"号填列）		
公允价值变动收益（损失以"－"号填列）		
资产处置收益（损失以"－"号填列）		
二、营业利润（亏损以"－"号填列）	19 613 500	
加：营业外收入	58 000	
减：营业外支出	1 004 833	
三、利润总额（亏损总额以"－"号填列）	18 666 667	
减：所得税费用	4 666 667	
四、净利润（净亏损以"－"号填列）	14 000 000	
（一）持续经营净利润（净亏损以"－"号填列）		
（二）终止经营净利润（净亏损以"－"号填列）		
五、其他综合收益的税后净额		
（一）不能重分类进损益的其他综合收益		
1. 重新计量设定受益计划变动额		
2. 权益法下不能转损益的其他综合收益		
3. 其他权益工具投资公允价值变动		
4. 企业自身信用风险公允价值变动		
……		
（二）将重分类进损益的其他综合收益		
1. 权益法下可转损益的其他综合收益		
2. 其他债权投资公允价值变动		
3. 金融资产重分类计入其他综合收益的金额		
4. 其他债权投资信用减值准备		
5. 现金流量套期储备		
6. 外币财务报表折算差额		
……		
六、综合收益总额		
七、每股收益：		
（一）基本每股收益		
（二）稀释每股收益		

项目小结

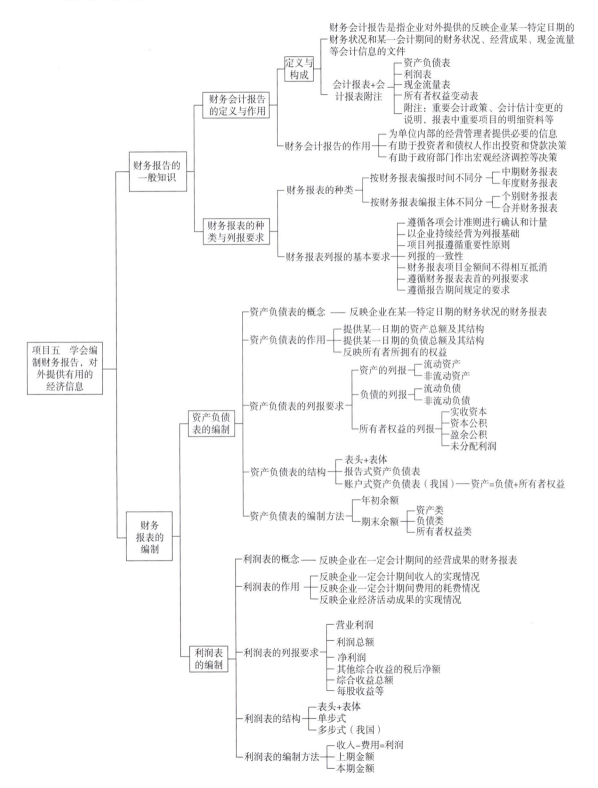

技能训练

一、单项选择题

1. 年度财务会计报告在每年度终了时编制，应于年度终了后（　　）内对外提供。

A. 15 日　　　　　　B. 30 日　　　　　　C. 2 个月　　　　　　D. 4 个月

2. 在利润表上，利润总额扣除（　　）后，得出净利润或净亏损。

A. 管理费用和财务费用　　　　　　B. 增值税

C. 营业外收支净额　　　　　　　　D. 所得税费用

3. 附注是指会计报表正式项目之外的资料，通常不采用（　　）的形式表示。

A. 数字图表　　　B. 文字　　　C. 表格　　　D. 文字加数字图表

4. 资产负债表中的负债项目是按负债的（　　）顺序排列的。

A. 流动性　　　D. 重要性　　　C. 变动性　　　D. 偿还期

5. 下列对资产流动性描述正确的是（　　）。

A. 库存现金的流动性强于固定资产

B. 交易性金融资产的流动性强于银行存款

C. 应收账款的流动性强于交易性金融资产

D. 固定资产的流动性强于银行存款

6. 某企业期末"应收账款"账户借方余额为 207 000 元，其所属明细账户的借方余额合计为 280 000 元，所属明细账户贷方余额合计为 73 000 元，"坏账准备"账户贷方余额为 1 000 元，其中针对应收账款的坏账准备为 680 元。则该企业资产负债表中"应收账款"项的期末数应是（　　）元。

A. 280 000　　　B. 279 320　　　C. 207 000　　　D. 206 320

7. 某企业期末"固定资产"账户借方余额为 200 万元，"累计折旧"账户贷方余额为 80 万元，"固定资产减值准备"账户贷方余额为 30 万元，"固定资产清理"账户借方余额为 2 万元。则该企业资产负债表中"固定资产"项目的期末数应是（　　）万元。

A. 202　　　B. 120　　　C. 92　　　D. 90

8. 某企业全部损益类账户的本月发生额如下：营业收入 800 万元，营业成本 500 万元，税金及附加 86 万元，销售费用 50 万元，管理费用 40 万元，财务费用 10 万元，营业外收入 5 万元，所得税费用 44 万元。则利润表中"净利润"项目的本月数为（　　）万元。

A. 75　　　B. 79　　　C. 114　　　D. 119

9. 某企业部分账户的期末余额如下：库存现金 2 万元，银行存款 80 万元，其他货币资金 5 万元，应收账款 25 万元。则资产负债表中"货币资金"项目应填列（　　）万元。

A. 82　　　B. 85　　　C. 87　　　D. 112

10. 某企业全部损益类账户的本月发生额如下：营业收入 800 万元，营业成本 500 万元，税金及附加 86 万元，销售费用 50 万元，管理费用 40 万元，财务费用 10 万元，营业外收入 5 万元，所得税费用 44 万元。则利润表中"营业利润"项目的本月数为（　　）万元。

A. 300　　　B. 114　　　C. 204　　　D. 160

二、多项选择题

1. 根据我国《企业会计准则》的规定，下列属于年度财务会计报告组成部分的有（　　）。

A. 资产负债表　　　　　　　　　　B. 所有者权益变动表

C. 利润表　　　　　　　　　　　　D. 会计报表附注

2. 资产负债表反映的经济内容是企业的财务状况，表现为（　　）。

A. 资产状况　　　B. 权益状况　　　C. 偿债能力　　　D. 财务成果

3. 资产负债表左方反映的经济内容有（　　）。

A. 流动负债　　　　　　　　　　　B. 流动资产

C. 长期股权投资　　　　　　　　　D. 无形资产及其他资产

4. 企业财务会计报告的使用者通常包括（　　）。

A. 投资者　　　B. 债权人　　　C. 企业管理人员　　　D. 政府及相关机构

5. 负债一般分为（　　）。

A. 流动负债　　　B. 短期负债　　　C. 非流动负债　　　D. 预计负债

6. 下列项目中，属于非流动负债的有（　　）。

A. 应付债券　　　B. 应付股利　　　C. 专项应付款　　　D. 长期应付款

7. 资产负债表的下列项目中，需要根据总账科目余额减去其备抵项目后的净额填列的有（　　）。

A. 交易性金融资产　　　　　　　　B. 长期股权投资

C. 存货　　　　　　　　　　　　　D. 固定资产

8. 财务会计报告的编制要求包括（　　）等。

A. 真实可靠　　　B. 便于理解　　　C. 全面完整　　　D. 编报及时

9. 资产负债表中"货币资金"项目的期末数，应根据（　　）账户期末余额的合计数填列。

A. 其他应收款——备用金　　　　　B. 库存现金

C. 其他货币资金　　　　　　　　　D. 银行存款

10. 编制资产负债表时，下列项目可根据总分类账户的期末余额直接填列（　　）。

A. 交易性金融资产　B. 应收票据　　　C. 应收账款　　　D. 短期借款

三、判断题

1. 根据我国现行《企业会计制度》的规定，只有月度财务会计报告中仅包括会计报表。（　　）

2. 财务会计报告是企业会计核算的最终成果。（　　）

3. 季度财务会计报告应包括的内容与月度财务会计报告基本相同。（　　）

4. 对于财务会计报告，企业可以根据需要不定期编制。（　　）

5. 企业对重要的事项，应当按照要求在会计报表附注中说明。（　　）

6. 在一年内到期的长期负债应属于流动负债项目。（　　）

7. 资产负债表是反映企业在一定时期内财务状况的财务报表。（　　）

8. 会计报表应当根据经过审核的会计账簿记录和有关资料编制。（　　）

9. 编制会计报表的主要目的是为会计报表使用者作出决策提供信息。（　　）

10. 资产负债表和利润表都是反映企业特定日期财务状况的会计报表。　（　　）

11. 账户式结构指的是资产负债表按上下顺序依次排列资产、负债及所有者权益项目。
　　　　　　　　　　　　　　　　　　　　　　　　　　　　（　　）

12. 会计报表包括资产负债表、利润表、现金流量表及其会计报表附注。　（　　）

项 目 评 价 表

项目任务	项目内容	项目完成程度		项目技能掌握程度		
		独立完成	团队完成	优秀	合格	不合格
1. 财务报告的一般知识	1. 财务会计报告的定义与作用					
	2. 财务报表的种类与列报要求					
2. 财务报表的编制	1. 资产负债表的编制					
	2. 利润表的编制					

第二部分

会计实务分任务操作技能

项目六　分任务模拟实训

【技能目标】

1. 能正确填制和审核常见原始凭证。

2. 能正确识别会计要素项目、正确理解会计等式及其核算规律。

3. 能正确合理编制会计分录，能正确填制和审核记账凭证。

4. 能正确登记库存现金日记账和银行存款日记账，能正确登记各种明细分类账；能根据科目汇总表正确登记总分类账。

5. 能判断账簿记录是否正确，能采用正确的方法更正错账。

6. 能对各类账簿进行对账，能办理各类账簿月末、年末结账手续。

7. 能对比银行对账单和银行存款日记账，找出未达账项；能根据未达账项编制银行存款余额调节表。

8. 能正确找到编制资产负债表的数据来源，能正确编制资产负债表。

9. 能正确找到编制利润表的数据来源，能正确编制利润表。

【素养目标】

1. 牢固树立诚信理念，以诚立身、以信立业，严于律己、心存敬畏。学法知法守法，公私分明、克己奉公，树立良好职业形象，维护会计行业声誉。

2. 严格执行会计准则制度，保证会计信息真实完整。勤勉尽责、爱岗敬业，忠于职守、敢于斗争，自觉抵制会计造假行为，维护国家财经纪律和经济秩序。

3. 始终秉持专业精神，勤于学习、锐意进取，持续提升会计专业能力。不断适应新形势新要求，与时俱进、开拓创新，努力推动会计事业高质量发展。

【德技并修】

1. 具有爱岗敬业、诚实守信、廉洁自律、客观公正、坚持准则、参与管理、强化服务的会计职业道德。

2. 具有崇尚劳动、热爱劳动、辛勤劳动、诚实劳动的劳动精神。

3. 具有执着专注、精益求精、一丝不苟、追求卓越的工匠精神。

4. 具有爱岗敬业、争创一流、艰苦奋斗、勇于创新、淡泊名利、甘于奉献的劳模精神。

工作任务 1 原始凭证的填制与审核

【任务清单】

任务清单如表 6 - 1 - 1 所示。

表 6 - 1 - 1 任务清单

项目名称	任务清单内容
任务情景	林芳大三实习选择了一家制造业企业，指导老师要求她负责完成 8 月份发生的经济业务所涉及原始凭证的填写与审核工作，具体包括转账支票、进账单、电汇凭证、承兑汇票、领料单和费用分配表等单据凭证
任务目标	1. 了解原始凭证填制及审核的基本内容。 2. 熟悉原始凭证的填制规范。 3. 掌握原始凭证填制与审核的基本技能，能够根据经济业务的性质、内容正确地填制原始凭证并保证有关手续完备。 4. 掌握审核原始凭证的方法，按照要求审核，并能对原始凭证的错误采用正确的方法更正
任务要求	要求全面掌握最基础和常见的原始凭证填制方法和审核技能，能够独立完成各种原始凭证的填制任务和审核工作
任务思考	1. 在采用计划成本法和实际成本法下，原材料单据的设计和填制有何不同？ 2. 成本分配计算过程中涉及哪些原始凭证的填写
任务实施	填写并审核资金结算、销售收款和固定资产折旧等业务相关原始凭证
任务总结	原始凭证一般是在经济业务发生时由经办人员根据经济业务的内容直接填列的，为保证会计凭证的真实、合法、准确，应注意以下几点： 1. 内容齐全、书写规范。 2. 原始凭证签章必须齐全。 3. 大小写金额填写正确。 4. 注意后附文件，包括验收证明、收款证明等。 5. 退货退款业务凭证须填制红字发票，并附退货验收证明；办理退款时，须取得收款收据或汇款银行的凭证。 6. 职工公出借款的收据必须附在记账凭证之后。 7. 经上级有关部门批准的经济业务应将审批文件或单据作为原始凭证的附件。 8. 一式多联的原始凭证应注明各联的用途，且只以一联作为报销凭证。凭证作废时应加盖"作废"戳记，连同存根一起保存
实施人员	会计主管、会计、出纳、仓库保管员、车间领料员等岗位人员
任务点评	原始凭证的填制与审核较简单，注意各要素细节信息的正确填制与审核

【企业背景】

公司名称：华创科技制造有限责任公司（以下简称华创公司）。

企业性质：有限责任公司。

公司地址：高山市文明大道 178 号。

基本户开户行：交通银行文明支行分理处。

账号：621700212 0003518479。

纳税人识别号：410712345678003（增值税一般纳税人，税率13%）。

电话：8245679。

主要产品：生产甲、乙两种产品。

机构设置：设生产车间、销售部门、财务部门和若干行政职能部门等。

会计核算组织：集中统一核算。

相关岗位设置：略。

法定代表：张鑫，企业法人。

会计主管：方圆，财务部门负责人。

会计：李依依。

出纳：张佳。

仓管员：王帅。

车间领料员：肖敏。

【工作内容】

（1）20×2年8月1日，华创公司开出转账支票，支付新美公司货款32 500元。

（2）20×2年8月1日，华创公司将当日现金收入5 200元（100元面额50张，50元面额2张，20元面额3张，10元面额3张，5元面额2张）送存银行。

（3）20×2年8月2日，华创公司收到上海大华公司购货款，金额65 000元，存入银行。上海大华公司开户行为中国建设银行平安支行营业部，账号为776523941223653。

（4）20×2年8月3日，华创公司向长沙梦科公司预付货款50 000元。长沙梦科公司位于福山区创业大道138号，开户行为中国建设银行福山区支行营业部，账号为1002502365210002123。

（5）20×2年8月3日，华创公司填制银行汇票申请书，用于支付上海白象公司货款56 000元。上海白象公司开户行为中国建设银行宝安区支行营业部，账号为1002502378900025660。

（6）20×2年8月3日，华创公司开出银行承兑汇票，用于向海光公司购买原材料，价款合计22600元，该票据到期日为20×2年10月3日。海光公司开户行为中国银行新兴支行，账号为310012567890123，行号为78010，承兑协议编号为689511。

（7）20×2年8月4日，华创公司开出商业承兑汇票，向胜利公司购买商品，价款合计339 000元，该票据到期日为20×2年12月4日。胜利公司开户行为中国建设银行文明支行分理处，账号为62170039520705032710，行号为2513。

（8）20×2年8月5日，华创公司销售给智胜公司甲产品5 000件，单价500元。开出增值税专用发票一张，列明价款为2 500 000元，销项税额为325 000元。智胜公司地址为花园市开河路365号，电话8352614，纳税人识别号为410712345678951，开户行为中国建设银行开河路支行，账号为6217004058327891509。

（9）20×2年8月6日，采购员林志出差返回，报销差旅费860元，交回余款140元。

（10）20×2年8月10日，华创公司向海光公司购买的原材料A验收入库（数量40吨，单价500元，合计价款20 000元）。

（11）20×2年8月12日，华创公司生产车间领用A材料20吨，单价400元。

（12）20×2 年 8 月 31 日，华创公司分配结转本月制造费用 32 000 元（根据直接人工工资率分配，甲产品 30 000 元，乙产品 60 000 元）。

（13）20×2 年 8 月 31 日，华创公司计提本月固定资产折旧 4 425 元，其中，生产车间固定资产原值为 220 000 元，月折旧率 1%，销售部门固定资产原值为 100 000 元，月折旧率为 0.5%，行政管理部门固定资产原值为 230 000 元，月折旧率为 0.75%。

【工作要求】

依据企业规章制度和相关法律法规要求，填制并审核原始凭证，如表 6 - 1 - 2 ~ 表 6 - 1 - 16 所示。

（1）填制并审核转账支票。

表 6 - 1 - 2　填制并审核转账支票

（2）填制并审核银行现金送款单（收入传票）。

表 6 - 1 - 3　填制并审核银行现金送款单（收入传票）

（3）填制并审核银行进账单。

表 6 - 1 - 4 填制并审核银行进账单

（4）填制并审核银行电汇凭证。

表 6 - 1 - 5 填制并审核银行电汇凭证

（5）填制并审核银行汇票申请书（存根）。

表6-1-6　填制并审核银行汇票申请书（存根）

中国农业发展银行银行汇票申请书（存　根）1

申请日期：　　年　月　日

申请人		收款人												此联申请人留存
账号或住址		账号或住址												
用　途		代理付款行												
金　额	人民币（大写）			千	百	十	万	千	百	十	元	角	分	
备注：		支付密码												
		会计　　　　复核　　　　经办												

（6）填制并审核银行承兑汇票。

表6-1-7　填制并审核银行承兑汇票

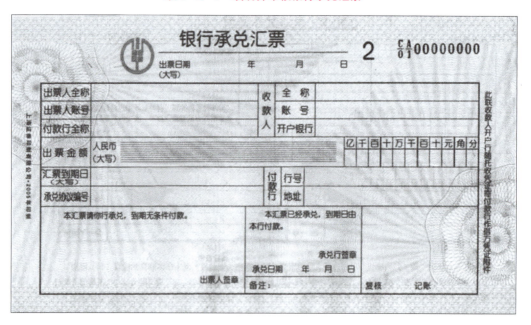

（7）填制并审核商业承兑汇票。

表6-1-8　填制并审核商业承兑汇票

商业承兑汇票　　2　00146811
2184641

出票日期：　　　　年　　月　　日
（大写）

付款人	全　称		收款人	全　称	
	账　号			账　号	
	开户银行			开户银行	
出票金额	人民币（大写）				亿千百十万千百十元角分
汇票到期日（大写）			付款人开户行	行号	
交易合同号码				地址	

本汇票已经承兑，到期无条件付账款。	本汇票请予以承兑于到期日付款。
承兑人签章	出票人签章
承兑日期：　　年　月　日	

此联持票人开户行随托收凭证寄付款人

（8）开具并审核增值税专用发票（一式三联）。

表6-1-9　开具并审核增值税专用发票（第一联）

1100191130　　XX增值税专用发票　　№ 01023804
此联不作报销、抵税凭证使用　　　　开票日期：

购买方	名　　称：					密码区				
	纳税人识别号：									
	地址、电话：									
	开户行及账号：									
货物或应税劳务名称	规格型号	单位	数　量	单　价	金　额		税率	税　额		
合　　计										
价税合计（大写）				（小写）						
销售方	名　　称：					备注				
	纳税人识别号：									
	地址、电话：									
	开户行及账号：									

收款人：　　　　　复核：　　　　　开票人：　　　　　销售方：（章）

第一联：记账联　销售方记账凭证

表6-1-10　开具并审核增值税专用发票（第二联）

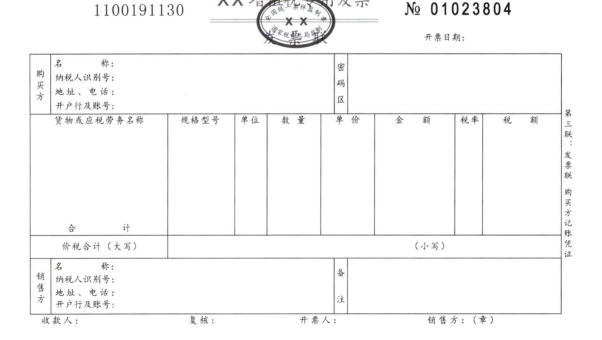

（9）填制并审核借据（差旅费）。

表 6 - 1 - 12　填制并审核借据（差旅费）

借据（差旅费）

申请人	部门	负责区域	申请日期　　年　月　日		
出差地点及路线安排（省市）					
工作内容					
出差日期		年　月　日　至　　年　月　日		出差天数：	
补助标准	住宿：　　元/天		补助：　　元/天（交通费＋伙食费）	路费：　　元	
借款金额	大写金额：			小写金额：	
交通工具	火车（　　）				
	飞机（　　）				
	汽车（　　）				
部门经理签字		年　月　日			
财务签字		年　月　日			

（10）填制并审核入库单。

表 6 - 1 - 13　填制并审核入库单

入库单

入库单号：　　　　　日期：　　　　　生产车间：

生产批次	编码	产品名称	型号规格	单位	数量	成本单价	金额
合计							

记账：　　　　　复核：　　　　　仓库保管：　　　　　交货人：

（11）填写并审核领料单。

表 6 - 1 - 14　填写并审核领料单

领料单

领料单号：　　　　　　　　日期：　　　　　　　领用部门：

材料用途	编码	材料名称	型号规格	单位	数量	单价	金额
合计							

记账：　　　　　　　复核：　　　　　　　仓库保管：　　　　　　　领料人：

（12）填制并审核制造费用分配表。

表 6 - 1 - 15　填制并审核制造费用分配表

制造费用分配表

部门（车间）：　　　　　　　　　　　　　　年　　　月　　　　　　　　　　单位：元

分配对象	分配标准	分配率	分配金额
合计			

（13）填制并审核固定资产折旧计算表。

表 6 – 1 – 16　填制并审核固定资产折旧计算表

固定资产折旧计算表

单位名称：　　　日期：　　年　月　日　　　　折旧方法：　固定资产类别：　　　　单位：元

编号	名称	使用部门	入账日期	原值	使用年限	残值率/%	预计净残值	已使用月份	本月折旧	累计折旧	净值
	固定资产合计										
1											
2											
3											
4											
5											
6											
7											
8											
9											
10											
11											
12											
13											

工作任务 2　会计要素与会计等式

【任务清单】

任务清单如表 6 – 2 – 1 所示。

表 6 – 2 – 1　任务清单

项目名称	任务清单内容
任务情景	张华初学会计，为了弄明白一笔业务是如何引起会计要素增减变动的，他找到一些制造业企业的会计资料，探寻会计等式是如何保持恒等的
任务目标	1. 重点掌握六大会计要素的概念和特征。 2. 熟练掌握会计基本等式，理解经济业务的发生对会计等式的影响。 3. 理解会计等式及其对相关会计核算方法所起的作用
任务要求	要求正确识别会计要素项目、正确理解会计等式及其核算规律

项目名称	任务清单内容
任务思考	1. 资产、负债和所有者权益要素各有什么特征？ 2. 收入、费用和利润要素各有什么特征
任务实施	分析经济业务的发生对会计等式的影响，并加计金额，通过会计等式核算期末余额的正确性
任务总结	1. 会计要素是根据交易或事项的经济特征所确定的财务会计对象的基本分类，是会计对象的具体化。根据《企业会计准则》的规定，企业会计要素包括资产、负债、所有者权益、收入、费用和利润六大要素。其中资产、负债、所有者权益是组成资产负债表的会计要素，为静态会计要素，收入、费用和利润是组成利润表的会计要素，为动态要素。 2. "资产＝负债＋所有者权益"是复式记账法的理论基础，也是编制资产负债表的依据，是企业最基本的会计等式。 3. "收入－费用＝利润"表明了企业在一定时期的经营成果与相应的收入和费用之间的关系，说明了企业利润的实现过程。它实际上反映的是企业资金运动的绝对运动形式，是编制利润表的基础。 4. 一定时期的经营成果必然影响一定时点的财务状况，因此，把一定会计期间的六个会计要素联系起来，就可得到以下公式： 资产＝负债＋所有者权益＋收入－费用＝负债＋所有者权益＋利润 5. 会计恒等式是复式记账法的理论基础，也是企业编制资产负债表的依据，同时也是试算平衡的理论基础和依据
实施人员	会计岗位人员
任务点评	任务涉及的业务类型比较简单，注意理解会计要素的变化和会计等式的逻辑

任务2.1　会计要素与资金项目的确认

【工作内容】

广州荣科制造公司的资产、负债和所有者权益状况具体如下：

（1）厂房及生产线 200 万元；

（2）收取出借包装物押金 5 万元；

（3）持有股票作为交易性金融资产，公允价值为 23 万元；

（4）接受地方政府投入资金 200 万元；

（5）正在生产装配的产品设备 30 万元；

（6）已完工入库的产品设备 65 万元；

（7）应支付给股东的股利 20 万元；

（8）发行股票超过面值 70 万元；

（9）尚未缴纳的各项税金 15 万元；

（10）欠职工工资 18 万元尚未支付；

（11）从银行贷款 30 万元；

（12）采购员预借差旅费 1 万元；

（13）存放在银行的款项为 90 万元；

（14）购入零件等原材料 35 万元尚未支付；

（15）应付电力公司的电费6万元；

（16）以盈余公积形成的留存收益70万元；

（17）A公司拖欠货款60万元尚未支付。

【工作要求】

（1）进行会计要素及资金项目的确认与计算，如表6-2-2所示。

表6-2-2　进行会计要素及资金项目的确认与计算

序号	会计要素	资金项目	金额
1			
2			
3			
4			
5			
6			
7			
8			
9			
10			
11			
12			
13			
14			
15			
16			
17			

（2）按照资产、负债和所有者权益分别合计其金额并观察三者之间的关系如表6-2-3所示。

表6-2-3　合计金额并观察三者之间的关系

资产		负债		所有者权益	
资金项目	金额	资金项目	金额	资金项目	金额

续表

资产		负债		所有者权益	
资金项目	金额	资金项目	金额	资金项目	金额
合计		合计		合计	
关系:					

任务2.2　会计交易与会计要素的确认

【工作内容】

羊城中华机械有限责任公司20×2年4月30日资产总额40万元，负债总额16万元。同年5月发生以下交易事项：

（1）以银行存款支付机器设备购买款，价值5万元；

（2）股东以一批价值4万元的原材料作价入股；

（3）以银行存款支付上月欠供应商货款7万元；

（4）银行收到本月客户购货款8万元；

（5）将一笔长期负债6万元转为对公司的投资款；

（6）按规定将资本公积转为实收资本。

【工作要求】

（1）根据5月发生的会计交易，分析会计交易对会计要素的影响，包括涉及的会计要素名称、资金项目及其增减金额。

（2）计算5月末该公司的资产、负债和所有者权益的金额。

任务2.3　会计交易与会计等式的确认

【工作内容】

阳光洋娃娃玩具生产厂（一般纳税人税率13%）20×2年3月发生的经济交易如下：

（1）当地政府投入30万元，存入银行；

（2）J公司通过协议达成将阳光洋娃娃玩具生产厂此前拖欠的货款8万元转为投资，入股本厂；

（3）从银行提取现金5 000元作为备用金；

（4）银行收到S客户此前拖欠货款5万元；

（5）归还银行到期贷款10万元；

（6）B公司以3台生产机器设备作价9万元入股本厂；

（7）购入生产用棉布、丝线等原材料 5 万元，已验收入库，且款项由银行存款付讫；

（8）出售毛绒玩具 5 000 件，单价 50 元，款项及增值税已存入银行；

（9）联营期限已满，按规定将原投资 10 万元退回，其中 6 万元以银行存款退回，剩余暂欠；

（10）公司将资本公积 5 万元转增资本；

（11）收回 M 公司此前所欠货款 8.4 万元，直接归还银行短期借款；

（12）酷小丫公司分别以银行存款 6.5 万元和生产设备 3.5 万元向阳光洋娃娃玩具生产厂投资；

（13）用银行存款缴纳上月应交税费 2.5 万元。

【工作要求】

（1）分析每笔经济交易影响的会计要素及其资金项目的增减金额，同时指出该经济交易对会计等式影响的类型。

（2）计算资产和所有者权益的增减金额，观察两者是否相等。

任务 2.4 会计要素的分类及其之间的数量关系

【工作内容】

西安华强机械公司 20×2 年 9 月 30 日资产、负债和所有者权益有关资金项目及金额如表 6-2-4 所示。

表 6-2-4 有关资金项目及金额

20×2 年 9 月 30 日   元

资产	金额	负债及所有者权益	金额
库存现金	1 000	短期借款	10 000
银行存款	27 000	应付账款	32 000
应收账款	35 000	应交税费	9 000
原材料	52 000	长期借款	（B）
长期股权投资	（A）	实收资本	240 000
固定资产	200 000	资本公积	23 000
合计	375 000	合计	（C）

【工作要求】

根据以上资料计算 A、B、C 项目金额及该公司期末流动资产总额、流动负债总额和净资产总额。

任务2.5 会计交易与资产和权益项目增减变化平衡表

【工作内容一】

（1）阳光洋娃娃玩具生产厂20×2年2月的资产和所有者权益项目的金额如表6-2-5所示。

表6-2-5 阳光洋娃娃玩具生产厂资金项目、金额

项目	金额	项目	金额	项目	金额	项目	金额
库存现金	20	实收资本	2 900	应交税费	180	原材料	920
应付账款	210	库存商品	540	资本公积	570	预收账款	360
银行存款	980	短期借款	800	固定资产	1 980	预付账款	250
应收账款	860	生产成本	390	盈余公积	450	未分配利润	470

（2）阳光洋娃娃玩具生产厂3月发生的经济交易如【任务2.3】所示。

【工作要求】

（1）在对表6-2-5中资金项目及金额分清归属会计要素类别的基础上，对3月份发生的经济交易分析其所涉及的资金项目及其增减金额的变动，并将相同项目的增减金额进行合计。

（2）对每一资金项目的金额，根据"期初余额+本期增加-本期减少=期末余额"的公式计算"期末余额"，然后对各项目的期初余额、本期增加、本期减少和期末余额进行合计。

（3）观察资产项目与所有者权益项目的"期初余额"合计和"期末余额"合计是否相等，并思考其中的原因。

【工作内容二】

A公司投资开办南海服务部，20×2年1月1日资产、负债、所有者权益各项目期初余额为：A公司投资15 000元，现金176元，银行存款8 800元，应收甲商店账款2 000元，库存商品4 500元，向银行借入的短期借款5 000元，应付乙单位货款900元，各种办公用品624元，各种家具、用具共计4 800元。

A公司3月发生下列经济业务：

（1）代服务部归还到期借款5 000元，作为增加投资。

（2）取得营业收入8 500元，存入银行。

（3）用银行存款偿还应付乙单位货款900元。

（4）赊购保险箱一个，价值1 000元。

（5）用现金购入办公用品140元。

（6）收到甲商店前欠账款1 500元，存入银行。

【工作要求】

（1）列出期初会计等式。

（2）分析经济业务的发生对会计等式的影响，并加计金额，列出期末会计等式。

工作任务3　会计科目与账户

【任务清单】

任务清单如表6-3-1所示。

表6-3-1　任务清单

项目名称	任务清单内容
任务情景	张明在大三实习时选择了一家代理记账公司，他的第一个任务是负责新开业的一家公司日常账务处理，那么他应该如何着手开始呢
任务目标	1. 了解会计科目的概念、设置会计科目的意义和原则。 2. 熟练掌握和记住常用的会计科目。 3. 掌握账户及其与会计科目之间的关系
任务要求	要求能完成日常业务的账务处理
任务思考	1. 会计科目是如何分类的？ 2. 账户是如何分类的？ 3. 会计科目与账户之间有什么区别和联系
任务实施	分析经济业务所涉及的会计科目和账户，判断类别并计算金额
任务总结	1. 会计科目是对会计要素的具体内容进行分类的项目，是为了满足会计确认、计量、报告的要求，根据企业内部会计管理和外部信息的需要，对会计对象进行第三层次的划分。 2. 会计科目按其反映的经济内容不同（即所属会计要素），可分为资产类科目、负债类科目、共同类科目、所有者权益类科目、成本类科目和损益类科目。 3. 账户是根据会计科目设置的，具有一定的格式和结构，用于分类反映会计要素增减变动情况及其结果的载体。会计科目与账户都是对会计对象具体内容的分类，两者核算内容一致，性质相同。 4. 总分类账户和所属明细分类账户核算的内容相同，登记的原始依据也相同，只是反映内容的详细程度有所不同，两者相互补充，相互制约，相互核对
实施人员	出纳、会计、会计主管等岗位人员
任务点评	账户的格式简单，根据账户性质把握账户的记账方向，即哪方登记增加金额，哪方登记减少金额，即可完成基本的会计分录

任务3.1　会计科目名称的确认、计量、分析

【工作内容】

西安华强机械公司20×2年3月1日有关资金内容及金额如下：

（1）存放在企业的现款 1 万元；

（2）应交未交的企业所得税 9 万元；

（3）欠供货方货款 37 万元；

（4）库存的各种材料 4 万元；

（5）库存的完工产品 17 万元；

（6）企业留存的盈余公积 8 万元；

（7）房屋建筑物 90 万元；

（8）购买材料签发的商业汇票 15 万元；

（9）从银行借入的半年期借款 10 万元；

（10）购货方欠的货款 10 万元；

（11）存放在银行的款项 30 万元；

（12）预收购货单位的定金 10 万元；

（13）尚未完工的产品 15 万元；

（14）投资者投入资本 150 万元；

（15）资本溢价部分的金额 8 万元；

（16）车间使用的机器设备 80 万元。

【工作要求】

（1）确认并计量每一项资金内容的会计科目名称、应属会计要素类别及金额。

（2）计算各会计要素金额的合计数并观察其中的数量关系。

任务 3.2　掌握各类账户的结构及有关金额的计算

【工作内容一】

掌握账户增减金额记录的方向并计算期末余额。

美味食品商场 20×2 年 5 月末部分账户的期初余额和本期发生额如表 6-3-2 所示。

表 6-3-2　美味食品商场期初余额和本期发生额

20×2 年 5 月 31 日

账户名称	期初余额	本期借方发生额	本期贷方发生额	期末余额
银行存款	2 000	300	100；20；200；800	
应付账款	400	800	500；600	
原材料	250	100；500		
短期借款	100	200	300	
销售费用	0	20	20	
本年利润	500	20		
固定资产	3 000	600		

【工作要求】

根据账户期初余额、本期发生额和期末余额的计算方法，计算并填列表 6 – 3 – 2 中空白的数字。

【工作内容二】

掌握资产类账户和负债类账户的结构及其两者之间的关系。

M 公司期初库存材料成本 278 000 元，本期仓库共发出材料成本 132 000 元，期末结存材料成本 206 000 元，"应付账款"（材料款）账户期初贷方余额为 218 000 元，期末贷方余额为 243 000 元，本期没有发生偿还应付款业务，本期购入材料均已入库。

【工作要求】

（1）计算本月购入材料总额。

（2）计算本月发生的应付购货款。

（3）计算本月已付的材料款。

提示：画 "T" 形账户，分别计算本月购入材料总额、本月发生的应付购货款，然后在此基础上计算本月已付的材料款。

【工作内容三】

掌握各类账户的结构并判断其余额方向。

火火食品公司 20 × 2 年 6 月末部分账户资料如表 6 – 3 – 3 所示。

表6-3-3 火火食品公司账户资料

20×2年6月30日

账户名称	期初余额	本期借方发生额	本期贷方发生额	期末余额
银行存款	A	20	73	52
预收账款	B	90	75	30
应付账款	68	C	42	81
实收资本	600	D	260	850
库存现金	12	15	E	16
短期借款	82	11	F	40
盈余公积	49	16	24	G
固定资产	560	60	48	H

【工作要求】

根据各类账户的结构，在判断所给账户期初、期末余额方向的基础上，计算各账户的余额或发生额，即分别计算A~H所代表的数字。

提示：所给账户期初、期末余额方向均为正常余额方向。

工作任务4　借贷记账法与主要经济业务

【任务清单】

任务清单如表6-4-1所示。

表6-4-1 任务清单

项目名称	任务清单内容
任务情景	李华毕业后在一家制造业企业工作，主要负责企业主要经济业务的账务处理，那么他应该如何快速熟悉企业基本情况和日常业务，做好账务处理呢
任务目标	1. 熟悉试算平衡的原理及方法。 2. 理解复式记账的含义。 3. 掌握账户按结构和用途的分类。 4. 学会编制会计分录并理解账户的对应关系
任务要求	能够完成试算平衡和几类主要经济业务会计分录的编制
任务思考	1. 复式记账法中"借"和"贷"是什么意思？ 2. 如何理解"有借必有贷、借贷必相等"的记账规则

续表

项目名称	任务清单内容
任务实施	1. 通过翻阅以前期间的会计凭证和账簿资料，快速了解企业的基本情况和日常业务类型。 2. 遵循会计核算的基本前提条件、会计期间、记账方法、会计计量属性等基本会计核算规定，根据原始凭证和业务实质完成主要经济业务会计分录的编制
任务总结	1. 借贷记账法的记账规则是"有借必有贷、借贷必相等"，即对于每笔交易或事项都要在两个或两个以上相互联系的账户中以借方和贷方相等的金额进行登记。 2. 资产类、成本类、费用类账户，借方记录增加额；负债类、所有者权益类、收入类账户的结构与资产类账户的结构正好相反，借方记录减少额。 3. 试算平衡，是指根据借贷记账法的记账规则和资产与权益的恒等关系，通过对所有账户的发生额和余额的汇总计算和比较，来检查记录是否正确的一种方法。 4. 发生额与余额试算平衡，不一定说明账户记录绝对正确，因为有些错误不会影响借贷双方的平衡关系，比如漏记、重记、错记有关账户、颠倒记账方向、多记少记抵消等
实施人员	会计岗位人员
任务点评	在复合会计分录中，要注意账户和金额的对应关系

任务4.1　编制试算平衡表

【工作内容】

阳光洋娃娃玩具生产厂20×2年3月初有关账户的期初余额见"任务2.5"的表6-2-5所示。

20×2年3月发生的经济交易如"任务2.3"所示。

【工作要求】

（1）编制相关经济交易的会计分录。

（2）开设并登记"银行存款"和"实收资本"账户的"T"形账户（其余账户在草稿纸上开设）并进行结账（即计算账户的借、贷发生额及期末余额）。

（3）根据"T"形账户的记录编制本期发生额及余额试算平衡表。

任务4.2　筹资业务的账务处理

【工作内容一】

运城市前进机械公司为有限责任公司，于两年前成立，公司成立时注册资本为100

万元。

20×2 年 3 月份发生下列资本投入的经济交易或事项：

（1）收到开户银行转来的中国工商银行进账单，系运城市国资委（股东）交来的剩余投资款 100 000 元。

（2）收到华远公司（股东）以 2 台全新设备（直接交付车间使用）进行投资而交来的剩余投资款，双方协商作价 22 600 元；收到的增值税专用发票上注明：价款 20 000 元，税额 2 600 元。

（3）收到新的投资者光辉公司投来的一项专利权，双方协商作价 318 000 元，收到的增值税专用发票上注明：价款 300 000 元，税额 18 000 元，光辉公司的投资占运城市前进机械公司接受投资后全部有表决权资本的 25%。

（4）经有关部门批准，将资本公积 350 000 元转增资本金。

【工作要求】

编制相关经济交易或事项的会计分录。

【工作内容二】

花城虹海公司 20×2 年 5 月份发生下列有关借入资本的经济交易或事项：

（1）从中国农业银行花城支行（简称"农行花支"）取得 6 个月的借款 100 000 元存入银行账户。

（2）若上述借款年利率为 7.2%，根据与银行签署的借款协议，该项借款的利息按季度支时，本金于到期后一次归还，计算提取本月应负担的借款利息。

（3）收到中国工商银行花城支行（简称"工行花支"）转来的"银行利息结算清单（付款通知）"，按季支付的短期借款利息为 6 400 元。

（4）向中国建设银行花城分行（简称"建行花分"）借入的期限为 6 个月的借款到期，用银行存款偿还本金 50 000 元。

【工作要求】

编制相关经济交易或事项的会计分录。

任务4.3　投资业务的账务处理

【工作内容一】

长青机械公司20×2年10月发生下列有关固定资产投资的经济交易或事项：

（1）收到购买生产用机床的增值税专用发票上注明：数量2台、单价150 000元、价款300 000元、税额39 000元；对方代垫运费并转来承运单位神华物流公司开具的增值税专用发票上注明：运费3 000元，税额270元；全部款项已用银行存款支付，设备直接交付车间使用。

（2）收到为2号生产线工程购买生产用WH88型车床的增值税专用发票上注明：数量2台、单价250 000元、价款500 000元、税额65 000元；对方代垫运费并转来承运单位开具的增值税专用发票上注明：运费4 000元、税额360元。全部款项已用银行存款支付，设备已经运抵企业并直接交付安装。

（3）2号生产线工程的土建工程企业自行组织力量进行产品仓库的建造，耗用生产用材料合计175 000元，分配人工费40 000元。

（4）2号生产线工程WH88型车床的安装委托通达机械安装公司进行，结算安装费收到的增值税专用发票上注明：价款20 000元，税额1 800元，全部款项已通过银行付讫。

（5）2号生产线工程安装完毕，经验收合格达到预定可使用状态，计算并结转工程成本。

【工作要求】

编制相关经济交易或事项的会计分录。

【工作内容二】

长青机械公司20×2年12月发生下列有关交易性金融资产投资的经济交易：

（1）作为交易性金融资产，12月3日从证券市场买入蓝天股份10万股，平均成交价格5.50元，支付印花税550元，实付金额550 550元。

（2）"交易性金融资产"账户所属明细账："成本——翔龙股份"账户期初借方余额32 800元（8万股），"公允价值变动——翔龙股份"账户期初借方余额22 000元。12月13日将翔龙股份8万股出售，平均成交价格9.00元，支付印花税720元，实收金额

720 720 元。

（3）"交易性金融资产"账户所属明细账："成本——华光股份"账户期初借方余额 28 000 元（5 万股），"公允价值变动——华光股份"账户期初贷方余额 20 000 元。12 月 23 日出售华光股份 2.5 万股，平均成交价格 8.00 元，支付印花税 200 元，实收金额 199 800 元。

（4）月末，华光股份平均成交价格 9.00 元，蓝天股份平均成交价格 4.20 元，确认并结转该交易性金融资产的公允价值变动。

【工作要求】

编制相关经济交易的会计分录。

任务4.4 购销存业务账务处理

【工作内容一】

A 市中华机械厂 20×2 年 2 月份发生下列有关材料采购的经济交易：

（1）向 A 市新强公司购进材料，收到的增值税专用发票上注明：甲材料 1 000 千克、单价 30 元、价款 30 000 元、税额 3 900 元；材料已验收入库并填制收料单；价税合计 33 900 元，开出转账支票支付。

（2）向 B 市永兴公司购入材料，收到的增值税专用发票上注明：甲材料 2 000 千克、单价 30 元、价款 60 000 元、税额 7 800 元；乙材料 3 000 千克，单价 30 元、价款 90 000 元，税额 11 700 元；对方代垫运费并转来承运单位开具的增值税专用发票上注明：运费 7 000 元，税额 630 元，运费按照材料的重量采用比例分配法进行分配；材料已验收入库并填制收料单；收到银行转来金额为 177 130 元的"委托收款结算凭证（付款通知）"，经审核无误后同意付款。

（3）向 C 市滨河公司购入材料，收到的增值税专用发票上注明：丙材料 2 000 千克、单价 100 元、价款 200 000 元、税额 26 000 元；对方代垫运费并转来承运单位开具的增值税专用发票上注明：运费 4 000 元，税额 360 元，材料已验收入库并填制收料单，价税合计 230 360 元，经协商下月支付。

（4）向 D 市兴华公司购入材料，收到的增值税专用发票上注明：甲材料 2 000 千克、单价 32 元、价款 64 000 元、税额 8 320 元；合同规定运费由对方负担，材料已验收入库并填制收料单，价税合计 72 320 元。签发一张为期 5 个月的商业承兑汇票。

【工作要求】

编制相关经济交易的会计分录。

【工作内容二】

太原市达虹机械公司 20×2 年 3 月份发生下列有关材料采购的经济交易：

（1）从甲市圣元公司购入材料，收到的增值税专用发票上注明：A 材料 1 000 千克、单价 26 元、价款 26 000 元、税额 3 380 元；B 材料 2 000 千克、单价 20 元、价款 40 000 元、税额 5 200 元。收到对方托收货款的"委托收款凭证（付款通知）"，金额为 74 580 元，经审核无误后同意付款。

（2）上述 A、B 材料的运输委托太原市前进物流公司运输，收到的增值税专用发票上注明：运费 1 200 元、税额 108 元，价税合计 1 308 元，开出转账支票支付。上述材料验收入库，按照材料重量分配运费，计算并结转采购成本。

（3）从无锡市乐源公司购入材料，收到的增值税专用发票上注明：C 材料 4 000 千克、单价 35 元、价款 140 000 元、税额 18 200 元；收到银行转来的金额为 158 200 元的"委托收款凭证（付款通知）"，经审核无误后同意付款，材料尚在运输途中。

（4）上月从乙市宏盛公司购进的 D 材料验收入库，收到承运单位太原市前进物流公司开来的增值税专用发票上注明：运费 1 300 元、税额 117 元、价税合计 14 117 元，开出转账支票支付，填制的收料单上注明：买价 70 000 元、采购费用 1 300 元、采购成本 71 300 元，结转采购成本。

【工作要求】

编制相关经济交易的会计分录。

任务4.5　生产业务的账务处理

【工作内容一】

永峰机械公司20×2年3月发生下列有关原材料和职工薪酬的经济交易：

（1）该公司原材料的收发采用月末一次加权平均法计价。

①月初结存：

甲材料200千克，总成本76 000元；乙材料1 000千克，总成本34 000元。

②本月购进：

甲材料6 000千克，总成本244 000元；乙材料4 000千克，总成本116 000元。

③本月发出：

根据领料单汇总编制的发料凭证汇总表上显示：

生产A产品领用甲材料4 000千克和乙材料2 000千克；

生产B产品领用甲材料3 000千克和乙材料1 500千克；

车间一般性消耗领用乙材料400千克；

厂部一般性消耗领用乙材料200千克；

配电室工程领用乙材料300千克。

（2）根据各车间、部门的考勤记录和工资标准汇总编制的工薪费用结算汇总表上显示：

车间生产工人工资：A产品60 000元，B产品40 000元；

管理人员工资：车间10 000元，行政管理部门人员30 000元；

专设销售机构人员工资6 000元；

配电室工程人员工资4 000元。

（3）按照上述工资总额的14%计提职工福利费21 000元，并编制职工福利费计提表。

（4）收到"中国农业银行电子转账凭证"和"中国农业银行批量代付成功清单"，通过网银由银行代发职工工资150 000元，直接转入职工个人账户。

（5）收到市人民医院体检中心开具的增值税普通发票上注明：职工体检费价款15 000元，税率6%，税额900元，开出金额为15 900元的转账支票支付。

【工作要求】

编制相关经济交易的会计分录。

【工作内容二】

祥源公司的生产车间生产甲、乙两种产品，20×2 年 5 月份发生下列与制造费用等内容相关的经济交易：

（1）收到本市利源建筑公司开具的增值税专用发票上注明：车间房屋修缮费 10 000 元和办公大楼修缮费 20 000 元，税额 3 300 元，价税合计 33 300 元，开出转账支票支付。

（2）收到开户银行转来供电公司填制金额为 36 160 元的"同城特约托收凭证（支款通知）"和开具的增值税专用发票，注明电费价款 32 000 元，税额 4 160 元。

（3）收到开户银行转来自来水公司填制金额为 18 080 元的"同城特约托收凭证（支款通知）"和开具的增值税专用发票，注明水费价款 16 000 元，税额 2 080 元。

（4）办公室购买办公用品收到的增值税专用发票上注明：价款 8 100 元，税额 1 053元，价税合计 9 153 元，开出转账支票支付。编制办公用品领用分配表，生产车间、专设销售机构、行政管理部门各负担 1/3。

（5）年初生产车间租赁一台专用设备，租期 6 个月，合同规定月租金 22 600 元并按月支付。收到租赁公司开具的增值税专用发票上注明：价款 20 000 元，税额 2 600 元，价税合计 22 600 元，签发转账支票付讫。

（6）月末，根据领料单编制的发料凭证汇总表上显示：本月领用材料总成本 500 000元，其中，车间生产产品耗用材料 468 000 元，车间一般性消耗材料 32 000 元。

（7）月末，根据各车间、部门提供的工资结算单编制的工资费用结算汇总表上显示：本月工资总额 350 000 元，其中，生产工人工资 320 000 元，车间管理人员工资 30 000 元。

（8）月末，根据上述工资费用结算汇总表的工资总额，按照 14% 计算编制的职工福利费计提表上显示：生产工人的职工福利 44 800 元，车间管理人员职工福利 4 200 元。

（9）月末，按照月初固定资产原值和规定的折旧率，计算编制的固定资产折旧费用计提表上显示：生产车间折旧额为 39 000 元，行政管理部门折旧额为 13 000 元。

（10）月末，按照各车间、各部门水电的耗用量，编制水电费用计算分配表，如表 6 -4 - 2 所示。

表 6 - 4 - 2 水电费用计算分配表

20×2 年 3 月 31 日

车间、部门及用途	水费分配			电费分配			金额合计/元
	耗用量/吨	单价/元	金额/元	耗用量/度	单价/元	金额/元	
产品生产直接耗用	2 000	5	10 000	30 000	0.8	24 000	34 000
车间一般性耗用	500	5	2500	5 000	0.8	4 000	6500
行政管理部门耗用	600	5	3 000	6 000	0.8	4 800	7 800
合计	3 100		15 500	41 000		32 800	48 300

（11）加计本月发生的上述制造费用，按生产工人工时（本月生产工时：甲产品 6 000小时，乙产品 4 000 小时）的比例分配并结转制造费用。

【工作要求】

编制相关经济交易的会计分录。

【工作内容三】

太原机械公司专门生产 A、B 两种产品并采用定额成本法计算完工产品成本。20×2 年 9 月份有关 A、B 产品生产成本的资料如表 6-4-3 和表 6-4-4 所示。

表 6-4-3 在产品成本定额及月初在产品定额成本 元

成本项目产品名称及定额	A 产品（400 台）		B 产品（150 台）		定额成本合计
	单位成本定额	定额成本	单位成本定额	定额成本	
直接材料	185	74 000	320	48 000	122 000
直接人工	55	22 000	100	15 000	37 000
制造费用	35	14 000	60	9 000	23 000
合计	—	110 000	—	72 000	182 000

表 6-4-4 本月在产品、完工产品数量及发生的生产费用汇总表

产品名称	在产品、完工产品数量/台				本月各成本项目发生额/元		
	月初在产品	本月投产	本月完工	月末在产品	直接材料	直接人工	制造费用
A 产品	400	2 600	2 500	500	480 000	280 000	243 600
B 产品	150	650	800	0	206 000	140 000	
合计	—	—	—	—	686 000	420 000	243 600

【工作要求】

（1）根据以上资料，按照本月直接人工比例计算分配制造费用并编制制造费用分配表。

（2）根据制造费用分配表编写结转制造费用的会计分录。

（3）计算并编制完工产品成本计算单。

提示：

各成本项目完工产品总成本＝该成本项目月初在产品成本＋该成本项目本月发生额－
（月末在产品数量×该成本项目单位成本定额）

（4）根据完工产品成本计算单编写结转完工产品成本的会计分录。

任务4.6 销售业务的账务处理

【工作内容一】

太原市兴隆机械公司对存货的计价采用月末一次加权平均法，库存商品月初结存：A产品60件，总成本99 000元；B产品40件，总成本96 000元。

20×2年8月份发生下列有关产品销售的经济交易：

（1）采用转账支票结算方式向本市红星公司销售产品。

①开具的增值税专用发票上注明：A产品50件，单价3 000元，价款150 000元，税额19 500元；B产品40件，单价4 000元，价款160 000元，税额20 800元；

②填制一式三联的产品出库单，并将提货联交由对方自提货物；

③价税合计350 300元，收到对方签发的转账支票，填制一式两联的"中国工商银行进账单"，送存银行并收到"收账通知"联。

（2）采用委托收款结算方式向西安市新华机械公司销售产品。

①开具的增值税专用发票上注明：B产品50件，单价4 000元，价款200 000元，税额26 000元；

②货已发出，签发转账支票支付代垫运费3 300元；

③货款及代垫运费229 300元填制"委托收款结算凭证"，并已办妥银行托收手续。

（3）采用赊销方式向北京市新民公司销售产品。

①开具的增值税专用发票上注明：A产品50件，单价3 000元，价款150 000元，税额19 500元；B产品50件，单价4 000元，价款200 000元，税额26 000元；

②合同规定运费由销货方负担，本公司委托本市华远物流公司运输，收到物流公司开具的增值税专用发票上注明：运费30 000元，税额2 700元，签发金额为32 700元的转账支票支付运费；

③货已发出，货款及代垫运费428 200元，对方承诺下月付款。

（4）采用商业汇票结算方式向天津市宏盛公司销售产品。

①开具的增值税专用发票上注明：A产品40件，单价3 000元，价款120 000元，税额15 600元；

②已将提货联交由对方自提货物；

③货款收到，对方签发并承兑期限为 6 个月、金额为 135 600 元的商业承兑汇票。

（5）采用预收账款方式向无锡市光明机床厂销售产品。

①开具的增值税专用发票上注明：A 产品 50 件，单价 3 000 元，价款 150 000 元，税额 19 500 元；

②产品已发出，签发转账支票支付代垫运费 440 元；

③结清之前已预收的款项 169 940 元。

【工作要求】

编制相关经济交易的会计分录。

【工作内容二】

甲公司为增值税一般纳税人企业，适用的增值税税率为 13%。

（1）20×2 年 3 月 1 日赊销乙公司一批商品，增值税专用发票上的售价为 600 000 元，税额 78 000 元。货到后，乙公司发现商品质量不合格，要求在价格上给予 3% 的折让。经协商，甲公司同意乙公司的退货要求，并办理了相关手续。

（2）3 月 10 日甲公司收到相关货款。

（3）3 月 18 日因发货错误，丙公司要求退回上月购入的 20 件 A 产品，该产品销售单价为 20 000 元，单位销售成本为 10 000 元，甲公司已确认销售收入，但价款尚未收取。经协商，甲公司同意丙公司的退货要求，并办理了相关手续，开具红字增值税专用发票，该批退回的产品已验收入库。

【工作要求】

编制相关经济交易的会计分录。

备注：应交税费科目要求写明细科目及专栏名称。

任务4.7 期间费用的账务处理

【工作内容一】

高华机械公司20×2年12月份发生下列有关期间费用的经济交易：

（1）办公室主任报销购买的办公用品678元。

①收到的增值税专用发票上注明（并附办公用品清单）：价款600元，税额78元；

②填制的办公用品领用表上注明：车间200元、生产科300元、专设销售机构100元；

③填制现金报销单并以库存现金付讫。

（2）办公室主任填制报账（付款）审批表，报销集中支付宏达酒店的餐饮费。

①附件增值税普通发票上注明：价款6 000元，税额360元；

②经审核无误同意付款，并签发金额为6 360元的转账支票付讫。

（3）以银行存款支付本市光大会展中心产品展销费，收到增值税专用发票上注明：价款20 000元，税额1 200元。

（4）签发转账支票支付本市鸿图印刷公司的商标印刷费，收到增值税专用发票上注明：价款10 000元，税额1 300元。

（5）签发转账支票支付本市名苑广告公司的广告费，收到增值税专用发票上注明：价款50 000元，税额6 500元。

（6）月末计提应由本月负担的银行短期借款利息24 800元。

【工作要求】

编制相关经济交易的会计分录。

【工作内容二】

A市强生机械公司20×2年8月份发生下列有关其他销售的经济交易，根据所给资料编制会计分录。

（1）按照平均年限法计算并结转无形资产摊销。月末根据无形资产明细账的记录编制无形资产摊销表，如表6-4-5所示。

表 6-4-5 无形资产摊销表

20×2 年 8 月 31 日

名称	入账时间	原值	摊销年限	已摊销月数	累计已摊销	本月应摊销
H 专利技术	20×2/8/19	900 000	10	48	360 000	7 500
M 专利技术	20×2/8/30	300 000	10	48	120 000	2 500
N 专利技术	20×2/8/31	585 000	10			4 875
合计		1 785 000	—	—	480 000	14 875

（2）月末，按照月初固定资产原值和规定的折旧率，计算编制的固定资产折旧费用计提表上显示：生产车间为 59 000 元，行政管理部门为 21 000 元，出租仓库为 6 500 元。

【工作要求】

编制相关经济交易的会计分录。

任务4.8 利润形成与分配业务的账务处理

【工作内容一】

甲公司属于工业企业，20×2 年 12 月 31 日损益类有关账户的余额如表 6-4-6 所示。

表 6-4-6 损益类有关账户余额

20×2 年 12 月 31 日 万元

账户名称	借方余额	账户名称	贷方余额
主营业务成本	1 000	主营业务收入	1 750
税金及附加	15	其他业务收入	50
其他业务成本	30	投资收益	40
销售费用	40	营业外收入	30
管理费用	250	公允价值变动损益	20
财务费用	20		
资产减值损失	80		
营业外支出	15		

【工作要求】

计算甲公司 20×2 年度利润表中下列指标：营业利润、利润总额、净利润。

【工作内容二】

甲股份有限公司 20×2 年相关资料如下：

（1）全年实现净利润 1 000 000 元；

（2）"利润分配——未分配利润"账户期初借方余额为 200 000 元；

（3）经批准 20×2 年公司的利润分配方案为：按照实现净利润的 10% 提取法定盈余公积、5% 提取任意盈余公积、向股东分配现金股利 300 000 元。

【工作要求】

（1）结转本年实现的净利润；

（2）进行利润分配的核算；

（3）结转利润分配的明细账户；

（4）计算未分配利润。

知识拓展

账户按结构和用途的分类

1. 盘存账户

盘存账户是用来核算和监督各种财产物资和货币资金的增减变动及其结存情况的账户。属于这类账户的有"固定资产""原材料""库存商品""库存现金"账户等。这类账户可以通过实物盘点方式进行财产清查，核对账实是否相等。

2. 结算账户

结算账户是用来核算本企业与其他单位或个人以及企业内部各部门之间应收、应付等往来账款结算关系的账户。根据所反映的结算业务的性质不同，结算账户又分为资产结算账户、负债结算账户和资产负债结算账户。

（1）资产结算账户是用来反映债权的账户，即反映和监督本企业债权的增减变动和实有数额的账户。有"应收账款""应收票据""其他应收款"账户等。

（2）负债结算账户是用来核算债务的账户，即反映和监督本企业债务的增减变动和实有数额的账户。有"短期借款""应付账款""应付票据""应交税费""长期借款""应付债券"账户等。

（3）资产负债结算账户是为了能在同一账户中反映本企业与其他单位或个人的债权债务变化而设置的资产负债性质的账户。根据会计制度的规定，预付账款不多的企业，可以将预付账款直接记入"应付账款"账户的借方，这样"应付账款"账户同时核算企业的应付账款和预付账款的增减变动情况，从而形成一个资产负债结算账户。同样，预收账款业务不多的企业，也可以将预收账款直接记入"应收账款"账户的贷方，这样，"应收账款"账户也成为一个资产负债结算账户。

3. 跨期摊配账户

跨期摊配账户是用来核算和监督应由若干个会计期间进行分摊的账户。设置跨期摊配账户的目的是在权责发生制和配比原则的要求下，正确计算各个会计期间的产品成本和损益。常见的跨期摊配账户有"待摊费用""长期待摊费用""预提费用"账户等。

4. 调整账户

调整账户是指用来调整有关账户的账面余额的账户。在会计核算中，由于管理上的需要或其他原因，对于某些资产或负债，需要用两种不同的数字，开设两个账户进行反映。其中一个账户用来记录反映资产、负债的原始数据，另一个账户用来反映对原始数据的调整数字。记录反映调整数字的账户称为调整账户。将调整账户与被调整账户的数字相加或相减可以得到新的会计信息。这两个账户配合，既能全面、完整地反映同一个会计对象，又能满足管理上对不同指标的需要。

调整账户按其调整方式不同，可分为备抵调整账户、附加调整账户和备抵附加调整账户。如"累计折旧"账户就是"固定资产"账户的一个备抵调整账户，其特点是两个账户的余额方向相反；"应付债券——利息调整"账户是"应付债券——债券面值"账户的附加调整账户，其特点是两个账户的余额方向相同；"材料成本差异"账户是"原材料"

账户的备抵附加账户，当两个账户余额方向相反时是备抵调整账户，当两个账户余额方向相同时是附加调整账户。

5. 集合分配账户

集合分配账户是用来归集企业在生产经营过程中所发生的间接费用，并与一定时期内向受益者进行分配的账户。"制造费用"账户属于此类账户。

6. 成本计算账户

成本计算账户是用来核算和监督企业生产经营过程中某一阶段或构建某项资产发生的全部费用，并据以确定各个成本计算对象实际成本的账户。有"生产成本""材料采购""在建工程"账户等。

7. 资本账户

资本账户是用来核算和监督各项资本的增减变动及其结存情况的账户。有"实收资本""资本公积""盈余公积"账户等。

8. 损益汇集结转账户

损益汇集结转账户是用来汇集并结转一定时期内形成的应记入当期损益的各项收入和费用、成本及支出账户。期末将各个损益类账户的余额（本期借、贷双方发生额的差异）分别转入"本年利润"账户的贷方和借方后，各个损益类账户无余额。有"主营业务收入""其他业务收入""投资收益""营业外收入"和"主营业务成本""其他业务成本""税金及附加""销售费用""管理费用""财务费用""营业外支出""所得税费用"账户等。

9. 财务成果账户

财务成果账户是用来核算和监督企业在一定时期内财务成果的形成，并计算最终财务成果的账户。典型的财务成果账户是"本年利润"账户。

工作任务 5   记账凭证的填制与审核

【任务清单】

任务清单如表 6-5-1 所示。

表 6-5-1   任务清单

项目名称	任务清单内容
任务情景	红光机械有限责任公司从事车床的生产与销售活动，为增值税一般纳税人，遵循《企业会计准则》，设立了独立的会计机构，会计主管为李华，赵玲为出纳，张珊为记账人员，柳芳为稽核人员，王铭为制单人员。 会计人员在完成经济业务和会计事项中应运用哪些会计核算方法呢
任务目标	1. 熟悉记账凭证的概念、基本要素和分类。 2. 掌握填制记账凭证的方法。 3. 掌握审核记账凭证的方法

项目名称	任务清单内容
任务要求	1. 能够编制完整的记账凭证，含摘要、会计分录、明细科目等要素。 2. 能够对记账凭证按照收、付、转连续编号。 3. 能够根据经济交易或事项的文字描述，说出对应的原始凭证名称并指出附件
任务思考	1. 为什么要编制记账凭证？它与原始凭证的关系如何？ 2. 记账凭证的分类和主要内容有哪些？如何审核记账凭证
任务实施	按照经济业务发生的时间先后顺序，将分散在原始凭证中的经济信息通过进一步填制记账凭证以明确每一项经济业务记入哪些账户及所记方向和金额，为下一步登记账簿提供直接的依据，以保证账簿记录准确无误
任务总结	1. 除了期末结账和更正错误的记账凭证可以不附原始凭证以外，其他的记账凭证都必须附原始凭证，并标明所附原始凭证的张数，以备核查。 2. 汇总凭证是对一定时期内反映经济业务内容相同的若干张原始凭证，按照一定标准综合填制的原始凭证。 3. 为了保证会计信息的质量，在记账之前应由有关稽核人员对记账凭证进行严格的审核，审核的内容主要包括：内容是否真实、项目是否齐全、科目是否正确、金额是否正确、书写是否规范、手续是否完备等。 4. 多笔经济业务不能填列在一张记账凭证上，如果一项经济业务需要填制多张记账凭证，可以采用分数编号法
实施人员	会计岗位人员
任务点评	在编制记账凭证时，记账凭证的各项内容必须完整，包括摘要、会计明细科目等。同时注意，可以记录多借多贷的会计分录，但一张记账凭证上不能填列多笔经济业务

任务5.1 填制记账凭证

【工作内容】

红光机械有限责任公司20×2年12月发生的经济业务如下：

（1）12月3日，从银行提取现金5 000元备用。

（2）12月8日，向胜利公司购进甲材料500千克，取得的增值税专用发票上注明的价款为14 370元，税额1 868.1元，价税款以银行存款支付，材料已验收入库。

（3）12月13日，以银行存款支付本月水电费，其中，车间耗用1 200元，管理部门耗用600元。

（4）12月21日，向光明公司出售A产品和B产品，取得的增值税专用发票上注明A产品售价27 000元，B产品售价24 000元，税额共计6 630元，价税款均已收存银行。

（5）12月31日，分配本月职工工资9 700元，其中，A产品生产工人工资4 000元，B产品生产工人工资2 000元，车间管理人员工资1 700元，厂部管理人员工资2 000元。

【工作要求】

（1）根据以上资料，填制记账凭证，如表6-5-2～表6-5-7所示。

（2）对所编制的记账凭证按发生的时间顺序依次编号。

表6-5-2 记账凭证

记账凭证

字第 号

年 月 日

摘要	总账科目	明细科目	借方金额										贷方金额										记账符号	
			亿	千	百	十	万	千	百	十	元	角	分	亿	千	百	十	万	千	百	十	元	角	分	
																									☐
																									☐
																									☐
																									☐
																									☐
合计																									☐

附单据 张

会计主管　　　　　记账　　　　　出纳　　　　　复核　　　　　制单

表6-5-3 记账凭证

记账凭证

字第 号

年 月 日

摘要	总账科目	明细科目	借方金额										贷方金额										记账符号	
			亿	千	百	十	万	千	百	十	元	角	分	亿	千	百	十	万	千	百	十	元	角	分	
																									☐
																									☐
																									☐
																									☐
																									☐
合计																									☐

附单据 张

会计主管　　　　　记账　　　　　出纳　　　　　复核　　　　　制单

表6-5-4 记账凭证

记账凭证

字第 号

年 月 日

摘要	总账科目	明细科目	借方金额										贷方金额										记账符号	
			亿	千	百	十	万	千	百	十	元	角	分	亿	千	百	十	万	千	百	十	元	角	分	
																									☐
																									☐
																									☐
																									☐
																									☐
合计																									☐

附单据 张

会计主管　　　　　记账　　　　　出纳　　　　　复核　　　　　制单

表 6－5－5　记账凭证

记账凭证

字第　　号

年　　月　　日

摘要	总账科目	明细科目	借方金额										贷方金额										记账符号
			亿	千	百	十	万	千	百	十	元	角	分	亿	千	百	十	万	千	百	十	元	角	分	☐
																									☐
																									☐
																									☐
																									☐
合计																									☐

会计主管　　　　记账　　　　　　出纳　　　　　　复核　　　　　　制单

附单据张

表 6－5－6　记账凭证

记账凭证

字第　　号

年　　月　　日

摘要	总账科目	明细科目	借方金额										贷方金额										记账符号
			亿	千	百	十	万	千	百	十	元	角	分	亿	千	百	十	万	千	百	十	元	角	分	☐
																									☐
																									☐
																									☐
																									☐
合计																									☐

会计主管　　　　记账　　　　　　出纳　　　　　　复核　　　　　　制单

附单据张

表 6－5－7　记账凭证

记账凭证

字第　　号

年　　月　　日

摘要	总账科目	明细科目	借方金额										贷方金额										记账符号
			亿	千	百	十	万	千	百	十	元	角	分	亿	千	百	十	万	千	百	十	元	角	分	☐
																									☐
																									☐
																									☐
																									☐
合计																									☐

会计主管　　　　记账　　　　　　出纳　　　　　　复核　　　　　　制单

附单据张

工作任务6　会计账簿的设置与登记

【任务清单】

任务清单如表6-6-1所示。

表6-6-1　任务清单

项目名称	任务清单内容
任务情景	新悦公司实习会计小刘根据公司所发生的经济业务填制了相应的记账凭证，接下来需要登记账簿。现在小刘手上有库存现金日记账、银行存款日记账，还有几种订本式账簿和活页账簿。 　　小刘产生了以下几个疑惑，已经填制了记账凭证，为什么还需要登记账簿呢？这么多种类的账簿，到底该登记哪些呢？这些账簿该如何登记呢
任务目标	1. 掌握会计账簿的种类及其适用范围。 2. 掌握会计账簿登记的一般规则。 3. 理解账务处理程序的概念、方法、特点和适用范围
任务要求	1. 能够正确登记库存现金日记账和银行存款日记账。 2. 能够正确登记各种明细分类账。 3. 能够根据科目汇总表正确登记总分类账
任务思考	1. 设置账簿有哪些意义？设置账簿应遵守哪些基本原则？ 2. 登记账簿应遵守哪些基本规则
任务实施	分别扮演出纳和记账员的角色，登记相关的日记账和明细分类账；选择恰当的总分类账登记方法，登记总分类账
任务总结	会计账簿的设置与登记是会计的重要方法之一，也是会计循环中的一个关键环节。 　　在手工会计环境下，账簿是设立会计账户的载体，企业的交易或事项在发生以后，其初始信息都要利用账簿进行存储，并为企业在会计期末对外报告会计信息提供支持
实施人员	出纳、会计
任务点评	会计账簿的设置和登记是会计核算的基础环节，必须认真、严肃对待，切实做到登记及时，内容完整，数字正确清楚，严格遵守各项记账要求

任务6.1　登记明细账

【工作内容】

新悦公司20×2年6月1日库存现金日记账的余额和当日发生的现金收付交易事项如下：

（1）6月1日库存现金日记账的余额为900元。

（2）当日发生如下与现金收付有关的交易事项：

①支付购买材料运费100元，材料尚未入库，不考虑相关税金；

②公司销售人员王立报销差旅费3 600元，出差前借款为3 000元，垫付部分600元已付给王立本人；

③银行提取现金 20 000 元，准备发给临时劳务工人；

④用现金 20 000 元向临时劳务工人发放工资；

⑤公司销售人员李芳报销差旅费 3 500 元，出差前借款为 4 000 元，剩余款 500 元交回财务部；

⑥处理积压材料收入现金 1 200 元，不考虑相关税金；

⑦将库存现金 1 000 元存入银行。

【工作要求】

（1）根据资料编制记账凭证，如表 6-6-2～表 6-6-9 所示；

表 6-6-2 记账凭证

记账凭证

字第　　号

年　　月　　日

摘要	总账科目	明细科目	借方金额										贷方金额										记账符号
---	---	---	亿	千	百	十	万	千	百	十	元	角	分	亿	千	百	十	万	千	百	十	元	角	分	☐
																									☐
																									☐
																									☐
																									☐
																									☐
合计																									☐

附单据　　张

会计主管　　　　记账　　　　　出纳　　　　　复核　　　　　制单

表 6-6-3 记账凭证

记账凭证

字第　　号

年　　月　　日

摘要	总账科目	明细科目	借方金额										贷方金额										记账符号
---	---	---	亿	千	百	十	万	千	百	十	元	角	分	亿	千	百	十	万	千	百	十	元	角	分	☐
																									☐
																									☐
																									☐
																									☐
																									☐
合计																									☐

附单据　　张

会计主管　　　　记账　　　　　出纳　　　　　复核　　　　　制单

表 6-6-4 记账凭证

记账凭证

字第 号

年 月 日

摘要	总账科目	明细科目	借方金额											贷方金额											记账符号
			亿	千	百	十	万	千	百	十	元	角	分	亿	千	百	十	万	千	百	十	元	角	分	☐
																									☐
																									☐
																									☐
																									☐
合计																									☐

附单据 张

会计主管　　　　记账　　　　出纳　　　　复核　　　　制单

表 6-6-5 记账凭证

记账凭证

字第 号

年 月 日

摘要	总账科目	明细科目	借方金额											贷方金额											记账符号
			亿	千	百	十	万	千	百	十	元	角	分	亿	千	百	十	万	千	百	十	元	角	分	☐
																									☐
																									☐
																									☐
																									☐
合计																									☐

附单据 张

会计主管　　　　记账　　　　出纳　　　　复核　　　　制单

表 6-6-6 记账凭证

记账凭证

字第 号

年 月 日

摘要	总账科目	明细科目	借方金额											贷方金额											记账符号
			亿	千	百	十	万	千	百	十	元	角	分	亿	千	百	十	万	千	百	十	元	角	分	☐
																									☐
																									☐
																									☐
																									☐
合计																									☐

附单据 张

会计主管　　　　记账　　　　出纳　　　　复核　　　　制单

表 6-6-7 记账凭证

记账凭证

字第 号

年 月 日

摘要	总账科目	明细科目	借方金额											贷方金额											记账符号
			亿	千	百	十	万	千	百	十	元	角	分	亿	千	百	十	万	千	百	十	元	角	分	
																									☐
																									☐
																									☐
																									☐
																									☐
合计																									☐

附单据 张

会计主管　　　　记账　　　　出纳　　　　复核　　　　制单

表 6-6-8 记账凭证

记账凭证

字第 号

年 月 日

摘要	总账科目	明细科目	借方金额											贷方金额											记账符号
			亿	千	百	十	万	千	百	十	元	角	分	亿	千	百	十	万	千	百	十	元	角	分	
																									☐
																									☐
																									☐
																									☐
																									☐
合计																									☐

附单据 张

会计主管　　　　记账　　　　出纳　　　　复核　　　　制单

表 6-6-9 记账凭证

记账凭证

字第 号

年 月 日

摘要	总账科目	明细科目	借方金额											贷方金额											记账符号
			亿	千	百	十	万	千	百	十	元	角	分	亿	千	百	十	万	千	百	十	元	角	分	
																									☐
																									☐
																									☐
																									☐
																									☐
合计																									☐

附单据 张

会计主管　　　　记账　　　　出纳　　　　复核　　　　制单

（2）逐笔登记库存现金日记账，如表6-6-10所示，计算当日余额。

表6-6-10　现金日记账

现金日记账

第　页

年度

年		凭证号数	摘要	对方科目	收入（借方）金额										✓	付出（贷方）金额										✓	结余金额										✓
月	日				千	百	十	万	千	百	十	元	角	分		千	百	十	万	千	百	十	元	角	分		千	百	十	万	千	百	十	元	角	分	

任务6.2　登记总账

【工作内容】

新悦公司20×2年7月部分账户余额和当月发生的交易事项如下：

（1）新悦公司20×2年7月1日部分账户余额如表6-6-11所示：

表6-6-11　部分账户余额 　　　　　　　　　　　　　　　　　　元

账户名称	借方余额	账户名称	贷方余额
库存现金	1 200	银行存款	306 000
在途物资	20 000	原材料	48 000
生产成本	31 000	管理费用	7 500
固定资产	460 000	实收资本	600 000
短期借款	37 000	应付账款	54 000

（2）新悦公司当月发生的交易事项如下：

①7月3日，收到投资者投入的货币资金250 000元，已存入银行；

②7月6日，用银行存款47 000元购入不需要安装设备一台，不考虑相关税费；

③7月9日，发出材料一批，实际成本26 000元，用于产品生产；

④7月12日，从银行提取现金3 000元；

⑤7月15日，借入短期借款30 000元，已存入银行；

⑥7月18日，用银行存款40 000元偿还应付账款；

⑦7月21日，用银行存款50 000元偿还短期借款；

⑧7月24日，从青齐公司购入乙材料一批，实际成本2 000元，货款已用银行存款支付，不考虑相关税费，材料暂未入库；

⑨7月27日，用现金900元购买公司管理部门使用的办公用品；

⑩7月30日，用银行存款12 000元偿还应付账款。

【工作要求】

（1）根据所给资料填制记账凭证（表6-6-12～表6-6-21）并据此编写科目汇总表，如表6-6-22所示；

表6-6-12 记账凭证

记账凭证

字第　　号

年　　月　　日

摘要	总账科目	明细科目	借方金额											贷方金额											记账符号
			亿	千	百	十	万	千	百	十	元	角	分	亿	千	百	十	万	千	百	十	元	角	分	
																									☐
																									☐
																									☐
																									☐
																									☐
合计																									☐

附单据　　张

会计主管　　　　记账　　　　出纳　　　　复核　　　　制单

表6-6-13 记账凭证

记账凭证

字第　　号

年　　月　　日

摘要	总账科目	明细科目	借方金额											贷方金额											记账符号
			亿	千	百	十	万	千	百	十	元	角	分	亿	千	百	十	万	千	百	十	元	角	分	
																									☐
																									☐
																									☐
																									☐
																									☐
合计																									☐

附单据　　张

会计主管　　　　记账　　　　出纳　　　　复核　　　　制单

表 6-6-14 记账凭证

记账凭证

字第　　号

年　　月　　日

摘要	总账科目	明细科目	借方金额										贷方金额										记账符号
			亿	千	百	十	万	千	百	十	元	角	分	亿	千	百	十	万	千	百	十	元	角	分	
																								☐
																								☐
																								☐
																								☐
																								☐
合计																								☐

附单据　　张

会计主管　　　　　　记账　　　　　　　　出纳　　　　　　　　复核　　　　　　　　制单

表 6-6-15 记账凭证

记账凭证

字第　　号

年　　月　　日

摘要	总账科目	明细科目	借方金额										贷方金额										记账符号
			亿	千	百	十	万	千	百	十	元	角	分	亿	千	百	十	万	千	百	十	元	角	分	
																								☐
																								☐
																								☐
																								☐
																								☐
合计																								☐

附单据　　张

会计主管　　　　　　记账　　　　　　　　出纳　　　　　　　　复核　　　　　　　　制单

表 6-6-16 记账凭证

记账凭证

字第　　号

年　　月　　日

摘要	总账科目	明细科目	借方金额										贷方金额										记账符号
			亿	千	百	十	万	千	百	十	元	角	分	亿	千	百	十	万	千	百	十	元	角	分	
																								☐
																								☐
																								☐
																								☐
																								☐
合计																								☐

附单据　　张

会计主管　　　　　　记账　　　　　　　　出纳　　　　　　　　复核　　　　　　　　制单

表 6 - 6 - 17　记账凭证

记账凭证

字第　　号

年　　月　　日

摘要	总账科目	明细科目	借方金额											贷方金额											记账符号
			亿	千	百	十	万	千	百	十	元	角	分	亿	千	百	十	万	千	百	十	元	角	分	☐
																									☐
																									☐
																									☐
																									☐
合计																									☐

附单据　张

会计主管　　　　　记账　　　　　出纳　　　　　复核　　　　　制单

表 6 - 6 - 18　记账凭证

记账凭证

字第　　号

年　　月　　日

摘要	总账科目	明细科目	借方金额											贷方金额											记账符号
			亿	千	百	十	万	千	百	十	元	角	分	亿	千	百	十	万	千	百	十	元	角	分	☐
																									☐
																									☐
																									☐
																									☐
合计																									☐

附单据　张

会计主管　　　　　记账　　　　　出纳　　　　　复核　　　　　制单

表 6 - 6 - 19　记账凭证

记账凭证

字第　　号

年　　月　　日

摘要	总账科目	明细科目	借方金额											贷方金额											记账符号
			亿	千	百	十	万	千	百	十	元	角	分	亿	千	百	十	万	千	百	十	元	角	分	☐
																									☐
																									☐
																									☐
																									☐
合计																									☐

附单据　张

会计主管　　　　　记账　　　　　出纳　　　　　复核　　　　　制单

表 6 - 6 - 20　记账凭证

记账凭证

字第　　号

年　　月　　日

摘要	总账科目	明细科目	借方金额											贷方金额											记账符号
			亿	千	百	十	万	千	百	十	元	角	分	亿	千	百	十	万	千	百	十	元	角	分	☐
																									☐
																									☐
																									☐
																									☐
合计																									☐

附单据　张

会计主管　　　　　记账　　　　　出纳　　　　　复核　　　　　制单

表 6 - 6 - 21　记账凭证

记账凭证

字第　　号

年　　月　　日

摘要	总账科目	明细科目	借方金额											贷方金额											记账符号
			亿	千	百	十	万	千	百	十	元	角	分	亿	千	百	十	万	千	百	十	元	角	分	☐
																									☐
																									☐
																									☐
																									☐
合计																									☐

附单据　张

会计主管　　　　　记账　　　　　出纳　　　　　复核　　　　　制单

表 6 - 6 - 22　科目汇总表

年　　月

编号	科目	借方发生额	贷方发生额	编号	科目	借方发生额	贷方发生额

编号	科目	借方发生额	贷方发生额	编号	科目	借方发生额	贷方发生额

（2）根据所给资料登记总分类账户（表 6 - 6 - 23 ~ 表 6 - 6 - 32）并计算各账户的月末余额。

表 6 - 6 - 23 总账

科目名称：库存现金　　　　　　　　　　　　　　　　　　　　　　　　　　第　　页

20×2年		凭证号数	摘要	借方金额									√	贷方金额									√	借或贷	金额									√
月	日			千	百	十	万	千	百	十	元	角	分		千	百	十	万	千	百	十	元	角	分			千	百	十	万	千	百	十	元	角	分	

表 6 − 6 − 24　总账

科目名称：银行存款　　　　　　　　　　　　　　　　　　　　　　　　　　　　　　　　　　　第　　页

20×2年		凭证号数	摘要	借方金额										√	贷方金额										√	借或贷	金额										√
月	日			千	百	十	万	千	百	十	元	角	分		千	百	十	万	千	百	十	元	角	分			千	百	十	万	千	百	十	元	角	分	

表 6 − 6 − 25　总账

科目名称：在途物资　　　　　　　　　　　　　　　　　　　　　　　　　　　　　　　　　　　第　　页

20×2年		凭证号数	摘要	借方金额										√	贷方金额										√	借或贷	金额										√
月	日			千	百	十	万	千	百	十	元	角	分		千	百	十	万	千	百	十	元	角	分			千	百	十	万	千	百	十	元	角	分	

表 6 − 6 − 26　总账

科目名称：原材料　　　　　　　　　　　　　　　　　　　　　　　　　　　　　　　　　　　　第　　页

20×2年		凭证号数	摘要	借方金额										√	贷方金额										√	借或贷	金额										√
月	日			千	百	十	万	千	百	十	元	角	分		千	百	十	万	千	百	十	元	角	分			千	百	十	万	千	百	十	元	角	分	

表 6 − 6 − 27　总账

科目名称：生产成本　　　　　　　　　　　　　　　　　　　　　　　　　　　　　　　　　　　第　　页

20×2年		凭证号数	摘要	借方金额										√	贷方金额										√	借或贷	金额										√
月	日			千	百	十	万	千	百	十	元	角	分		千	百	十	万	千	百	十	元	角	分			千	百	十	万	千	百	十	元	角	分	

表 6 - 6 - 28　总账

科目名称：管理费用　　　　　　　　　　　　　　　　　　　　　　　　　　　　第　　页

20×2年		凭证号数	摘要	借方金额										√	贷方金额										√	借或贷	金额										√
月	日			千	百	十	万	千	百	十	元	角	分		千	百	十	万	千	百	十	元	角	分			千	百	十	万	千	百	十	元	角	分	

表 6 - 6 - 29　总账

科目名称：固定资产　　　　　　　　　　　　　　　　　　　　　　　　　　　　第　　页

20×2年		凭证号数	摘要	借方金额										√	贷方金额										√	借或贷	金额										√
月	日			千	百	十	万	千	百	十	元	角	分		千	百	十	万	千	百	十	元	角	分			千	百	十	万	千	百	十	元	角	分	

表 6 - 6 - 30　总账

科目名称：实收资本　　　　　　　　　　　　　　　　　　　　　　　　　　　　第　　页

20×2年		凭证号数	摘要	借方金额										√	贷方金额										√	借或贷	金额										√
月	日			千	百	十	万	千	百	十	元	角	分		千	百	十	万	千	百	十	元	角	分			千	百	十	万	千	百	十	元	角	分	

表 6 - 6 - 31　总账

科目名称：短期借款　　　　　　　　　　　　　　　　　　　　　　　　　　　　第　　页

20×2年		凭证号数	摘要	借方金额										√	贷方金额										√	借或贷	金额										√
月	日			千	百	十	万	千	百	十	元	角	分		千	百	十	万	千	百	十	元	角	分			千	百	十	万	千	百	十	元	角	分	

表 6 - 6 - 32　总账

科目名称：应付账款　　　　　　　　　　　　　　　　　　　　　　　　　第　　页

20×2年		凭证号数	摘要	借方金额											√	贷方金额											√	借或贷	金额											√
月	日			千	百	十	万	千	百	十	元	角	分			千	百	十	万	千	百	十	元	角	分				千	百	十	万	千	百	十	元	角	分	

知识拓展

设置和登记账簿是会计核算的一种专门方法，是会计核算工作的重要环节，它能提供系统、完整的会计核算资料，为编制会计报表提供重要依据。

一、账簿的设置

（一）总账的设置

总分类账必须采用三栏式账页的订本账。其账簿由封面、扉页和账页等组成。总分类账的具体设置过程如下：启用账簿，填写扉页；开设总分类账户；登记期初余额；填写账户目录。

（二）日记账的设置

库存现金日记账和银行存款日记账一般均采用订本式账簿、三栏式格式账页。

日记账的具体设置过程如下：启用账簿；开设日记账账户，库存现金日记账按现金币种开设账户；银行存款日记账按单位在银行开立的账户和币种开设账户。登记期初余额；填写账户目录。

（三）明细账的设置

明细账一般采用活页式账簿，其账页格式有三栏式、数量金额式和多栏式三种。

明细账的具体设置过程如下：启用账簿；开设明细账账户，在选定的明细账页上方填写该明细账户所属的总分类账户名称、明细分类账户名称、科目编码及该明细账户当前的页码；登记期初余额，登记方法与总分类账户基本一致，只是数量金额式明细账除登记金额外，还需登记数量和单价；多栏式明细账不仅在合计栏登记余额，还需在各分栏登记余额。

二、账簿的登记

财政部颁布的《会计基础工作规范》第60条对登记会计账簿应遵循的基本要求作了具体的规定：准确完整，注明记账符号，书写留空，正常记账使用蓝黑墨水，特殊记账使用红墨水，顺序连续登记，结出余额，过次页、承前页。

（一）明细账的登记

不同类型经济业务的明细账，可根据管理需要，依据记账凭证、原始凭证或汇总原始凭证逐日逐笔或定期汇总登记。固定资产、债权、债务等明细账应逐日逐笔登记；库存商品、原材料收发明细账以及收入、费用明细账可以逐笔登记，也可定期（3天或5天）汇总登记。

（1）三栏式明细分类账是在账页内只设"借方""贷方""余额"三个金额栏的明细账。它适用于只要求进行金额核算而不要求进行数量核算的明细分类账户。三栏式明细分类账一般根据记账凭证逐笔登记，登记方法与库存现金日记账基本相同，不同之处在于"余额"栏前的"借或贷"栏需要根据余额的方向填写"借""贷"或"平"。

（2）数量金额式明细分类账是在账页的"借方""贷方""余额"各栏中再分别设置"数量""单价""金额"栏目的明细账。它适用于既要进行金额核算、又要进行数量核算的各种财产物资类账户的明细分类账户。数量金额式明细分类账由会计人员根据审核无误的记账凭证及所附的原始凭证，按经济业务发生的时间先后顺序，逐日逐笔登记或定期汇总登记。

（3）多栏式明细分类账是根据经营管理的需要和经济业务的特点，在"借方"栏或"贷方"栏下再设置多个栏目，用以记录某一会计科目所属各明细科目内容的明细账。它一般适用于成本、费用、收入类的明细分类账。各种格式的多栏式明细分类账，其登记方法不完全相同，登记时需注意以下几点：一是根据记账凭证登记时，一方面要将具体内容记入相应的专栏，另一方面要将本行各专栏数字合计后记入本行"合计栏"；二是只设借方多栏或贷方多栏的账户，登记内容的方向与栏目设计方向相反时，用红字登记。

（二）日记账的登记

日记账分为普通日记账和特种日记账，其中特种日记账又包括库存现金日记账和银行存款日记账。在会计实践中，通常只对库存现金和银行存款设置日记账进行序时核算。

（1）库存现金日记账是用来逐日反映库存现金的收入、付出及结余情况的特种日记账。它是由单位出纳人员根据审核无误的现金收、付款凭证和银行存款付款凭证（记录从银行提取现金的业务），逐日逐笔顺序登记的。每日终了，应结出当日现金收入、现金支出合计数及结余数，并将账面结存数与库存现金实存数相核对，做到账实相符。

（2）银行存款日记账是专门用来记录银行存款收支业务的一种特种日记账。它也是由单位出纳人员根据审核无误的银行存款收、付款凭证和现金付款凭证（记录将现金存入银行的业务），逐日逐笔顺序登记的。每日终了，应分别计算银行存款收入、支出的合计数并结出当日余额，以便于检查监督各项收支款项。银行存款日记账还应定期与银行送来的银行对账单逐笔核对，至少每月核对一次，并按月编制银行存款余额调节表。

（三）总账的登记

目前，我国各经济单位常用的账务处理程序及其总账的登记方法，主要有记账凭证账务处理程序、科目汇总表账务处理程序和汇总记账凭证账务处理程序。

（1）记账凭证账务处理程序是指对发生的经济业务事项，根据原始凭证或汇总原始凭证编制记账凭证，然后直接根据记账凭证逐笔登记总分类账的一种账务处理程序。主要特点是直接根据记账凭证逐笔登记总分类账。

（2）科目汇总表账务处理程序又称记账凭证汇总表账务处理程序，它是根据记账凭证定期编制科目汇总表，再根据科目汇总表登记总分类账的一种账务处理程序。主要特点是：先定期把全部记账凭证按科目汇总，编制科目汇总表，然后再根据科目汇总表登记总分类账。

（3）汇总记账凭证账务处理程序是根据记账凭证定期分类编制汇总收款凭证、汇总付款凭证和汇总转账凭证，再根据汇总记账凭证登记总账的一种账务处理程序。主要特点是先定期把全部记账凭证汇总编制成各种汇总记账凭证，然后再根据各种汇总记账凭证登记总账。

工作任务7 错账更正

【任务清单】

任务清单如表6－7－1所示。

表6－7－1　任务清单

项目名称	任务清单内容
任务情景	新悦公司会计小张在根据记账凭证登记账簿的时候，发现了不少错误，他没有涂改、刮擦或挖补更改字迹，请问他应该怎样规范地更正呢
任务目标	1. 掌握查找错账的方法。 2. 掌握错账更正方法
任务要求	1. 能够判断账簿记录是否正确。 2. 能够采用正确的方法更正错账
任务思考	1. 查找错账的方法有哪些？ 2. 三种错账的更正方法各适用的条件是什么？各怎样应用
任务实施	根据产生错账的原因和具体情况，选择正确的错账方法更正错账
任务总结	1. 会计账簿的日常登记是一项细致的工作，稍有不慎就会发生错误。为了及时更正这些错误，就需要对账簿记录进行检查以便发现错误。账簿记录错误主要有两种，因凭证错误而导致的账簿错误和账簿本身登记错误。 2. 如果账簿记录发生错误，不得任意使用刮擦、挖补、涂改等方法去更改字迹，而应该根据错误的具体情况，采用正确的方法予以更正
实施人员	出纳、会计、会计主管等岗位人员
任务点评	错账更正的方法属于账簿记录与其依附记账凭证内容完全一致时所出现的错账更正方法。当账簿记录与其所依据的记账凭证不一致时，应采用划线更正法更正账簿记录，使之与原记账凭证相符，再采用相应的更正方法予以更正

任务7.1　错账更正

【工作内容】

新悦公司会计小张在根据记账凭证登记账簿的时候，发现了如下几个错误：

（1）会计在登记应付账款总账时，将110 000元误写为170 000元。错误账簿如表6－7－2所示。

表 6 - 7 - 2　总账

科目名称：应付账款　　　　　　　　　　　　　　　　　　　　　　　　　　　　第　　页

20×2年		凭证号数	摘要	借方金额										√	贷方金额										√	借或贷	金额										√
月	日			千	百	十	万	千	百	十	元	角	分		千	百	十	万	千	百	十	元	角	分			千	百	十	万	千	百	十	元	角	分	
			略																																		
12	31	科汇01	01 - 31日汇总													1	7	0	0	0	0	0	0	0		贷		1	7	0	0	0	0	0	0	0	

（2）销售人员出差预借差旅费，以银行存款支付 5 000 元。错误会计分录如下：

借：应收账款　　　　　　　　　　　　　　　　　　　　　　　　　　　　5 000

　　贷：银行存款　　　　　　　　　　　　　　　　　　　　　　　　　　　　5 000

（3）用银行存款交纳上个月欠交的税金 2 300 元。在编制记账凭证时，误将 2 300 元记为 3 200 元，并已记账。错误会计分录如下：

借：应交税费　　　　　　　　　　　　　　　　　　　　　　　　　　　　3 200

　　贷：银行存款　　　　　　　　　　　　　　　　　　　　　　　　　　　　3 200

（4）在途材料验收入库，结转材料实际采购成本，共计 20 000 元。在编制记账凭证时，将金额误记为 2 000 元，并已记账。错误会计分录如下：

借：原材料　　　　　　　　　　　　　　　　　　　　　　　　　　　　2 000

　　贷：在途物资　　　　　　　　　　　　　　　　　　　　　　　　　　　　2 000

【工作要求】

采用正确的方法更正错账。

知识拓展

1. 错账的基本类型

会计人员在记账过程中，由于种种原因可能会产生凭证的编制错误或账簿的登记错误，即发生错账。

其错账的基本类型主要有以下几种：记账凭证正确，但依据正确的记账凭证登记账簿时发生过账错误；记账凭证错误，导致账簿登记也发生错误。

2. 错账的查找方法

（1）全面检查。对一定时期内的账目逐笔核对，例如顺差法、逆查法。

（2）局部抽查。常用的方法有差数法、尾数法、除2法、除9法等。

3. 错账更正方法

（1）划线更正法。在结账前，如果发现账簿记录有错误，而其所依据的记账凭证没有错误，可用划线更正法。更正时，先在错误的数字或文字上划一条红线注销，然后在红线上面空白处写上正确的文字或数字，并由记账人员及会计机构负责人（会计主管人员）在更正处盖章，以明确责任。该方法适用结账前发现的数字或文字错误的更正。

（2）红字更正法。红字更正法又称为红字冲销法，是指用红字冲销原有错误的账户记录或凭证记录，以更正或调整账簿记录的一种方法。常用于记账凭证应借、应贷科目错误，记账凭证所填金额大于应记金额错误。

（3）补充登记法。即按少记的金额用蓝字填制一张应借、应贷会计科目与原错误记账凭证相同的记账凭证，并据以登记入账，以补充少记的金额。该方法适用于记账后发现的记账凭证中应借、应贷的科目正确，但所记金额小于应记金额（少记）的错账更正。

工作任务8　对账与结账

【任务清单】

任务清单如表6-8-1所示。

表6-8-1　任务清单

项目名称	任务清单内容
任务情景	大三会计专业学生小吴和小赵是新悦公司的实习生，财务主管想测试他们的会计业务能力，要求他们独立完成本月的对账和结账工作，小吴和小赵应该怎样完成本月的对账和结账工作呢
任务目标	1. 掌握对账的内容与方法。 2. 掌握结账的程序和方法
任务要求	1. 能够对各类账簿进行对账。 2. 能够办理各类账簿月末、年末结账手续
任务思考	1. 什么是对账？对账的内容有哪些？对账的主要目的是什么？ 2. 什么是结账？包括哪些主要内容？结账有什么意义
任务实施	所有账簿登记工作结束后，进行账账核对、账证核对和账实核对，准确无误后，进行期末结账
任务总结	1. 在每个会计期末，为了保证账簿记录的真实性，及时总结企业的经营状况和财务状况，要进行对账和结账。 　　2. 用核对、盘存和查询的方法，核对账户的账存数与实存数，计算出每个账户的本期发生额和期末余额，并将余额结转下期
实施人员	出纳、会计、会计主管等岗位人员
任务点评	1. 对账和结账既是会计核算的技术性和规范性要求，也是保证账簿记录正确性和真实性的重要手段。 　　2. 对账和结账是编制财务报告前的准备工作，是保证会计信息质量的前提之一

任务8.1　对　　账

【工作内容】

新悦公司20×2年11月应收账款总账账户及明细账账户如表6-8-2～表6-8-4所示。

表 6-8-2　总账

科目名称：应收账款　　　　　　　　　　　　　　　　　　　　　　第＿＿＿页

20×2年 月	日	凭证号数	摘要	借方金额 千百十万千百十元角分	√	贷方金额 千百十万千百十元角分	√	借或贷	余额 千百十万千百十元角分	√
11	01		期初余额					借	6 5 0 0 0 0 0 0	
11	10	科汇01	01-10日汇总	2 0 0 0 0 0 0 0		3 0 0 0 0 0 0 0		借	5 5 0 0 0 0 0 0	
11	20	科汇02	11-20日汇总	3 6 0 0 0 0 0 0		2 5 0 0 0 0 0 0		借	6 6 0 0 0 0 0 0	
11	30	科汇03	21-30日汇总			4 0 0 0 0 0 0 0		借	2 6 0 0 0 0 0 0	
			本月合计	5 6 0 0 0 0 0 0		9 5 0 0 0 0 0 0		借	2 6 0 0 0 0 0 0	

表 6-8-3　应收账款明细账

应收账款明细账

账户名称：广大有限公司　　　　　　　　　　　　　　　　　　　第＿＿＿页

20×2年 月	日	凭证 种类	号数	摘要	借方金额 十亿千百十万千百十元角分	√	贷方金额 十亿千百十万千百十元角分	√	借或贷	余额 十亿千百十万千百十元角分	√
11	01			期初余额					借	3 0 0 0 0 0 0 0	
11	05	记	008	销售货物	1 2 0 0 0 0 0 0				借	4 2 0 0 0 0 0 0	
11	15	记	032	收货款			1 8 0 0 0 0 0 0		借	2 4 0 0 0 0 0 0	
11	22	记	057	收货款			1 0 0 0 0 0 0 0		借	1 4 0 0 0 0 0 0	
				本月合计	1 2 0 0 0 0 0 0		2 8 0 0 0 0 0 0		借	1 4 0 0 0 0 0 0	

表 6-8-4　应收账款明细账

应收账款明细账

账户名称：兰方有限公司　　　　　　　　　　　　　　　　　　　第＿＿＿页

20×2年 月	日	凭证 种类	号数	摘要	借方金额 十亿千百十万千百十元角分	√	贷方金额 十亿千百十万千百十元角分	√	借或贷	余额 十亿千百十万千百十元角分	√
11	01			期初余额					借	3 5 0 0 0 0 0 0	
11	07	记	012	收货款			3 0 0 0 0 0 0 0		借	5 0 0 0 0 0 0	
11	09	记	017	销售货物	8 0 0 0 0 0 0				借	1 3 0 0 0 0 0 0	
11	13	记	028	收货款			7 0 0 0 0 0 0		借	6 0 0 0 0 0 0	
11	19	记	046	销售货物	3 6 0 0 0 0 0 0				借	4 2 0 0 0 0 0 0	
11	27	记	074	收货款			3 0 0 0 0 0 0 0		借	1 2 0 0 0 0 0 0	
				本月合计	4 4 0 0 0 0 0 0		6 7 0 0 0 0 0 0		借	1 2 0 0 0 0 0 0	

【工作要求】

根据资料编制应收账款总分类账户与明细分类账户核对表，如表 6-8-5 所示。

表6-8-5 应收账款总分类账户与明细分类账户核对表

应收账款总分类账户与明细分类账户核对表

20×2年11月30日

明细账户名称	期初余额		本期发生额		期末余额	
	借方	贷方	借方	贷方	借方	贷方
合计						

任务8.2 结 账

【工作内容】

新悦公司20×2年11月有关日记账、明细账和总账情况如表6-8-6~表6-8-8所示。

表6-8-6 现金日记账

现金日记账

第___页

20×2年		凭证号数	摘要	收入（借方）金额										√	付出（贷方）金额										√	结余金额										√
月	日			千	百	十	万	千	百	十	元	角	分		千	百	十	万	千	百	十	元	角	分		千	百	十	万	千	百	十	元	角	分	
11	01		期初余额																											2	5	0	0	0	0	
11	03	记005	提取现金					1	5	0	0	0	0																	4	0	0	0	0	0	
11	07	记012	购买办公用品																	9	8	0	0	0						3	0	2	0	0	0	
11	11	记019	职工预借差旅费																	2	8	0	0	0	0						2	2	0	0	0	
11	15	记027	提取现金				4	0	0	0	0	0																		4	2	2	0	0	0	
11	19	记034	付临时补助																	2	5	0	0	0	0						1	7	2	0	0	0	
11	23	记048	提取现金				3	0	0	0	0	0																		4	7	2	0	0	0	
11	30	记067	职工预借差旅费																	3	7	0	0	0	0						1	0	2	0	0	0	

表6-8-7 原材料明细账

原材料明细账

第___页

最高储备量 _____ 类 别 _____ 储备定额 _____ 编 号 _____ 规 格 _____
最低储备量 _____ 存放地点 _____ 计划单价 _____ 计量单位 _____ 名 称 A材料

20×2年		凭证		摘要	收入（借方）			发出（贷方）			结 存		
月	日	种类	号数		数量	单价	金额 千百十万千百十元角分	数量	单价	金额 千百十万千百十元角分	数量	单价	金额 千百十万千百十元角分
11	01			期初余额							1000	200	2 0 0 0 0 0 0
11	02	记	004	购进	500	200	1 0 0 0 0 0 0				1500	200	3 0 0 0 0 0 0
11	02	记	006	领用				500	200	1 0 0 0 0 0 0	1000	200	2 0 0 0 0 0 0
11	10	记	025	领用				400	200	8 0 0 0 0 0	600	200	1 2 0 0 0 0 0
11	15	记	037	购进	600	200	1 2 0 0 0 0 0				1200	200	2 4 0 0 0 0 0

表6-8-8 总 账

科目名称：预收账款

第___页

20×2年		凭证号数	摘 要	借方金额 千百十万千百十元角分	√	贷方金额 千百十万千百十元角分	√	借或贷	余 额 千百十万千百十元角分	√
月	日									
11	01		期初余额					贷	1 5 0 0 0 0 0	
11	30	科汇01	01-30日汇总	3 7 5 0 0 0 0		4 0 0 0 0 0 0		贷	1 7 5 0 0 0 0	

【工作要求】

根据资料对日记账、明细账和总账执行月末结账手续。

知识 **拓**展

一、对账

（1）账证核对是指核对账簿记录与原始凭证、记账凭证的时间、凭证字号、内容、金额是否一致，记账方向是否相符。

（2）账账核对是指各种账簿之间进行的核对，包括总分类账户之间的核对、总分类账户与其所属明细分类账户之间的核对、总分类账户与日记账的核对、各部门明细分类账的核对。

（3）账实核对是指各项财产物资、债权债务等账面余额与实有数额之间的核对，包括库存现金日记账账面余额与库存现金实有数之间的核对、银行存款日记账账面余额与各开户银行对账单之间的核对、各项财产物资明细账账面余额与财产物资实有数之间的核对、有关债权债务明细账账面余额与对方单位账面余额之间的核对。

二、结账

（一）结账的程序

（1）将本期发生的经济业务事项全部登记入账；

（2）根据权责发生制的要求，调整有关账项，合理确定本期应计的收入和应计的费用；

（3）将损益类账户转入"本年利润"账户，结平所有损益类账户；

（4）结算出资产、负债和所有者权益类账户的本期发生额和余额，并结转至下期。

（二）结账的方法

1. 日记账的结账

库存现金日记账和银行存款日记账要按日结出余额，按月结计本月发生额，但不需要结计本年累计发生额。

年末结账时，在12月份"本月合计"行下面通栏划双红线，表示封账。

2. 明细账的结账

本月没有发生额的账户，不必进行月结；不需按月结计本月发生额的账户，每次记账都要随时结出余额；需要按月结计本月发生额的账户，都要结计"本月合计"；需要结计本年累计发生额的账户，要按月结出本年累计发生额。

年末各账户按前述方法进行月结的同时，在各账户的本年最后一笔记录下面通栏划双红线，表示"年末封账"。

3. 总账的结账

总账账户月末一般可不结计"本月合计"，只需结计月末余额；若是需要结计"本月合计"及本年累计发生额的账户，如损益类账户，其结账方法与上述明细账所述结账方法相同。

年终结账时，为了反映全年各项资产、负债及所有者权益增减变动的全貌，便于核对账目，要将所有总账账户结计全年发生额和年末余额，在"摘要"栏内注明"本年合计"字样，并在合计数下通栏划双红线。

工作任务9 银行存款余额调节表的编制

【任务清单】

任务清单如表6-9-1所示。

表6-9-1 任务清单

项目名称	任务清单内容
任务情景	新悦公司20×2年12月31日进行银行对账，实习会计小林该如何进行银行对账，怎样编制银行存款余额调节表
任务目标	1. 能够正确查找未达账项。 2. 能够正确编制银行存款余额调节表
任务要求	1. 对比银行对账单和银行存款日记账，找出未达账项。 2. 根据未达账项编制银行存款余额调节表

项目名称	任务清单内容
任务思考	1. 未达账项包括哪些项目？ 2. 银行存款余额调节表的作用有哪些
任务实施	根据银行对账单核对银行存款日记账，查找未达账项，编制 20×2 年 12 月 31 日银行存款余额调节表，核对调整后余额
任务总结	1. 未达账项包括企业已经入账而银行尚未入账的款项和银行已经入账而企业尚未入账的款项。 2. 为了准确掌握企业可运用的银行存款实有数，合理调配使用资金，企业应通过编制银行存款余额调节表，对未达账项进行调节
实施人员	出纳以外的会计人员
任务点评	1. 银行存款余额调节表不能作为调整账户记录的原始凭证，只能起到对账的作用。 2. 对于未达账项，应在以后实际收到有关结算凭证时，再登记银行存款日记账。 3. 调节后的存款余额是企业可以实际使用的银行存款

任务 9.1　银行存款余额调节表的编制

【工作内容】

新悦公司 20×2 年 12 月 31 日银行存款日记账余额为 82 200 元，同日接到开户银行转来的银行对账单，余额为 93 000 元，为了确定公司银行存款的实有数，需要编制银行存款余额调节表。

经过对银行存款日记账和银行对账单的核对，发现部分未达账项，情况如下：

（1）12 月 16 日，公司委托银行收取 6 000 元的款项，银行已收妥入账，但公司尚未收到收款记录。

（2）12 月 19 日，公司存入银行 6 600 元的款项，出纳误记为 6 000 元。

（3）12 月 25 日，银行将本公司存入的一笔款项串户记账，记入其他账户，金额为 3 200 元。

（4）12 月 28 日，公司开具转账支票，持票人尚未到银行办理转账手续，金额为 14 400 元。

（5）12 月 30 日，公司存入现金支票一张，金额为 3 000 元，企业已记账，但银行对账单没有记录。

（6）12 月 31 日，银行收取借款利息 4 000 元，企业尚未收到付息通知。

【工作要求】

根据上述资料，找出未达账项并编制银行存款余额调节表，如表 6-9-2 所示。

表 6 - 9 - 2　银行存款余额调节表

银行存款余额调节表

20 × 2 年 12 月 31 日　　　　　　　　　　　　　　　　　　　　元

项目	金额	项目	金额
企业银行存款日记账余额		银行对账单余额	
加：银行已收，企业未收款		加：企业已收，银行未收款	
减：银行已付，企业未付款		减：企业已付，银行未付款	
调节后的存款余额		调节后的存款余额	

知识拓展

一、银行存款的清查

银行存款清查的基本方法是将银行存款日记账与开户银行的对账单相核对。核对前，首先把清查日止所有银行存款的收、付款业务都登记入账，对发生的错账、漏账应及时查清更正，然后再与银行的对账单逐笔核对。

如果发现二者余额相符，一般说明无错误；如果发现二者不相符，可能是企业或银行某一方记账过程有错误或者存在未达账项。

二、未达账项

未达账项是指在企业和银行之间，由于凭证的传递时间不同，而导致了记账时间不一致，即一方已接到有关结算凭证并已经登记入账，而另一方由于尚未接到有关结算凭证尚未入账的款项。

未达账项总体来说有两大类型：一是企业已经入账而银行尚未入账的款项；二是银行已经入账而企业尚未入账的款项。

具体来讲有以下四种情况：

（1）企业已收款记账，银行未收款未记账的款项；

（2）企业已付款记账，银行未付款未记账的款项；

（3）银行已收款记账，企业未收款未记账的款项；

（4）银行已付款记账，企业未付款未记账的款项。

三、银行存款余额调节表

银行存款余额调节表是在企业银行存款日记账余额和银行对账单余额的基础上，分别加减未达账项，确定调节后余额。

如果调节后双方余额相符，就说明企业和银行双方记账过程基本正确，而且调节后余额是企业当时可以实际动用的银行存款的限额。

如果调节后余额不符，说明企业和开户银行双方记账过程可能存在错误，属于开户银行错误，应立即由银行核查更正，属于企业错误，应由企业查明错误所在，区别漏记、重记、错记或串记等情况，分别采用不同的方法更正。

工作任务 10　资产负债表的编制

【任务清单】

任务清单如表 6 – 10 – 1 所示。

表 6 – 10 – 1　任务清单

项目名称	任务清单内容
任务情景	在新悦公司 20×2 年 12 月份经济业务全部登记入账并结账后，财务经理想提高实习会计小黄的财务业务能力，要求小黄根据总账账户及有关明细账户的期末余额为新悦公司编制 20×2 年 12 月末的资产负债表
任务目标	1. 理解资产负债表的概念与作用。 2. 掌握资产负债表的编制依据、构成要素及其各项目之间的关系
任务要求	1. 能够正确找到资产负债表编制的数据来源。 2. 能够正确编制资产负债表
任务思考	1. 资产负债表的列示格式和内容是怎样的？ 2. 列示资产负债表中各项目"期末余额"的方法有哪些
任务实施	根据总账及其有关明细账期末余额逐项填列和计算资产负债表各项目金额，完成 20×2 年 12 月 31 日资产负债表的编制工作
任务总结	1. 编制资产负债表时，要注意会计账户与会计报表项目的对应关系。 2. 资产负债表中反映的资产、负债、所有者权益必须客观真实。 3. 注意准确运用数字符号反映项目的含义
实施人员	会计、会计主管等岗位人员
任务点评	相对其他会计报表而言，资产负债表的编制方法较为复杂。资产负债表中的很多项目均需要进行分析或计算来填列，因此必须很好地掌握其填列方法的基本原理

任务 10.1　编制资产负债表

【工作内容】

新悦公司 20×2 年 12 月 31 日各总账账户余额如表 6 – 10 – 2 所示。

表 6 – 10 – 2　账户余额表

账户余额表

20×2 年 12 月 31 日　　　　　　　　　　　　　　　　　　单位：元

账户名称	借方余额	账户名称	贷方余额
库存现金	30 000	短期借款	1 500 000
银行存款	1 104 900	应付票据	800 000
其他货币资金	20 000	应付账款	9 350 000

续表

账户名称	借方余额	账户名称	贷方余额
交易性金融资产	365 000	预收账款	20 000
应收票据	120 000	应付职工薪酬	76 000
应收账款	305 300	其他应付款	210 000
坏账准备	−90 000	应交税费	1 438 000
预付账款	10 000	长期借款	2 340 000
其他应收款	20 000	应付债券	1 000 000
原材料	4 874 000	实收资本	10 000 000
包装物	170 000	资本公积	200 000
库存商品	1 538 600	盈余公积	1 478 600
材料成本差异	−107 000	未分配利润	5 244 100
长期股权投资	1 370 000		
固定资产	24 700 000		
累计折旧	−1 500 000		
固定资产减值准备	−150 000		
在建工程	758 400		
无形资产	100 000		
累计摊销	−20 000		
递延所得税资产	37 500		
合计	33 656 700	合计	33 656 700

【工作要求】

根据上述资料编制资产负债表，如表 6 − 10 − 3 所示。

表 6 − 10 − 3　资产负债表

资产负债表

20 × 2 年 12 月 31 日　　　　　　　　　　　　　　　　单位：元

资产	期末余额	年初余额	负债和所有者权益	期末余额	年初余额
流动资产：			流动负债：		
货币资金		4 500 000	短期借款		1 300 000
交易性金融资产		400 000	交易性金融负债		0
衍生金融资产		0	衍生金融负债		0
应收票据		150 000	应付票据		800 000
应收账款		150 000	应付账款		3 500 000

资产	期末余额	年初余额	负债和所有者权益	期末余额	年初余额
应收款项融资		0	预收款项		20 000
预付款项		10 000	合同负债		0
其他应收款		20 000	应付职工薪酬		20 000
其中：应收利息		0	应交税费		900 000
应收股利		0	其他应付款		160 000
存货		3 200 000	其中：应付利息		0
合同资产		0	应付股利		0
持有待售资产		0	持有待售负债		0
一年内到期的非流动资产		0	一年内到期的非流动负债		0
其他流动资产		0	其他流动负债		0
流动资产合计		8 430 000	流动负债合计		6 700 000
非流动资产：		0	非流动负债：		0
债权投资		0	长期借款		2 300 000
其他债权投资		0	应付债券		1 000 000
长期应收款		0	其中：优先股		0
长期股权投资		1 120 000	永续债		0
其他权益工具投资		0	租赁负债		0
其他非流动金融资产		0	长期应付款		0
投资性房地产		0	长期应付职工薪酬		0
固定资产		12 000 000	预计负债		0
在建工程		850 000	递延收益		0
生产性生物资产		0	递延所得税负债		0
油气资产		0	其他非流动负债		0
使用权资产		0	非流动负债合计		3 300 000
无形资产		100 000	负债合计		10 000 000
开发支出		0	所有者权益（或股东权益）：		0
商誉		0	实收资本		10 000 000
长期待摊费用		0	其他权益工具		0
递延所得税资产		0	其中：优先股		0
其他非流动资产		0	永续债		0
非流动资产合计		14 070 000	资本公积		200 000

续表

资产	期末余额	年初余额	负债和所有者权益	期末余额	年初余额
		0	减：库存股		0
		0	其他综合收益		0
		0	专项储备		0
		0	盈余公积		800 000
		0	未分配利润		1 500 000
		0	所有者权益合计		12 500 000
资产总计		22 500 000	负债和所有者权益总计		22 500 000

知识 拓展

一、资产负债表的结构

资产负债表是总括反映企业某一特定日期（月末或年末）全部资产、负债和所有者权益状况的财务报表。它是反映企业静态财务状况的一种基本报表，一般要求按月、按年编制。

资产负债表一般由表头、表体和表尾组成。表头列示报表的名称、编制单位、编制时间、报表编号和货币计量单位等；表体是报表的主体部分，列示资产、负债和所有者权益的各个项目，并保持"资产=负债+所有者权益"的平衡关系；表尾是对报表有关内容的补充说明。

二、资产负债表的编制方法

资产负债表的各项目均需填列"年初余额"和"期末余额"两栏数字。"年初余额"栏应根据上年末资产负债表的"期末余额"栏数字填列，如果本年度资产负债表的各项目与上年度不一致，应对上年末资产负债表的各项目按本年度规定进行调整后再填入本年度"年初余额"栏。"期末余额"栏依据有关账户的期末余额直接、计算和分析填列。

三、资产项目的填列说明

（1）"货币资金"项目。本项目应根据"库存现金""银行存款""其他货币资金"总账的期末余额之和填列。

（2）"交易性金融资产"项目。本项目应根据"交易性金融资产"明细账户的期末余额分析填列。

（3）"应收票据"项目。本项目应根据"应收票据"账户的期末余额，减去"坏账准备"账户中相关坏账准备期末余额后的金额分析填列。

（4）"应收账款"项目。本项目应根据"预收账款"和"应收账款"账户所属各明细账户的期末借方余额合计数，减去"坏账准备"账户中相关坏账准备期末余额后的金额填列。

（5）"应收账款融资"项目，反映资产负债表日以公允价值计量且其变动计入其他综合收益的应收票据和应收账款等。

（6）"预付款项"项目。本项目应根据"预付账款"和"应付账款"账户所属各明细账户的期末借方余额合计数，减去"坏账准备"账户中有关预付账款计提的坏账准备期末余额后的金额填列。如"预付账款"账户所属明细账户期末有贷方余额的，应在资产负债表"应付账款"项目内填列。

（7）"其他应收款"项目。本项目应根据"应收利息""应收股利""其他应收款"账户的期末余额合计数，减去"坏账准备"账户中相关坏账准备期末余额后的金额填列。

（8）"存货"项目。本项目应根据"材料采购""在途物资""原材料""周转材料""生产成本""库存商品""委托代销商品""受托代销商品""委托加工物资"等账户的期末借方余额之和减去"存货跌价准备""受托代销商品款"账户的期末贷方余额后的金额填列。

（9）"合同资产"项目。本项目应根据"合同资产"账户的相关明细账户期末余额分析填列。

（10）"持有待售资产"项目。本项目应根据"持有待售资产"账户的期末余额，减去"持有待售资产减值准备"账户的期末余额后的金额填列。

（11）"一年内到期的非流动资产"项目。本项目应根据有关账户的期末余额分析填列。

（12）"债权投资"项目。本项目应根据"债权投资"账户的相关明细账户期末余额，减去"债权投资减值准备"账户中相关减值准备的期末余额后的金额分析填列。

（13）"其他债权投资"项目。本项目应根据"其他债权投资"账户的相关明细账户期末余额分析填列。

（14）"长期应收款"项目。本项目应根据"长期应收款"账户的期末余额，减去相应的"未实现融资收益"账户和"坏账准备"账户所属相关明细账户期末余额后的金额填列。

（15）"长期股权投资"项目。本项目应根据"长期股权投资"账户的期末余额，减去"长期股权投资减值准备"账户的期末余额后的金额填列。

（16）"其他权益工具投资"项目。本项目应根据"其他权益工具投资"账户的期末余额填列。

（17）"固定资产"项目。本项目应根据"固定资产"账户的期末余额，减去"累计折旧"和"固定资产减值准备"账户的期末余额后的金额，以及"固定资产清理"账户的期末余额填列。

（18）"在建工程"项目。本项目应根据"在建工程"账户的期末余额，减去"在建工程减值准备"账户的期末余额后的金额，以及"工程物资"账户的期末余额，减去"工程物资减值准备"账户的期末余额后的金额填列。

（19）"无形资产"项目。本项目应根据"无形资产"账户的期末余额，减去"累计摊销"和"无形资产减值准备"账户期末余额后的金额填列。

（20）"开发支出"项目。本项目应根据"研发支出"账户中所属的"资本化支出"明细账户期末余额填列。

（21）"长期待摊费用"项目。本项目应根据"长期待摊费用"账户的期末余额，减去将于一年内（含一年）摊销的数额后的金额分析填列。

（22）"递延所得税资产"项目。本项目应根据"递延所得税资产"账户的期末余额填列。

（23）"其他非流动资产"项目。本项目应根据有关账户的期末余额填列。

四、负债项目的填列说明

（1）"短期借款"项目。本项目应根据"短期借款"账户的期末余额填列。

（2）"交易性金融负债"项目。本项目应根据"交易性金融负债"账户的相关明细账户期末余额填列。

（3）"应付票据"项目。本项目应根据"应付票据"账户的期末余额填列。

（4）"应付账款"项目。本项目应根据"应付账款"和"预付账款"账户所属的相关明细账户的期末贷方余额合计数填列。

（5）"预收款项"项目。本项目应根据"预收账款"和"应收账款"账户所属各明细账户的期末贷方余额合计数填列，如"预收账款"账户所属明细账户期末有借方余额的，应在资产负债表"应收账款"项目内填列。

（6）"合同负债"项目。本项目应根据"合同负债"相关明细账户期末余额填列。

（7）"应付职工薪酬"项目。本项目应根据"应付职工薪酬"账户所属各明细账户的期末贷方余额分析填列。

（8）"应交税费"项目。本项目应根据"应交税费"账户的期末贷方余额填列，如"应交税费"账户期末为借方余额，应以"-"填列。

（9）"其他应付款"项目。本项目应根据"应付利息""应付股利""其他应付款"账户的期末余额合计数填列。

（10）"持有待售负债"项目。本项目应根据"持有待售负债"账户的期末余额填列。

（11）"一年内到期的非流动负债"项目。本项目应根据有关账户的期末余额分析填列。

（12）"长期借款"项目。本项目应根据"长期借款"账户的期末余额，减去"长期借款"账户所属的明细账户中将于一年内到期且企业不能自主将清偿义务展期的长期借款后的金额填列。

（13）"应付债券"项目。本项目应根据"应付债券"账户的期末余额分析填列。

（14）"租赁负债"项目。本项目应根据"租赁负债"账户的期末余额填列。

（15）"长期应付款"项目。本项目应根据"长期应付款"账户的期末余额，减去相关的"未确认融资费用"账户的期末余额后的金额，以及"专项应付款"账户的期末余额，再减去所属相关明细账户中将于一年内到期的部分后的金额填列。

（16）"预计负债"项目。本项目应根据"预计负债"账户的期末余额填列。

（17）"递延收益"项目。本项目应根据"递延收益"账户的期末余额填列。

（18）"递延所得税负债"项目。本项目应根据"递延所得税负债"账户的期末余额填列。

（19）"其他非流动负债"项目。本项目应根据有关账户期末余额，减去将于一年内（含一年）到期偿还数后的余额分析填列。

五、所有者权益项目的填列说明

（1）"实收资本（或股本）"项目。本项目应根据"实收资本（或股本）"账户的期末余额填列。

（2）"其他权益工具"项目。本项目反映资产负债表日企业发行在外的除普通股以外分类为权益工具的金融工具的期末账面价值，并下设"优先股"和"永续债"两个项目，分别反映企业发行的分类为权益工具的优先股和永续债的账面价值。

（3）"资本公积"项目。本项目应根据"资本公积"账户的期末余额填列。

（4）"其他综合收益"项目。本项目应根据"其他综合收益"账户的期末余额填列。

（5）"专项储备"项目。本项目应根据"专项储备"账户的期末余额填列。

（6）"盈余公积"项目。本项目应根据"盈余公积"账户的期末余额填列。

（7）"未分配利润"项目。本项目应根据"本年利润"账户和"利润分配"账户的期末余额计算填列。未弥补的亏损在本项目内以"–"号填列。

工作任务 11　利润表的编制

【任务清单】

任务清单如表 6-11-1 所示。

表 6-11-1　任务清单

项目名称	任务清单内容
任务情景	在新悦公司 20×2 年 12 月份经济业务全部登记入账并结账后，财务经理想提高实习会计小钱的财务业务能力，要求小钱根据有关损益类账户的本期发生额为新悦公司编制 20×2 年 12 月份的利润表
任务目标	1. 理解利润表的概念与作用。 2. 掌握利润表的编制依据、构成要素及其各项目之间的关系
任务要求	1. 能够正确找到利润表编制的数据来源。 2. 能够正确编制利润表
任务思考	1. 怎样列示利润表中各项目的"本期金额"？ 2. 怎样理解利润表中"上期金额"的概念
任务实施	根据有关损益类账户的本期发生额逐项填列和计算利润表的本期金额，并编制 20×2 年 12 月份的利润表
任务总结	1. 利润表是动态报表，反映企业在某一会计期间经营成果的构成情况。 2. "本期金额"反映各项目的本月实际发生数，应根据有关损益类账户的本期发生额填列。 3. "本年累计数"反映各项目自年初至报告期末止的累计实际发生数，应根据本期数加上上个月利润表中的本年累计数之和填列

项目名称	任务清单内容
实施人员	会计、会计主管等岗位人员
任务点评	1. 在实际工作中，根据实际发生的经济业务来填列利润表的"本期金额"栏并非理论上那么简单，它需要根据大量的经济业务正确地计算各个项目的实际发生额。 2. 利润表中"净利润"项目计算的正确与否，直接关系到资产负债表等其他报表的准确性

任务 11.1　编制利润表

【工作内容】

新悦公司 20×2 年 12 月有关损益类账户余额如表 6 – 11 – 2 所示。

表 6 – 11 – 2　账户余额表

账户余额表

20×2 年 12 月　　　　　　　　　　　　　　　　　　单位：元

账户名称	借方余额	账户名称	贷方余额
主营业务收入	8 300 000	主营业务成本	2 180 000
其他业务收入	110 000	税金及附加	70 000
营业外收入	400 000	其他业务成本	79 000
投资收益	433 000	销售费用	100 000
公允价值变动损益	– 5 000	管理费用	317 000
		财务费用	41 000
		资产减值损失	190 000
		营业外支出	229 300
		所得税费用	1 507 925

【工作要求】

根据上述资料编制利润表，如表 6 – 11 – 3 所示。

表 6 – 11 – 3　利润表

利润表

20×2 年　　　　　　　　　　　　　　　　　　　　单位：元

项目	本期金额	上期金额
一、营业收入		3 160 000
减：营业成本		851 000
税金及附加		16 200
销售费用		51 900

续表

项目	本期金额	上期金额
管理费用		128 000
研发费用		0
财务费用		14 600
其中：利息费用		0
利息收入		0
加：其他收益		0
投资收益（损失以"－"填列）		105 500
其中：对联营企业和合营企业的投资收益		0
以摊余成本计量的金融资产终止确认收益（损失以"－"填列）		0
净敞口套期收益（损失以"－"填列）		0
公允价值变动收益（损失以"－"填列）		－1 400
信用减值损失（损失以"－"填列）		0
资产减值损失（损失以"－"填列）		－11 000
资产处置收益（损失以"－"填列）		0
二、营业利润（亏损以"－"号填列）		2 191 400
加：营业外收入		95 600
减：营业外支出		70 100
三、利润总额（亏损总额以"－"号填列）		2 216 900
减：所得税费用		554 225
四、净利润（净亏损以"－"号填列）		1 662 675
（一）持续经营净利润（净亏损以"－"号填列）		0
（二）终止经营净利润（净亏损以"－"号填列）		0
五、其他综合收益的税后净额		0
（一）不能重分类进损益的其他综合收益		0
（二）将重分类进损益的其他综合收益		0
六、综合收益总额		0
七、每股收益：		0
（一）基本每股收益		0
（二）稀释每股收益		0

知识 拓 展

一、利润表的结构

利润表是反映企业在一定期间（月度、季度、半年度、年度）的收入、费用状况及其经营成果的财务报表。它是反映企业动态经营成果的一张主要报表。

利润表一般由表头和表体两部分组成。表头列示报表的名称、编制单位、编制时间、报表编号和货币计量单位等；表体是报表的核心部分，列示收入、费用和利润的各个项目，并体现"收入－费用＝利润"的利润形成过程。

二、利润表的编制方法

利润表的各项目均需填列"本期金额"和"上期金额"两栏数字。"上期金额"栏应根据上期利润表的"本期金额"栏数字填列，如果本期利润表的各项目与上期不一致，应对上期利润表的各项目按本期规定进行调整后再填入本期利润表的"上期金额"栏。"本期金额"栏，除"基本每股收益"和"稀释每股收益"项目外，依据有关损益类账户的本期发生额填列。

具体填列方法如下：

（1）"营业收入"项目。本项目应根据"主营业务收入"和"其他业务收入"账户的本期发生额分析填列。如果有借方发生额，应予以扣减，按收入金额填列。

（2）"营业成本"项目。本项目应根据"主营业务成本"和"其他业务成本"账户的本期发生额分析填列。如果有贷方发生额，应予以扣减，按实际成本填列。

（3）"税金及附加"项目。本项目应根据"税金及附加"账户的本期发生额分析填列。

（4）"销售费用"项目。本项目应根据"销售费用"账户的本期发生额分析填列。

（5）"管理费用"项目。本项目应根据"管理费用"账户的本期发生额分析填列。

（6）"研发费用"项目。本项目应根据"管理费用"账户下的"研发费用"明细账户的本期发生额以及"管理费用"账户下"无形资产摊销"明细账户的发生额分析填列。

（7）"财务费用"项目。本项目应根据"财务费用"账户的本期发生额分析填列。其中，"利息费用"项目和"利息收入"项目，应根据"财务费用"账户的相关明细账户的本期发生额分析填列。

（8）"其他收益"项目。本项目应根据"其他收益"账户的本期发生额分析填列。

（9）"投资收益"项目。本项目应根据"投资收益"账户的本期发生额分析填列，如为投资损失，则以"－"填列。

（10）"净敞口套期收益"项目。本项目应根据"净敞口套期损益"账户的发生额分析填列，如为套期损失，则以"－"填列。

（11）"公允价值变动收益"项目。本项目应根据"公允价值变动损益"账户的本期发生额分析填列，如为净损失，则以"－"填列。

（12）"信用减值损失"项目。本项目应根据"信用减值损失"账户的本期发生额分析填列。

（13）"资产减值损失"项目。本项目应根据"资产减值损失"账户的本期发生额分析填列。

（14）"资产处置收益"项目。本项目应根据"资产处置收益"账户的本期发生额分析填列，如为处置损失，则以"-"填列。

（15）"营业利润"项目。本项目应根据以上各项目加减计算后的所得额填列。

（16）"营业外收入"项目。本项目应根据"营业外收入"账户的本期发生额分析填列。

（17）"营业外支出"项目。本项目应根据"营业外支出"账户的本期发生额分析填列。

（18）"利润总额"项目。本项目应根据以上各项目加减计算后的所得额填列。

（19）"所得税费用"项目。本项目应根据"所得税费用"账户的本期发生额分析填列。

（20）"净利润"项目。本项目应根据以上各项目加减计算后的所得额填列。

（21）"其他综合收益的税后净额"项目。本项目反映企业根据《企业会计准则》规定未在损益中确认的各项得利和损失扣除所得税影响后的金额。

（22）"综合收益总额"项目。本项目反映企业净利润与其他综合收益（税后净额）的合计金额。

（23）"每股收益"项目。本项目包括基本每股收益和稀释每股收益两项指标，反映普通股或潜在普通股已公开交易的企业，以及正处在公开发行普通股或潜在普通股过程中的企业的每股收益信息。

需要注意的是，利润表"本期金额"是指从年初到本期期末的累计发生额；"上期金额"是指上年同期数，即从上年年初到上年同期期末的累计发生额。

第三部分

会计实务综合操作技能

项目七　综合模拟实训

【技能目标】

1. 能根据相关规定正确、完整、合理建账。
2. 能正确填制与审核相关经济业务的原始凭证。
3. 能根据审核无误的原始凭证正确、及时、合理地填制记账凭证。
4. 能根据相关规定正确、及时、完整地登记日记账及各种明细账。
5. 能正确编制科目汇总表。
6. 能正确、完整地根据科目汇总表账务处理程序登记总账。
7. 能运用错账更正方法发现并正确处理错账。
8. 能根据明细账正确计算当期损益并及时结转入账。
9. 能正确对账与结账。
10. 能正确编制财务报表。

【素养目标】

1. 牢固树立诚信理念，以诚立身、以信立业，严于律己、心存敬畏。学法知法守法，公私分明、克己奉公，树立良好职业形象，维护会计行业声誉。
2. 严格执行会计准则制度，保证会计信息真实完整。勤勉尽责、爱岗敬业，忠于职守、敢于斗争，自觉抵制会计造假行为，维护国家财经纪律和经济秩序。
3. 始终秉持专业精神，勤于学习、锐意进取，持续提升会计专业能力。不断适应新形势新要求，与时俱进、开拓创新，努力推动会计事业高质量发展。

【德技并修】

1. 具有爱岗敬业、诚实守信、廉洁自律、客观公正、坚持准则、参与管理、强化服务的会计职业道德。
2. 具有崇尚劳动、热爱劳动、辛勤劳动、诚实劳动的劳动精神。
3. 具有执着专注、精益求精、一丝不苟、追求卓越的工匠精神。
4. 具有爱岗敬业、争创一流、艰苦奋斗、勇于创新、淡泊名利、甘于奉献的劳模精神。

工作任务1　企业背景

一、公司简介

九州华问机电设备有限公司成立于2020年。致力于工业蒸汽、热油和其他领域节能及控制产品的引进和销售。

公司拥有专业的工程技术人员、经验丰富的现场工程师，为客户提供完善的设备、管道控制产品选型及工程技术服务。

主要产品有：机电设备、高低压配电柜、发电机组、电线电缆、仪器仪表、电动工具、轴承、绝缘材料、金属材料、五金交电及其他蒸汽热流体系统附件。

公司坚持"品质第一、诚信为本"的经营理念，为客户设计并量身定做蒸汽控制及节能方案。

二、企业营业执照（五证合一）

企业营业执照（五证合一）如图 7-1-1 所示。

图 7-1-1　营业执照

三、公司组织构架及部门信息档案

公司组织构架及部门信息档案如图 7 - 1 - 2 和表 7 - 1 - 1 所示。

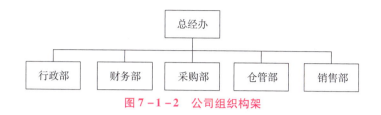

图 7 - 1 - 2　公司组织构架

表 7 - 1 - 1　部门信息档案

序号	姓名	部门	职位
1	王晓明	总经办	总经理
2	张超	行政部	行政经理
3	李静	行政部	行政人员
4	徐慧	财务部	财务经理
5	赵非	财务部	会计
6	吕琳	财务部	出纳
7	熊铭	仓管部	仓管员
8	邹刚	采购部	采购员
9	陈磊	销售部	销售经理
10	魏强	销售部	销售员
11	龚平	销售部	销售员
12	曹敏	销售部	销售员

四、相关会计政策

（一）会计年度

本公司会计年度自公历 1 月 1 日起至 12 月 31 日止。

（二）记账本位币及银行基本账户

本公司以人民币为记账本位币。

（三）本公司基本存款账户

招商银行九州市高新支行（1502100011930008194）。

（四）会计核算

本公司使用《小企业会计准则》，以权责发生制为记账基础。

除某些金融工具外，均以历史成本为计价原则。

（五）应收款项

本公司的坏账确认标准为：对债务人破产或死亡，以其破产财产或遗产清偿后，仍然不能收回的应收款项；或因债务人逾期未履行其清偿责任，且具有明显特征表明无法收回时经公司批准确认为坏账。

（六）存货

（1）存货按照实际成本进行初始计量。

（2）存货成本包括采购成本和其他成本。

（3）发出存货，采用全月加权平均法确定其实际成本。

（4）存货的盘存制度采用永续盘存制。

（七）固定资产

固定资产的折旧采用年限平均法计提，各类固定资产的使用寿命、预计净残值率及年折旧率如表7-1-2所示。

表7-1-2　各类固定资产的使用寿命、预计净残值率及年折旧率

固定资产类别	预计净残值率/%	预计使用年限/年
房屋、建筑物	5	10
电子设备	5	3
办公设备	5	5
运输工具	5	4

本公司至少于每年年度终了，对固定资产的使用寿命、预计净残值和折旧方法进行复核，并对固定资产减值情况进行测试，必要时进行调整。

（八）职工薪酬

1. 职工薪酬

职工薪酬主要包括工资、奖金、津贴和补贴、职工福利费、社会保险费及住房公积金等其他与获得职工提供的劳务相关的支出。

本公司在职工提供劳务的会计期间，将应付的职工薪酬确认为负债，并根据职工提供劳务的受益对象计入相关费用。因解除与职工的劳动关系而给予的补偿，计入当期损益。

2. 工资附加费及社会保险费用的计提

工资附加费及社会保险费用的计提，本教材中社会保险费用按九州市的缴费比例缴纳。

（1）养老保险：按本市2019年度在岗职工月平均工资8 647元，养老保险的缴费基数上限是8 647元的300%（25 401元），下限是8 647元的40%（3 386.8元），其中单位缴纳20%，个人缴纳8%。

（2）医疗保险：医疗保险的缴费基数上限是8 647元的300%（25 401元），下限是8 647元的60%（5 080元），其中单位缴纳6%，个人缴纳2%。

（3）失业保险：失业保险的缴费基数上限是8 647元的300%（25 401元），下限是8 647元的40%（3 386.8元），其中单位缴纳2%，个人缴纳1%。

（4）工伤保险：工伤保险的缴费基数上限是8 647元的300%（25 401元），下限是

8 647 元的 60%（5 080 元），单位缴纳比例为 0.8%。

（5）生育保险：同工伤保险。

住房公积金：月缴存额上限是 23 118 元，下限是 2 148 元（含单位、个人两部分），住房公积金缴存比例统一按照单位、个人各 8% 执行。

（九）应交税费

1. 增值税

本公司为营改增后增值税小规模纳税人，货物销售增值税的征税率为 3%。

2. 城市维护建设税、教育费附加、地方教育附加

（1）城市维护建设税按实际缴纳流转税额的 7% 计缴；

（2）教育费附加按实际缴纳流转税额的 3% 计缴；

（3）地方教育费附加按实际缴纳流转税额的 2% 计缴。

3. 企业所得税

本公司所得税的会计核算采用资产负债表债务法。本公司在取得资产、负债时，确定其计税基础。

本公司根据主管税务机关核定为小型微利企业，所得税采取分季预缴方式，其所得额减按 50% 计入应纳税所得额，按 20% 的税率缴纳企业所得税。

4. 个人所得税

月薪酬收入 5 000 元以上的部分为应纳税所得额，各级税率如表 7-1-3 所示。

表 7-1-3　各级税率

级数	全月应纳税所得额	税率/%	速算扣除数/元
1	不超过 36 000 元	3	0
2	超过 36 000 元至 144 000 元的部分	10	2 520
3	超过 144 000 元至 300 000 元的部分	20	16 920
4	超过 300 000 元至 420 000 元的部分	25	31 920
5	超过 420 000 元至 660 000 元的部分	30	52 920
6	超过 660 000 元至 960 000 元的部分	35	85 920
7	超过 960 000 元的部分	45	181 920

（1）累计预扣预缴应纳税所得额 = 累计收入 - 累计免税收入 - 累计减除费用 - 累计专项扣除 - 累计专项附加扣除 - 累计依法确定的其他扣除。

（2）本期应预扣预缴税额 =（累计预扣预缴应纳税所得额 × 预扣率 - 速算扣除数）- 累计减免税额 - 累计已预扣预缴税额。

注明：

（1）减除费用，即"个税起征点"，统一按照 5 000 元/月执行。

（2）专项扣除，包括居民个人按照国家规定的范围和标准缴纳的基本养老保险、基本医疗保险、失业保险等社会保险费和住房公积金等。

（3）专项附加扣除，包括子女教育、继续教育、大病医疗、住房贷款利息或者住房租

金、赡养老人等支出。

（4）依法确定的其他扣除，包括个人缴付符合国家规定的企业年金、职业年金，个人购买符合国家规定的商业健康保险、税收递延型商业养老保险的支出，以及国务院规定可以扣除的其他项目。

五、小企业会计科目

小企业会计科目如表7-1-4所示。

表7-1-4　小企业会计科目

编号	会计科目名称	编号	会计科目名称
一、资产类		1605	工程物资
1001	库存现金	1606	固定资产清理
1002	银行存款	1621	生产性生物资产
1012	其他货币资金	1622	生产性生物资产累计折旧
1101	短期投资	1701	无形资产
1121	应收票据	1702	累计摊销
1122	应收账款	1801	长期待摊费用
1123	预付账款	1901	待处理财产损益
1131	应收股利	二、负债类	
1132	应收利息	2001	短期借款
1221	其他应收款	2201	应付票据
1401	材料采购	2202	应付账款
1402	在途物资	2203	预收账款
1403	原材料	2211	应付职工薪酬
1404	材料成本差异	2221	应交税费
1405	库存商品	2231	应付利息
1407	商品进销差价	2232	应付利润
1408	委托加工物资	2241	其他应付款
1411	周转材料	2401	递延收益
1421	消耗性生物资产	2501	长期借款
1501	长期债权投资	2701	长期应收款
1511	长期股权投资	三、所有者权益	
1601	固定资产	3001	实收资本
1602	累计折旧	3002	资本公积
1604	在建工程	3101	盈余公积

续表

编号	会计科目名称	编号	会计科目名称
3103	本年利润	5111	投资收益
3104	利润分配	5301	营业外收入
	四、成本类	5401	主营业务成本
4001	生产成本	5402	其他业务成本
4101	制造费用	5403	税金及附加
4301	研发支出	5601	销售费用
4401	工程施工	5602	管理费用
4403	机械作业	5603	财务费用
	五、损益类	5711	营业外支出
5001	主营业务收入	5801	所得税费用
5051	其他业务收入		

工作任务2　综合模拟实训

【实训要求】

1. 了解企业

会计人员进入一家企业从事财务工作，第一个任务就是熟悉企业的基本信息、财务制度、核算方法等相关情况。

2. 初始建账

新开办的企业和持续经营的企业在年度开始时，均应根据核算工作的需要设置账簿。

3. 处理原始凭证

收集、整理、审核原始凭证。

4. 填制记账凭证

根据审核无误的原始凭证填制记账凭证。

5. 登记账簿

根据审核无误的记账凭证登记相关账簿。

6. 对账、结账

期末，登账完毕后，要进行账账核对、账证核对、账实核对。确认无误后，方可进行结账。

7. 编制财务报表

根据核对无误的账簿数据编制财务报表。

8. 会计档案管理

装订及整理财务相关单据、凭证。

9. 实训总结

对实训项目进行全面总结，撰写实训报告。

【实训任务】

会计业务手工处理任务单如表 7 - 2 - 1 所示。

表 7 - 2 - 1　会计业务手工处理任务单

序号	项目任务	岗位职责		
		出纳（吕琳）	会计（赵非）	财务经理（徐慧）
1	熟悉企业的基本信息；期初建账	建立现金日记账、银行存款日记账	建立明细账、总分类账	加盖公章，启用账簿
2	填制审核 1 月 6—20 日所发生的经济业务的记账凭证	对收付款业务凭证签字审核	审核原始凭证，填制记账凭证，制单签字	审核签字
3	填制审核 1 月 21—31 日所发生的经济业务的记账凭证	对收付款业务凭证签字审核	审核原始凭证，填制记账凭证，制单签字	审核签字
4	逐日逐笔登记日记账、明细账	登记日记账	登记明细账	
5	编制汇字 1 号科目汇总表		编制科目汇总表	审核签字
6	登记总账			登记总账
7	对账			审核签字
8	结账	日记账月结	明细账月结	总账月结
9	编制余额表进行试算平衡		编制余额表并试算平衡	审核签字
10	编制资产负债表		编制资产负债表	审核签字
11	编制利润表		编制利润表	审核签字
12	整理会计档案		原始凭证粘贴装订成册	归档签字

【实训资料】

1. 经济业务及原始凭证（表 7 - 2 - 2）

表 7 - 2 - 2　经济业务及原始凭证

业务日期	凭证号	凭证总金额	业务说明	原始凭证二维码
2020 - 1 - 6	记 - 0001	2 000 000.00	收到投资款	
2020 - 1 - 6	记 - 0002	60 000.00	支付筹办期间装修款	

续表

业务日期	凭证号	凭证总金额	业务说明	原始凭证二维码
2020 – 1 – 6	记 – 0003	460 100.00	购入固定资产一批	
2020 – 1 – 6	记 – 0004	9 000.00	支付汽车保险费	
2020 – 1 – 6	记 – 0005	49 000.00	提取备用金	
2020 – 1 – 6	记 – 0006	800.00	支付刻章费用	
2020 – 1 – 6	记 – 0007	759.39	支付筹办期间水电费	
2020 – 1 – 10	记 – 0008	24 000.00	预付 2020 年第 1 季度租金	
2020 – 1 – 10	记 – 0009	450.00	购买办公用品	
2020 – 1 – 13	记 – 0010	1 500.00	邹刚借支差旅费	

业务日期	凭证号	凭证总金额	业务说明	原始凭证二维码
2020 – 1 – 13	记 – 0011	638.00	支付电话费	
2020 – 1 – 13	记 – 0012	600.00	支付交通违章罚款	
2020 – 1 – 13	记 – 0013	129 683.00	采购商品/南京科林设备有限公司	
2020 – 1 – 20	记 – 0014	1 500.00	邹刚报销差旅费并退回余款	
2020 – 1 – 20	记 – 0015	1 000.00	支付加油费	
2020 – 1 – 20	记 – 0016	1 560.00	支付招待费	
2020 – 1 – 20	记 – 0017	2 400.00	支付公司团建聚餐费	
2020 – 1 – 20	记 – 0018	2 400.00	计提员工福利费（按实际发生补计提）	无
2020 – 1 – 20	记 – 0019	3 000.00	支付员工培训费	

续表

业务日期	凭证号	凭证总金额	业务说明	原始凭证二维码
2020 - 1 - 20	记 - 0020	3 000.00	计提职工教育经费（按实际发生补计提）	无
2020 - 1 - 20	记 - 0021	157 422.80	销售商品/九州艾瑞斯机电有限公司	
2020 - 1 - 31	记 - 0022	50.00	支付银行手续费	
2020 - 1 - 31	记 - 0023	8 000.00	摊销1月份租金	无
2020 - 1 - 31	记 - 0024	1 687.76	摊销筹办期间费用	
2020 - 1 - 31	记 - 0025	68 977.24	计提1月份工资	
2020 - 1 - 31	记 - 0026	12 992.46	代扣个人应交个人所得税、社会保险费、住房公积金	
2020 - 1 - 31	记 - 0027	19 568.06	计提本月社会保险	
2020 - 1 - 31	记 - 0028	4 840.00	计提本月住房公积金	
2020 - 1 - 31	记 - 0029	550.21	计提本月附加税	无

续表

业务日期	凭证号	凭证总金额	业务说明	原始凭证二维码
2020 – 1 – 31	记 – 0030	106 643.00	结转销售成本	
2020 – 1 – 31	记 – 0031	152 837.66	结转期间损益	无
2020 – 1 – 31	记 – 0032	231 064.27	结转期间损益	无

2. 记账凭证、账簿、报表等做账资料（表7－2－3）

表7－2－3　记账凭证、账簿、报表等做账资料

序号	资料名称	需要数量	样例二维码
001	记账凭证	50 张	
002	账簿扉页	6 张	
003	三栏式明细账	31 张	
004	三栏式明细账	4 张	
005	数量金额式明细账	10 张	
006	现金日记账	1 张	

续表

序号	资料名称	需要数量	样例二维码
007	银行存款日记账	1 张	
008	固定资产分类账	8 张	
009	总账	21 张	
010	"T"形账	1 张	
011	科目汇总表	1 张	
012	资产负债表	1 张	
013	利润表	1 张	
014	凭证封面/封底、包角	1 套	

3. 配套工具

铅笔、橡皮擦、红黑中性笔或钢笔、直尺、胶水、回形针、长尾夹、装订器、装订线等。

【考核评价】

评分项目	评价目标	评分标准	评价方式	评价分值/分
完工产品（凭证）	原始凭证 记账凭证 科目汇总表	凭证填制正确，内容完整； 装订成册，整齐、结实、洁净	师生互评	60
完工产品（账簿）	明细账 日记账 总账	扉页填写完整，书写规范，内容正确； 账簿项目填写完整，书写规范，计算正确； 错账更正流程正确，无挖补、刮擦、撕毁账页； 活页账装订成册，整洁	师生互评	30
完工产品（会计报表）	资产负债表 利润表	数据真实，内容完整，试算平衡，编报及时	师生互评	10
平时成绩	学习态度 自律性职业习惯与素养	学习自律性强：病假扣 1 分/节，事假扣 1 分/节，迟到扣 2 分/节，旷课扣 5 分/节； 积极思考，认真履行岗位职责，参与热情高	出勤 提问 作业	100
实训报告	实训报告	实训总结全面、真实，体会深刻，逻辑性强； 改进措施切实可行； 组内分工明确，按要求轮岗（若分小组实训）	师生互评	100
项目得分	[（凭证＋账簿＋会计报表）×60％＋平时成绩×40％]×80％＋实训报告×20％			

参 考 文 献

［1］中华人民共和国财政部．会计基础工作规范［M］.2019.

［2］财政部会计评价中心．初级会计实务［M］.北京：经济科学出版社，2009.

［3］徐敏．会计学原理［M］.北京：中国财政经济出版社，2008.

［4］徐敏．基础会计实务·实训［M］.北京：中国商业出版社，2016.

［5］赵丽生．会计基础［M］.3版．北京：高等教育出版社，2021.

［6］袁三梅．基础会计［M］.3版．北京：北京理工大学出版社，2018.

［7］孔德兰．基础会计［M］.3版．北京：高等教育出版社，2021.

［8］陈强．基础会计［M］.2版．北京：高等教育出版社，2020.

［9］张捷．基础会计［M］.5版．北京：中国人民大学出版社，2018.

［10］陈强．会计基础［M］.北京：高等教育出版社，2017.

［11］高丽萍．会计基础［M］.2版．北京：高等教育出版社，2018.

［12］马建军．会计基础与实务［M］.2版．北京：北京邮电大学出版社，2021.

［13］黄骥．企业会计基础［M］.2版．北京：北京理工大学出版社，2016.